金子彦二郎の作文教育

—中等教育における発想力・着想力の指導—

田 中 宏 幸

渓水社

序

田中宏幸氏は、教師になってから、一貫して「インベンション（発想力・着想力）」を研究テーマにしてきた。氏の第一編著には、「生徒たちは、書きたいことがないのではない。言いたいことがないのではない。どこに焦点をあてたらよいか分からないから、あるいはどう言葉にしたらよいのか分からないから、黙りこくって、つまらなさそうな表情をして見せているのである。そこに少し工夫を凝らした指導の手をさしのべてみる。問題意識を喚起したり知的好奇心をくすぐったりして『表現意欲』を引き出す一方、表現技術を示唆することによって『書けるという見通し』をつけさせる。すると、生徒たちはぐんぐんと書き始める。」（『自己をひらく表現指導』右文書院、一九九五）と述べている。氏の第一著書の書名は、『発見を導く表現指導――作文指導におけるインベンション指導の実際』（右文書院、一九九八）であった。書きあぐねている生徒たちにどのように「少し工夫を凝らした指導の手を」さしのべるか、それが思案の勘所であり、容易なことではないのである。

かつて私は、野地潤家先生の金子彦二郎研究に導かれて、「我が作文教授」を読み、生徒の作文心理を深く洞察していることに感心したことがあった。その思いを話したところ、田中氏は『国語教育』誌の全巻を旬日の間に調べ上げて、大正期から昭和前期にかけての中等作文教育の実際の歩みを鳥瞰し得る位置に立っていた。まさにその直後に田中氏は金子彦二郎に出会ったのである。私は学生や院生の諸君と話すときには、いつも「あなたのテーマは何ですか」と訊ねることにしている。テーマを持てば、意欲のつよさと掛け合って、自分が強力な磁場となる。磁力が研究アイディアや資料を引き寄せるのである。さしずめ、金子彦二郎は、田中宏幸氏の「インベンションとは何か」というテーマと研究意欲によって引き寄せられた中等作文教育の巨大な先人だった、といえよう。その後の田中氏と金子彦二郎との出会いのドラマは、「あとがき」に詳しい。

田中氏は、金子彦二郎の「工夫を凝らした指導」の特徴を「暗示的指導」に見出している。暗示的指導とは、題目の与え方・作文の例示・書き換え（リライト）作文・文体への示唆・評言の書き方などである。大正期から昭和前期にかけて、これだけ豊かにしかも広がりを保障するインベンション指導がおこなわれていたことは、驚異的事象である。田中氏は、それが「歴史の驚異」であるという事実を深く掘り下げて現代の課題に連接させている。現代の作文教育に生かしたいかずかずの「工夫」を取りだして、これからの作文教育の道案内となることを明らかにしている。本書によって、金子彦二郎が現代に蘇ったことを読者諸氏とともに慶びたい。

田中氏の、五十嵐力の作文教育論・佐々政一の作文教育論等を含めた「インベンション教育史研究」は、すでに博士論文『中等作文教育におけるインベンション指導の研究』としてまとめられている。大著の刊行を待望しつつ、筆を擱く。

二〇〇八年一月一〇日

浜本純逸

まえがき

本書は、博士学位論文『中等作文教育におけるインベンション指導の研究』(二〇〇七年六月、早稲田大学大学院教育学研究科)の主要な柱の一つである金子彦二郎研究に、関連資料を付け加えることによって、金子彦二郎の作文教育の全貌を明らかにしようとするものである。

金子彦二郎は、大正期から昭和前期にかけて、旧制高等女学校や高等女子師範学校において秀でた作文教育を展開した実践者であり、国語教育研究者であった。初等教育にくらべ不振を極めていると伝えられてきた中等作文教育界にあって、彼の理論と実践は異彩を放っていると言ってよい。その特徴は、一言で言えば、学習者に書くべき内容を発見させるように導き、常に新たな視点で文章を書くように求めていた、ということにある。

一方、現代の国語科教育においては、「言語力」の向上が焦眉の課題となっている。二〇〇三年PISA学力調査報告において「読解力」の低下が問題とされたが、なかでも、「熟考・評価」型問題に対する正答率が低く、「記述」型問題に対する無答率が高いという実態が明らかとなった。これは、テキストを読んだ上で自分の考えを明確に述べる力や、積極的に自分の考えを述べようとする意欲が低下していることを物語るものであり、「読解力向上」のためには、これまで以上に作文教育に力を入れる必要があることを訴えるものであった。

しかし、実際の教室にあっては、時間と手間のかかる作文教育は敬遠されやすい。教師の負担が大きい上に、生徒の表現意欲を喚起する方法が明確でないからである。また、生徒たちにとっても、何を、どう書いてよいか分からぬままに書かされる作文は、苦痛の種でしかない。書きたいことがはっきりせず、課題に新鮮味が感じられないから、書こうという気になれないのである。

さて、金子の作文教育は、八〇年も前に、まさにこの点に正面から取り組んだものであった。金子は、着眼例を提示したり、視点の転換を求めたり、文体の書き換えを課したりすることによって、生徒の発想力を耕し、のびのびとした個性的な文章を生み出していった。金子は、こうした課題と教授内容とを「暗示的指導」と称しているが、これは、現代の中等作文教育に移入してもほぼそのまま通用すると思われるほど、新鮮さを感じさせるものである。

そこで、本書においては、金子の編集した作文教科書や数多くの文話、さらには授業記録を取り上げ、その「暗示的指導」について考察することによって、発想力・着想力を育てる方法を明らかにすることに重点を置くことにした。また、金子に関する文献は今やほとんど入手不可能な状態となっているので、資料集としても使えるように、平易に叙述するとともに、できるだけ詳しく引用するように心掛けた。(但し、漢字は新字体に改めた。)本書によって、現代の作文教育が活性化し、生徒たちが意欲的に作文に取り組むようになるならば、これ以上の喜びはない。

本書の構成は、以下の通りである。

序　章　金子彦二郎の人となり
第一章　『女子作文の考へ方作り方及び文例』と「我が作文教授」
第二章　『現代女子作文』(初版)に見られる「暗示的指導」
第三章　『現代女子作文』(修正再版)の内容と特徴
第四章　『新文話と文の教育』に見る作文教育理論
第五章　文章批正指導の実際
第六章　昭和前期高等女学校における生徒作文の実際
第七章　『新進女子作文』における指導内容の変化

第八章　『明るい中学作文』における再生と新生
第九章　『女子現代文學新鈔』と『教授参考』の内容と特質
終　章　金子彦二郎の作文教育の現代的意義

本研究を進めていくにあたっては、金子俊也氏（金子彦二郎の孫）から当時の生徒作文や未見の教科書、教授資料等を数多く提供していただいた。金子氏宅に唐突にお伺いしてからまもなく三年になる。ようやくこの一書にまとめるに至った。本書が世に出る二〇〇八年は、奇しくも金子彦二郎氏の没後五〇年に当たる。本書の刊行が、供養の一つとなれば幸いである。

また、野地潤家先生、浜本純逸先生の両先生からは、数多くの文献をお借りするとともに、温かいご助言をいただいた。とりわけ、浜本純逸先生からは、具体的なご指導をいただいた上に、身にあまる序文までお寄せいただいた。公私ともに支えになってくださったことに、衷心よりお礼申し上げたい。

さらに、渓水社木村逸司氏には、編集上の諸問題にお力添えをいただいた。心より感謝申し上げる次第である。

なお、本書は、ノートルダム清心女子大学出版助成を受けて刊行されるものである。助成金交付の許可をくださった髙木孝子学長をはじめ、学園の関係諸氏に謹んで謝意を表したい。

二〇〇七年一二月二六日

田中宏幸

『金子彦二郎の作文教育』　目次

序 …… 浜本純逸 1
まえがき …… 3
序章　金子彦二郎の人となり …… 3
一、学界における金子彦二郎の評価 3
二、刻苦精励の人——金子彦二郎の経歴と業績 4
第一章　『女子作文の考へ方作り方及び文例』と「我が作文教授」 …… 11
一、『女子作文の考へ方作り方及び文例』（一九一六年）の序文と反響 12
二、『女子作文の考へ方作り方及び文例』の内容 15
三、「我が作文教授」における指導内容と指導方法 27
四、金子彦二郎に学ぶインベンション指導の方法 32
資料　『女子作文の考へ方作り方及び文例』における文題と文例 36
第二章　『現代女子作文』（初版）に見られる「暗示的指導」 …… 39
一、『現代女子作文』（初版、一九二五年）の特徴 40
二、単元構成と「文話」の内容 43

三、作文課題の特徴と内容　45
四、「暗示的指導」の特徴　56
資料　『現代女子作文』（初版）における各課の作文課題と文例の題〈及び文種〉　61

第三章　『現代女子作文』（修正再版）の内容と特徴……71
一、『現代女子作文』（修正再版、一九三〇年）の特徴　72
二、創作の事例　78
三、「改作」の事例　91
四、創作指導のカリキュラム　100
五、説明を文で書く　101
六、二百字作文　104
資料　『現代女子作文』（修正再版）における各課の作文課題と文例の題　106

第四章　『新文話と文の教育』に見る作文教育理論……115
一、『新文話と文の教育』（一九二九年）刊行の目的と構成　115
二、「幼き者への新文話」の構成と内容　118
三、金子彦二郎の文章観　120
四、文章評価の規準　123
五、文章作成手順の解説と文体の工夫　126
六、金子彦二郎の作文指導理念　128

第五章　文章批正指導の実際……133
一、授業「作文科の成績処理」（一九二九年）の概要　133
二、授業の実際　143
三、金子彦二郎の自己批評　153
四、金子彦二郎の作文教授の特徴　154
第六章　昭和前期高等女学校における生徒作文の実際……157
一、生徒作文の傾向　158
二、生徒作文の実際　162
三、金子彦二郎の作文評価と暗示的指導　191
第七章　『新進女子作文』における指導内容の変化……195
一、主な改訂内容　195
二、金子彦二郎の文章構想論　200
三、金子彦二郎の意見文・議論文指導　202
四、時局の変化と指導内容への影響　204
資料１　『新進女子作文』における各課の作文課題と文例の題　206
資料２　「入学試験作文問題」及び「受験作文と本書との連繫」（巻四附録）　213

第八章　『明るい中学作文』における再生と新生……217
一、『明るい中学作文』（一九四九年）の概要　218
二、『明るい中学作文』著作の趣意　219
三、第一学年の教材構成　222
四、第二学年の教材構成　226
五、第三学年の教材構成　231
六、「研究問題」の検討　234
七、作品批評の観点　237
八、『明るい中学作文』における再生と新生　239
第九章　『女子現代文學新鈔』と『教授参考』の内容と特質……241
一、読本と作文の関連指導　241
二、『女子現代文學新鈔』（一九二七年）の内容　242
三、『女子現代文學新鈔』の特質　246
四、特徴的な教材例　248
五、作文との関連　250
六、試験問題と生徒解答例　252
資料1　『女子現代文學新鈔』「緒言」　254
資料2　『女子現代文學新鈔教授参考』巻一「著者より教授者諸賢へ」　255
資料3　試験問題例と答案例の実際　258

終章　金子彦二郎の作文教育の現代的意義……265
一、作文教育におけるインベンション指導の必要性　265
二、金子彦二郎の「暗示的指導」の特質　268
あとがき……271
初出一覧　275
主要参考文献・引用文献　277

金子彦二郎の作文教育

――中等教育における発想力・着想力の指導――

序章　金子彦二郎の人となり

一、学界における金子彦二郎の評価

金子彦二郎（一八八九～一九五八年）は、国文学界では日中比較文学の研究者として著名であるが、国語教育界においては、ほとんど顧みられることがなかった。出身地新潟で出版された『郷土の碩学』(1)においても、和漢朗詠集と白氏文集の比較研究だけが評価され、国語教育上の業績については触れられていない。

これに対して、金子の作文教育に早くから注目していたのは、野地潤家である。野地は、以下の三論文において、金子の業績について論究している。

①野地潤家「大正中期における中等作文教育」（一九七二年）(2)

この論文では、金子の初期の実践報告「我が作文教授」（一九一六年）を取り上げ、その特徴を、「作文忌避思想をとりのぞくこと」「真実を書かせること」「題材を生徒の生活経験からとらせること」「主想を確かにさせること」「暗示的指導を行うこと」「美点称揚主義をとること」などの十項目に整理している。また、「実際の作文教授の方法も柔軟でいきいきとして、作文教授の核心に迫っている」もので、示唆するところが多いと評価している。

②野地潤家「中等作文教科書の考察―昭和期旧制高等女学校の場合」（一九七七年）(3)

この論文では、『現代女子作文』修正再版（一九三〇年）及び『新進女子作文』（一九三九年）を取り上げ、その構成の仕方や実例の提示の仕方について、「当時として可能な限り学習者の作文学習に寄与しうるようにくふうされ、配慮されていた」と評価している。「近代作文教育の独自の媒材としての役割を果たしうるものに生長」した作文教科書の代表例として位置づけたのである。

③野地潤家「旧制中等学校の作文教育―昭和一〇年代の授業を中心に―」（一九八八年）(4)

この論文では、金子の「作文科教授記録の全面的公開」（『智目と行足との新国語教授』一九三六年、所収）を取り上げている。「音」という題で書かせておいた五〇編の作文について、素材、文題、文体、段落の四観点から概評したのち、優秀作六編を選んで朗読して聞かせ、生徒たちの鑑賞・批評を巧みに引き出していった授業進行について、「要を得た心くばりが見られる」とし、「優れた授業構想力」の持ち主であったと評価している。

このように、野地潤家から高く評価された金子彦二郎とは、どのような人物であったのか。その経歴をたどりながら、金子の人となりをみておきたい。

二、刻苦精励の人――金子彦二郎の経歴と業績

1　金子彦二郎の経歴

金子彦二郎の経歴は、追悼文集『故文学博士金子彦二郎先生』（堀七蔵編、私家版、一九五八年）によってそのあらましを知ることが出来る。さらに、諸文献によって関連事項を補充し、まとめておこう。

金子彦二郎は、一八八九（明治二二）年六月二〇日、新潟県西蒲原郡岩室村に生まれた。

一九〇四年三月、一五歳で、新潟県准教員新発田講習所を修了し、五月に新潟県西蒲原郡米納津《よのうづ》尋常高等小学校准訓導に任ぜられている。さらに検定試験を受けて正教員免許状を取得し、一九〇六年一月から同校訓導となった。

一九〇七年四月、高等小学校訓導を休職し、新潟県新潟師範学校に入学。しかし、農業を専科に選んだため、英語の授業がなく、英語力は独学で身につけざるをえなかった。にもかかわらず、金子と同郷で常に首席を競ったという土田茂（杏村）が「いつも英語では、かなわなかった」と述懐する[(1)]ほど、英語にも熟達していった。かくて、

一九一一年三月、同校卒業の際には、「品行端正学術優等ニシテ在学年間精勤」であったとして新潟県知事より表彰されている。

一九一一年四月、東京高等師範学校予科甲組に入学。ここで、佐々政一や芦田恵之助の教えを受ける。

一九一四（大正三）年九月、小俣シバと結婚。

一九一五年三月、二六歳にして、同師範学校本科国語漢文部を卒業し、石川県女子師範学校教諭兼訓導及び石川県立第二高等女学校教諭に任ぜられる。これが、中等国語教育に携わった最初である。この石川県在勤中に、雑誌『国語教育』（保科孝一主幹、育英書院）に実践報告「我が作文教授」[(2)]を六回（一九一六年七月〜一九一七年七月）にわたって断続的に連載。さらに、一九一六年一一月には、この時の実践を元に、『女子作文の考へ方作り方及び文例』（明治出版協会）を刊行した。（この実践報告及び第一著書については、第一章において詳述する。）

一九一七年八月、新潟県立三条中学校教諭に任ぜられる。

一九一八年六月、中学校を休職し、東京高等師範学校専攻科修身教育部に入学。

一九二〇年三月、同専攻科卒業。卒業後は直ちに京都府立第一高等女学校教諭に任ぜられる。京都第一高等女学校での在勤期間は、わずか一年余りと短かったが、その活動ぶりは生徒の心を捉え、同校の卒業生は、「異口同音に『金子先生！』と推賞[(3)]」したと伝えられている。

この時期の論考には、「師範四年生に対する作文の一試み」（『国語教育』第二巻第一一号、一九一七年）、「作文科校長担任論」（同第三巻第九号、一九一八年）、「中学の作文に翻訳を」（同第四巻第七号、一九一九年）がある。これらの論考では、「作文教授の効果をあげるには、教師も生徒と共に作る必要がある」という趣旨で、教育実習前に小学児童の模範となるべき文章を書くように求めたり、学校長は修身だけでなく作文を担当すべきだと提唱したりした。

一九二一年四月、三二歳にして、東京女子高等師範学校教諭兼東京女子高等師範学校教授となり、国語教育界において最も活躍した時代を迎える。金子の後に同校に赴任した石井庄司によれば、「校内においては学級担任として、国語科主任として、また、教務主任として、縦横にその才能を発揮せられた。また、校外では、小学校の国語教育から、高等女学校、中学校と広く天下の国語教育界に、その指導の手をのばし、自ら模範授業を行って微細に指導せられ、当時の中等学校では、実に珍しい存在と称せられ」(4)たという。金子の人柄については、当時のことを知る倉澤栄吉から、「私たちは、『彦さん、彦さん』と呼んで慕っていた」と直接伺ったこともある。まさに、人徳豊かな「万能の達人」であった。

この時期に編集されたのが、『現代女子作文』（第一～四巻は一九二五年刊。第五巻は一九二八年刊）である。これは高等女学校用作文教科書としてベストセラーとなり、全国各地で採用された。（第二章参照）

一九二九（昭和四）年四月、四〇歳にして、新設の東京文理科大学研究科（国語国文科）に入学。研究科在学中は、東京女子高等師範学校講師及び第六臨時教員養成所講師として勤めつつ、「白氏文集」研究に取り組んだ。研究科では、自分の手で『白氏文集』の索引を作成し、句題和歌の研究を進めたという。

一九三〇年、『現代女子作文』修正再版（全五巻）を刊行。これは、初版本を装丁・内容ともに全面的に書き換えたものである。初版以降の金子の実践成果及び全国での活用ぶりが窺えるものとなっている。（第三章参照）

一九三四年三月、同大学研究科を退学（五箇年修了）。

一九三六年四月、帝国女子専門学校教授兼国文学科主任を嘱託される。

一九四一年四月、再び東京女子高等師範学校教授に任ぜられる。

一九四三年、五四歳にして、『平安時代文学と白氏文集、句題和歌・千載佳句研究篇』(培風館) を刊行。本書には、帝国学士院賞及び日本文学報国会国文学賞が授与された。

一九四五年四月、女子学習院教授となる。

一九四六年三月、五七歳にして、慶応義塾大学から文学博士の学位を授与される。

一九四七年三月、学習院教授及び女子高等科長を命ぜられ、その後は、一九五七年まで東洋大学文学部教授などを歴任した。

一九五八(昭和三三)年五月二七日、胃癌のため逝去。享年七〇歳であった。

このように金子は、幾度も休職しては上級学校に進学するなど、生涯にわたって、たゆむことなく研究と実践に心身を注ぎ続けた人であった。東洋大学で金子から学位論文の指導を受けた徳田進[5]は、「(金子が) 晩学の苦しみをなめられたこと、学界で傍系に立たされながらも、よく御功績を挙げられたこと」を賞賛している。徳田はまた、「ある国語教育界のジャーナリストから宴席で『先生はまだまだ』と軽くあしらわれたことが、却って、向学の刺戟剤となった」と金子が語ったことなども紹介している。金子は、まさに刻苦精励の人であったと言えよう。

2　金子彦二郎の業績

先にも述べたように、金子の業績としては、日中比較文学研究の方がよく知られている。主著としては、『平安時代文学と白氏文集―句題和歌、千載佳句研究篇』(培風館、一九四三年)、『平安時代文学と白氏文集―道真の文学研究篇第一冊』(講談社、一九四八年)、『平安時代文学と白氏文集―句題和歌、千載佳句研究篇　増補版』(培風館、一九五五年）、『平安時代文学と白氏文集―道真の文学研究篇第二冊』（芸林舎、一九七八年）などが挙げられる。

だが、金子の著作の大半は国語教育に関するものであることに注目すべきであろう。金子は国語教育を副業扱いすることなく、ライフワークの一つに据えていたのである。

例えば、金子が編集した教科書・副読本は、次に挙げるものを始めとして、三一種に及ぶ。（所蔵先を明示していないものは、実物またはコピー本を田中が所蔵している。）

〈作文教科書及び代表的読本〉

①『現代女子作文』初版（第一巻～第四巻）、光風館、一九二五年
②『女子現代文学新鈔』（全五巻）、光風館、一九二七年
③『現代女子作文』初版（第五巻）、光風館、一九二八年（金子俊也氏所蔵）
④『現代女子作文』修正再版（全五巻）、光風館、一九三〇年
⑤『昭代女子国文四ケ年用』（全八巻）、光風館、一九三三年（鳴門教育大学野地潤家文庫所蔵）
⑥『昭代女子国文五ケ年用』（全十巻）、光風館、一九三三年（鳴門教育大学野地潤家文庫所蔵）
⑦『昭代女子高等国文　白菊の巻』（全一巻）、光風館、一九三八年（未見）
⑧『昭代女子高等国文　緋桜の巻』（全一巻）、光風館、一九三九年（未見）
⑨『新進女子作文』（全四巻）、光風館、一九三九年（国立教育政策研究所所蔵）
⑩『明るい中学作文』（全三巻）、光風館、一九四九年（鳴門教育大学野地潤家文庫及び金子俊也氏所蔵）

この他、『十六夜日記、土佐日記、竹取物語鈔』（一九三八年）、『平家物語』（一九五〇年）、『昭和新鈔　方丈記、徒然草』（一九五六年）など、戦前、戦後にわたって古典教科書（副読本を含む）を数多く編集・発行した。

一般書についても、『趣味の補習読本』（明治図書、一九二〇年、三康図書館所蔵）、『現代常識語辞典』（文洋社、一九二

五年）など児童生徒向けの読本や、『昭代日本文法』（柳原書店、一九三〇年）などの文法書など、計二六冊を編著述した。そのうち国語教育に関する論考を収めた著作は、以下のように、単著一一冊、個人雑誌一種（全一五輯）に及ぶ。

〈国語教育関係の著書〉

①『女子作文の考へ方作り方及び文例』明治出版協会、一九一六年（鳴門教育大学野地潤家文庫所蔵）
②『最新式綴方自習書』（全三冊）培風館、一九一九年（未見）
③『辞典を兼ねたる女学生の作文』文洋社、一九二六年（国際子ども図書館所蔵）
④『三元的国語教授へ』明治図書、一九二七年（お茶の水女子大学図書館所蔵）
⑤『言葉の魔性神秘性に徹せる国語教授へ』昭和出版社、一九二八年
⑥『新文話と文の教育』明治図書、一九二九年
⑦『修訂三元的国語教授へ』明治図書、一九二九年（国立教育政策研究所所蔵）
⑧『新時代のまことの国語教授』三元堂書店、一九三二年（ノートルダム清心女子大学図書館所蔵）
⑨（個人編集雑誌）『考へるよりも歩め』（全一五輯）、光風館、一九三四～一九四〇年（国立国会図書館第三輯所蔵、金子俊也氏第一五輯所蔵）
⑩『手紙文実習講話』三元堂書店、一九三五年（ノートルダム清心女子大学図書館所蔵）
⑪『智目と行足との新国語教授』培風館、一九三六年
⑫『教育と文学』小学館、一九四二年（国立国会図書館所蔵）

このように金子は、旧制高等女学校を中心として、中等教育における国語教育のあり方について積極的な提言を行い、戦後に至っても、新制中学校の作文教育の振興を願って、作文教科書づくりに励んでいた。

また、この他にも、各地方の小学校や青年団の求めに応じて、校歌や団歌を数多く作詞するなど、和歌や俚謡にも長けた幅広い教養人であった。

注
(1) 渡辺恒美他『郷土の碩学』新潟日報事業社、二〇〇四年、二〇一〜二〇六頁
(2) 大下学園国語科教育研究会『研究紀要』第一七号（一九七二年）に初稿掲載。『野地潤家著作選集第八巻』明治図書（一九九八年）に収録。
(3) 広島大学教育学部光葉会『国語教育研究』第二三号（一九七七年）に初稿掲載。『野地潤家著作選集第九巻』明治図書（一九九八年）に収録。
(4) 広島大学附属中高等学校『国語科研究紀要』第一九号（一九八八年）に初稿掲載。『野地潤家著作選集第九巻』明治図書（一九九八年）に収録。
(5) 石井庄司による解説（復刻版『国語教育』別巻、大空社、一九九五年、四二〜四四頁）
(6) この論考は、後に『新文話と文の教育』（明治図書、一九二九年）に収録されている。また、『現代女子作文』修正再版（全五巻、一九三〇年）の完成を機に、小冊子（非売品）にまとめられ、参考資料として教科書採択校に配布された。
(7) 堀七蔵編『故文学博士金子彦二郎先生』私家版、一九五八年、二頁
(8) 石井庄司「表現の人・金子彦二郎先生」押尾虎三二教授御退官記念事業会編『国語表現論叢』明治図書、一九七九年、二六頁
(9) 注7に同じ。三〇頁

第一章　『女子作文の考へ方作り方及び文例』と「我が作文教授」

金子彦二郎は、一九一五（大正四）年四月から一九一七（大正六）年八月までの二年余り、石川県女子師範学校及び石川県立第二高等女学校に勤務した(1)。この時、金子は二六歳である。

当時の高等女学校では、作文の授業が毎週一時間設けられ、「自作文ハ種類ニ就キテハ記事文・叙事文・書牘文トシ文体ニ就キテハ文語文ヲ主トシ口語文ヲ併セ課スヘシ」（「高等女学校教授要目」明治四四年改正）と定められていた。しかも石川県においては、当時の知事の訓示によって、一ヶ年間候文ばかり作らせていた。つまり、生徒たちは自由に自分の思いを書くことなど思いも寄らない状況だったのである。

そのような学校に赴任した金子は、まず作文を忌避する気持ちを排除することから取りかかることになる。いかにして書くことを見つけさせ、楽しんで書くように仕向けるか。これが金子の第一の実践課題であった。

では、金子はどのような授業を展開したのか。また、生徒た

ちにどのような文話（文章に関する談話）を語っていたのであろうか。本章では、この間の実践をもとにまとめられた高等女学校生徒向けの作文解説書『女子作文の考へ方作り方及び文例』（明治出版協会、一九一六年一一月）、及び実践記録「我が作文教授」（『国語教育』第一巻第七号～第二巻第七号、一九一六年七月～一九一七年七月）に焦点を当てることにする。

一、『女子作文の考へ方作り方及び文例』（一九一六年）の序文と反響

『女子作文の考へ方作り方及び文例』は、一九一六年一一月に初版が発行され、翌年七月には修訂増補三版が発行されている。わずか半年余りのうちに三版を重ね、数多くの教職員や生徒に読まれたものと推定される。

本書（B6判、全二六八頁）は、序（序文三編及び目次、計一二頁）、本文前編「作文の考へ方及び作り方」（四三頁）、本文後編「各文題についての注意及び文例」（二〇三頁）で構成されている。

1　佐々政一と芦田恵之助の序文

本書の巻頭には、東京高等師範学校教授佐々醒雪《さっさせいせつ》（政一《まさかず》）による序文と、東京高等師範学校訓導芦田恵之助《えのすけ》による序文とが掲載されている。佐々政一は、「序」において次のように述べる。

> 金子君は昨の弟子であつて、今の畏友である。その学生時代、殊に高等師範予科生時代に於ける文章に、既に縦横自在の筆才が顕れてゐたことは、今なほ自分の耳目に新なるものがある。自分は君が逸才のひらめきを見る毎に、その作文の評語に於て、深く自愛せよと戒めたことをも、今なほ明かに記憶してゐる。併しその前後に、修辞又は作文教授に関して、

> 自分が君に教へたところは、思へば唯空漠たる概念に過ぎなかつた。然るに今、本書に対すれば、自分の信じてゐるところ、伝へんとしたところが、鮮やかな具体的な形となつて、眼前に浮び出たやうな感がある。本書は固より君が天分と創意との結果であらう。併し、自分にとつては、自分の暗示から生れ出たとさへ信ぜしむるものが少なくない。蓋し花木の花咲くは、花木の天賦である。しかも橐駝師《たくだ》（引用者注―植木屋）はこれを自己の努力に帰して、竊《ひそ》かに会心の笑を漏してゐる。金子君よ、君のこの書を読んだ才女が、他日文壇の花と謡はれた日があるとすれば、君のその才女に就て感ずる所は、亦僕の今日の所感の如きものがあるであらう。僕がこの好著の上梓を慶するは、又以て自ら慶する所以である。（一～三頁。傍線及びルビは引用者。以下同じ。）

佐々は、旧制高校（高等師範学校）において講じてきた「修辞学」の内容を「文章講義録」二四冊（育英書院、一九一四～一九一五年）及び『修辞法講話』（明治書院、一九一七年）にまとめているが、その理論が金子によって具現されたというのである。修辞学の受容史及び実践史の観点から言えば、佐々が学んだA・S・ヒルやJ・F・ジェナングなどのアメリカ修辞学理論(1)を、金子が実践化したと位置づけることができる。

一方、芦田恵之助は、「序」において次のように述べている。

> 畏友金子君、今度「女子作文の考へ方作り方及び文例」を公にして、其の主張の一部を世に問ふこととなつた。小冊子ではあるが、尊き試みである。
>
> 当今我が初等教育界の研究問題として、その焦点をなしてゐるのは、蓋し綴方教授であらう。中等教育界に於ても稍これと同様の傾はあるが、彼に比して頗る沈静である。君が先年石川県に赴任する時、余は送るに「中等教育界の作文教授に対する沈静は、必ずしも徹底の見を持して、超然たるものではあるまい。」との言を以てした。爾来君は日夜励精しづかに其の真相を観破し、ことに女子作文の不振を慨して、終にこの書をなした。余は君の厚意によつて、その稿を通読す

るの栄を得た。所説穏健、而も言々句々に籠れる赤誠は、実に熾烈なるものがある。これ全く君が人格の反映に外ならぬ。金子君は余の知友中最も所信を率直に吐露し、実行する人である。余の書斎の乱雑を一見して、命ずるに不掃の名を以てした人である。君の前には如何なる断崕も絶壁も、その行動をさまたぐることが出来ぬ。当今の女子作文の振興は、君をまつて始めてその緒につくかとうれしい。一見君の性格と女子作文、甚だ相反するやうであるが、こゝに至れる天意の甚深を悟らなければならぬ。作文教授が生の真義を自得せしむるに最捷径たることは、今は疑ふべき余地がない。こゝに於て余は君の自重研鑽をさらにさらに切望してやまぬ。（四～六頁）

芦田の序文で注目されるのは、中等教育における作文指導の不振も、金子によってその道が開かれるのだと評価している点である。初等作文教育の実践的指導者であった芦田恵之助からこうした評価を得ていたことは、特記しておいてよい。金子は、当時の中等教育において、芦田の綴方の考え方を引き継いだ最も先進的な実践者の一人でもあった。

1　本書の反響

本書の評判は、当時の雑誌記事によって確かめることもできる。例えば、『新教育』第三巻第一号（成蹊学園、一九一七年一月）に、次のような一文がある。(2)

著者は此の書の全編を通じて、「自分の目や耳や心に触れた儘の真実を書け」と絶叫されて居りますが、数年間の尊い努力が作文教授の奈辺に用ひられたかは、これを以ても明瞭で御座います。其の教へ子の作になる文例をみましても、まだ多少旧い殻が脱ぎきれないで、色々のものに影響されてゐるきらひがないでもありませんが、大体に於て活々とした真実味の溢れて居るのを認めることの出来ますのは、誠に痛快なことで御座います。此の書を購読せられる方は、直ちに採って自分の知識や文章の切張りに用ひる様な不真面目な態度をやめて、静かに作者の態度や心持を味ってみたならば、文を教へる人、文を学ぶ人の論なく益する処が少くないことゝ信じます。（中略）

なほ私自身は―教へ子に対しては色々の事を云ふに関らず―文を書くのに非常に困難を感じて居りました。

何程書きたいことがあっても、筆をとってみると手も足も出ないので御座います。これは余り練習しなかった結果、思想から文字になるまでの心理的、生理的の手続きなどに欠陥があるのだらうと思ひますが、又一方、私自身の作文の態度にどこかとらはれた、殻の脱げないところがあるせいに違ひないとかねがね思っておりました。今度此の書を拝見して著者並に其の教へ子の人々の態度の或点から思ひがけなく暗示を受けて、これを機会に何か書いて見ようと云ふ勇気が起こりました。

当時の女学校教諭による新刊紹介である。前半で、生徒作文の生き生きとした真実味をほめるとともに、後半において、筆者が自分の現状を反省し、この著書と出会ったことによって自分も書いてみようという気になった、と告白しているのが興味深い。単に書き方を解説した書物というのではなく、読み手をして書く気にさせる刺激的な書物として受けとめられていたのである。

二、『女子作文の考へ方作り方及び文例』の内容

1　著者の意図――自序

では、金子自身は、どのような思いでこの書物を著したのであろうか。「自序」では、次のように述べている。

曾て私の読んだ本（引用者注―『韓非子』説林下第二三）にこんな話が載つてゐた。

「昔伯楽、二人の弟子に馬を相する法を授けしに、己が苦心の末発明したる名馬を相する術をば、平日悪しと思ふ弟子の方に皆伝いたし、愛する方へは駑馬を相する術を伝へたり。千里の名馬は、いつ出会ふことか知れざれば、其の利少し。駑馬は日々に売買することなれば、その利却つて多きが故なりとぞ。」

本書は作文になやむ女学生諸子に、「駑馬を相する術書」としてお授けしたいと云ふ下心から、書いたのである。

これまでも理屈の方から作文法を秩序的に系統的に説述された立派な著述が随分ありました。其の所説は精に入り微を穿ち理路頗る整然たるもので、まことにわれわれの金科玉条とすべき有益な文字であるけれども、如何にせん、直に取つて以て作文道に悟達する枝折としては余りに高遠で、いづれも千里の馬を相する秘伝に類してゐる。われわれは生理学を学んだからとて、すぐに病人の診断や投薬ができるものでないと同様に、作文法の理屈を知つたからとて、すぐに作文が上手になれるものではない。

そこで私は既往数年間生徒諸子と共に、同じい《ママ》題目について労作した記録の中から、これならばと思ふふしぶしを抽き出して、駑馬を相する伝授の一巻を草したのである。女学生諸子の真の要求に鑑みて、従来の類書にあまり見ない**考へ方**といふものを稍力説して見た。それから又駑馬の相伝たらしめんといふ著者の意志から、文例としても女学生諸子の頭に消化の出来ないやうな博士大家の文章などは一つも取入れずに、諸子の作品中から諸子の心の生活に最も共鳴のあるものだけを精選したのである。幸にこの著者の微意が、諸子の作文練熟上に幾分なりとも駑馬の相術となり得たならば、寔《まこと》に望外の光栄とするところである。(以下略。ゴチックは原文。序七～一〇頁)

この「自序」にも述べられているように、本書の特色は三つに整理することができる。

特徴① 作文の「考へ方」即ち「発想・着想」に重点を置いたものであること。

特徴② 生徒の理解しやすい言葉で作文の作り方を平易に解説したこと。

特徴③ 模範文例として生徒作品を用いたこと。

このうち、最も特徴的なのは①である。後述するように、前編「作文の考へ方及び作り方」においても、「発想・着想」に関する助言が大半を占めている。
③についても、後編に収められた文例一三二編のうち、その四分の三にあたる九八編が、金子の指導によって生まれた生徒作品である。（他の三四編は金子の自作である。）このことからも、いかに生徒主体として作文指導を進めようとしたかが分かるであろう。

2　前編「作文の考へ方」の内容

では、発想・着想を重視した金子の「作文の考へ方」とは、どのようなものであったのか。
前編に示されているのは、次の九項目である。

第一　他人に智識を授ける積りで書くから、気乗りもしないし、趣味も無くなる。
第二　読者をあつと言はせようと思つて書くから、筆がしぶる。
第三　自分の目や耳や心に触れたままの真実を書け。
第四　剽窃は芸術上の虚栄の結果で、この癖の直らぬ中は作文は上達しない。
第五　自分の経験界を広く見渡して、何かを一つ固く握れ。
第六　主想をつかんだら、構想の上に苦心して見よ。
第七　文を作る時には砂糖水を拵へる際の注意が要る。
第八　材料や着想によいものが無いとか、書きにくい題には、描写法に新味を出せ。
第九　楽しんで文章を作れ。

この九項目は、「表現に対する心構え」「発想・着想・構想」「記述上の工夫」の三つに整理することができる。

第一～第四及び第九は、「表現に対する心構え」である。その内容を一言にまとめれば、「自分の実感を大事にして、ありのままの真実を写し出せ」ということになる。

金子は、海の色を例に挙げて次のように言う。

〔海の色は〕太陽の位置や空模様の工合などから、或時は赤く、或時は白く、或時は紫に、或時は鉛色にも見えるものである。それを水は碧《あを》きものなりといふ理科の智識に囚《とら》はれて、海とさへいへば紺碧《こんぺき》の海、青き海、と言はねば済《す》まないやうに思つてゐる人が多い。柿の葉でも屋根瓦でも太陽の烈々たる直射光線を受けてゐる際には白く光つて見えるものである。それにも拘《かゝは》らず、緑だ、赭黒《あかぐろ》いと言つたら、自分の感《かん》じを偽るもので、所謂心にもないことをいふことになる。こんな風に自分が見たり聞いたり感じたりした有りのまゝの真実を描かないならば、その人々の個性も表はれて来ないし、又真に迫つた強い印象や感じを読者に与へることも出来ず、遂に何のために書いた文だかと疑はれる程、無意義な徒労に終つて仕舞ふのである。くれぐれも自分の目や耳や心に映つたありのままを写し出すといふことを忘れてはならぬ。

（傍点、圏点、ルビ、いずれも原文のまま。一〇～一一頁）

第五～第七は、「発想・着想・構想」に関する助言である。「主想の決定」「取材・選材」「構想」について丁寧に解説している。

第五では、「文題に適応した主想を定める」ことの重要性を説いている。例えば、「牛」について説明する課題ならば、「他の物にも共通な要素や性質」を緻密に書くよりも、「牛の牛たる所の性質―この事さへいへば誰しも牛のことだなと合点の行くやうな要素」に絞り込み、「二つに割れた蹄と相対した枝のない角とをもつて居り、モーモーといふ声を出す」というふうに書き出していくことが肝要だと言うのである。（但し、これは、字引流に正確に説明せよというのではない。記憶に最も鮮明な印象を残している点を中心に、読者の心に残るように書けということである。）

第六では、「取材と選材」について興味深い逸話を紹介している。洋画家である小山正太郎画伯が門下生に『暴風雨』という課題を与えたとき、多くの弟子は、裂けた大木や、折れた電柱や、逆巻く怒濤を描いたが、ある一人の弟子は、見すぼらしい伏屋の中で漁夫が悠長に煙管をくわえながら網の修繕をしている絵を描いて、画伯に大いに賞賛されたという話である。つまり、怒濤や、折れた電柱や汽車の立ち往生では、只見えているだけがその全部であって筆勢や絵の具の配合の巧み以外に、観る人の心に触れる所謂余韻というものがない。これに反して、網を修繕している漁夫の絵では、海が荒れていることや風が強いということが、画面以外から感得されてくる。こういう余韻のある絵を描け、という教えである。これと同様に、文章を書く際にも、身の回りのたくさんの材料から、「静中に動を活躍させ、動中に静境を味はゝせる」ような含蓄のある材料を選べ、と説示する。

第七では、「主想（中心点）と従想（材料）」の関係について説く。砂糖水にたとえて言えば、砂糖の甘み（主想）を生かすには水（従想）が多すぎても少なすぎてもいけないのと同様に、できるだけ無駄を省いて簡潔な文にすることが肝要だというのである。しかも、できれば、餡に少量の塩を加えるように、「其の重要点が際だつて注意を惹かれるやうに、これに役立つ他のものを配合」するとよいと言う。例えば、「人事を主とした場合には自然を取り合わせ、自然の情景が主になつた場合には人事界のことを差し加へる」のである。

第八は、「記述上の工夫」に関する助言である。「文章の材料が余りに平凡であつて、読者を動かすに足らないと思はれる場合や、又大変作りにくい題などには、その材料の種類に応じて最も真実を彷彿とさせ得ると思ふ描写法を適用」せよという。例えば、「純客観的描写」以外にも、登場人物が身の上話をする「独語体・自叙体」や、文章全部を「会話体」にする方法や、会話と説明を合せた「折衷体」などがあるから、「私は桃太郎さんのおばあさんの手で作られた黍団子であります」（独語体）のように、多彩に書き分けてみよと奨励している。

ここで注目しておきたいのは、「記事文・叙事文・物語文・議論文」という修辞学の伝統的な分類法を紹介していないことである。写生文などでよく用いられる「純客観的描写」、木石禽獣などが人間のように口を利く「独語体」、作者も読者とともに傾聴している「会話体」など、「作者の演ずる役割」から見た分類法を採用することで、生徒の発想法を柔軟にさせていくのである。

以上の九項目の「考へ方」は、①「真実《まこと》を重んじること」、②「主想を決定すること」、③「含蓄ある材料を選ぶこと」、④「主想と従想のバランスに留意すること」、⑤「文体に工夫を凝らすこと」の五点にまとめることができる。実感や真実を重んじつつ、着眼点や表現形式に工夫をこらし、新しいものを作っていこうとする精神こそ、「楽しんで文章をつくる」源である。こうした助言が、高等女学校生徒の清新な気分と合致して、書く意欲を喚起していったのである。

3 後編「各文題についての注意及び文例」

後編には、二〇の文題（課題）と、一三二編の文例が掲載されている。いずれも、金子自身が高等女学校の授業で与えた課題である。文題と文例数を次に示す。（括弧内の数字は文題ごとの文例数。作品名は本章末資料参照。）

一、うららか（4）
二、月と花（6）
三、登校するまで（9）
四、夜、深夜（6）
五、新教科書を手にして（6）
六、風船玉（5）
七、箒。扇。（8）
八、絵葉書に添へて（7）
九、遠足の記（4）
一〇、雨（10）
一一、初袷着て（8）
一二、母の顔（5）

一三、五分間の写生（5）
一四、秋になつた（6）
一五、忘られぬ人（5）
一六、運動会の記（7）
一七、半途退学せる同級生へ（6）
一八、鳥（6）
一九、逝く年（6）
二〇、落ち葉籠（13）

素材はすべて生徒の日常生活に求めたものである。季節や自然に関するものが一一題、家庭や学校など人事に関するものが七題、身辺の事物に関するものが二題となっている。生活経験を材料に、実感のこもった内容を発見させようとする意図の反映である。

なお、一〇年後に『現代女子作文』を編集するにあたって、金子はこの「文例集」から六文題・一〇作品を採用している。初期の実践において、一〇年後にも色あせない作品を生み出していたのである。では、それぞれの課題について、いかなる「注意」を添えていたのであろうか。特徴的なものを抽出してみよう。

（1）文体の書き換え

「一、うららか」は、詩や短歌・俳句を示して、その情景を長い文に敷衍させる「書き換え作文」である。後に発行される『現代女子作文』では、「改作」と呼んでいる。現代の「リライト作文」に相当するものである。

原作をもとに書き換える際の注意事項としては、①「其の主想と其の文面に表はれてゐる心持とを汲み取る事」、②「其の主想や気分を明確にうつし出すために、どんな材料を添へ加へるかについて考へ」ること、③「なるべく自分の経験や実感を持って来て、語句などもなるべくならば原詩中の語句をその儘は使用しない方がよい」の三つを挙げている。

例えば、「梅咲くやどのまる窓に／木伝《こづた》ふ鳥の影さして／我が口ずさむ歌口《うたぐち》を／まねぶ愛《め》ぐしき囀りよ」や、「遊糸《かげろふ》もゆる藁屋根の／かたへを過《よ》ぎる電線に／初東風《はつこち》受けてゆらりゆらと／首《かうべ》うちふるかゝり凧」という著者自作の新体詩に対して、書き換えられた生徒作品「白梅の香を慕ひて」は、次のような書き出しとなっている。

「梅一輪一輪ほどの暖かさ。うむ道理でもう七分通り咲き揃つたわい。」といふ独語《ひとりごと》の後で、例の特徴のある咳払いが一つ聞こえた。／「おや又お祖父さんのお散歩かしら。」と思ひながら、つと手を伸して丸窓を開くと、案に違わずうちの白髯明神……。（以下略。四五頁。圏点、傍点、ルビ、いずれも原文のまま。以下同じ。）

また、生徒作品「無骨な声で春の曲を」では、次のような描写文に書き換えている。

（前半部省略）空は一面に美しいコバルトに彩《いろど》られて、柔和な日は息吹きかけるやうな暖かさを含んだ光を投げて居る。ふと気がついて見ると、すぐ目の前の藁屋根からは、青く白く陽炎《かげろふ》が燃えたつて、その白い仄かな水蒸気が空に融け合ふあたりに、屋根と殆んど平行して電線が走つてゐる。電線にはよく煙草屋などの店頭に見うける「首ふり福助」のやうな懸り凧が一つ、折からそよいで来た初東風うけて、無邪気な「お出でお出で」を繰り返してゐた。私は軽い滑稽味を感ぜずには居られなかつた。（以下略。四七頁）

このように、原作にはない人物（隠居さん）を点出してのんびりした気分を表したり、圏点を施した部分のように、北国の人が春を迎えたときの解放感を思い浮かべて情景や心情を書き加えたりしていくのである。

（2）観察者の位置の確立と変更（視点の発見及び転換）

「三、登校するまで」や「九、遠足の記」は、写生文を書く課題である。

注意事項としては、①「其の動作や成行きを見てゐる人と場所とを変更しないことが何より大切である」と、「視点を一定させること」の重要性を説き、②「床を離れてから校門をくゞるまでのことを全部一つも残さずに詳密に書いたからとてよい文にはならぬ」と、主想を明確にして「焦点化を図る」ように強調している。

なかでも、視点については、遠足の行列を「田圃に立ってゐた農夫」や「お日様」の位置から観察したものとして書いてもよいし、「遠足した人に付随した洋傘とか下駄とか握り飯とかいふ付属物」となって主人の動作を書いてもよいと、視点を転換して観察する方法も試みるように勧めている。

主想を明確にした作品例を一つ挙げておこう。「あくび」と題する作品の全文である。

「ギーギーギー」と水をあげる音が、かすかに夢のやうに又うつつのやうに耳にひびく。まだ眠い目を細くあけて障子を見るともう明るくなつてゐる。オヤついさつき寝たと思つたのに、はや夜が明けたのかしら。まあ昨夜は何といふ短い夜であつたらう。などと思ひながら恋しい床を離れて、大欠伸《あくび》をしながら二階を下りると、下にゐた下女も私に負けぬといふ様に大あくびをしてゐる。ああ面白い、今頃この町内を廻つて見たら、きつと一軒に一人位はあくびをして居るだらうと、こんなことを思ひ乍ら顔を洗つた。

いつもの通りにお座敷のお掃除をしようと思つて障子にはたきをかけて明けると、一人の洋服を着た男が通つた。何の気なしに見てゐると、これも咽喉《のど》の奥まで朝風に曝《さら》してあくびをする、それから伝染したやうにお向ひのおぢいさんも大きな口を気兼ねもなく開《あ》けて、あーあと伸びて居るので、私は思はず微笑んだ。

もう七時半近くなつたので、いろいろ用意を整へて皆さんと一緒に学校への道を歩いてゐると、時計屋の丁稚《でっち》が机の片端《はし》に頰杖《ほほづゑ》をついて新聞を見てゐたが、やがてあくびを噛み殺して目をこすつて居る。この様子を笑つて見てゐた途端《とたん》に小石に躓《つまづ》いた。ああ此小石は『人の振見てわが振なほせ』といふ警告をしてくれたのだらうと思つたので、それからは脇見もせずに学校へ急いだ。

（評）登校するまでの周囲の情景を、徹頭徹尾あくびを以て洞観してゐる処におもしろ味がある。清新な朝の空気はあくびといふ形式によつて、凡ての人達に深呼吸を実行させるのでせう。（六五～六六頁）

（3）着想例の提示による新素材の発見

「四、夜、深夜」も写生文を書く課題である。ここでは、通俗的なとらえ方を廃し、創意を加えるように奨めている。例えば、深夜の物淋しい凄い光景は、犬の遠吠えや遠寺の鐘だけではなく、「銀座通りを走つてゐる青電車や赤い電車」でも、「戦《をのゝ》くような喘《あへ》ぐようなアーク灯の光」からでも、「ひそやかに巡回するおまはりさんのサーベルの細鳴《ささなり》」からでも随所に見出されるから、「独創的な開拓や新発表」を試みよというのである。

「六、風船玉」や「七、箒。扇。」では、「風船玉はゴムにて作り、伸縮するものなり」などとありきたりのことを説明的に書かぬように釘を刺した上で、新鮮な着想例を数多く挙げている。例えば、「箒。扇。」の場合は、次のように、材料の探し方や文体の工夫の仕方の両面から、ヒントを与えている。

(イ)箒又は扇を持った人についてかく。例えば、高砂の姥《うば》と箒《はうき》、幼児と大箒、舞子の金扇、一の谷で敦盛《あつもり》を招きかへした熊谷直実の扇、那須与一が射落して皆紅の扇などを思ひ起すもよからう。

(ロ)箒や扇になり代つて、箒を使用する人のさまざまな使ひぶりを批評的にかくも面白からう。

(ハ)自分が箒について痛切に感じたこと。時には頬冠りをさせて何かのお禁厭《まじなひ》にした人悪《ひとわる》い経験もあつたであらう。

(ニ)我が家の庭や市街の大通りなどの、箒目鮮やかに掃き清められた上を歩く感じなどもよい思ひつきであらう。

(ホ)落葉掃く箒、棟上《むねあ》げのとき添へる扇車などと、少し思ひを廻らせば、材料は何程でもある。扇といへばすぐに秋涼の候に捨てられるといつて、其の痛ましい末路に同情するばかりが名文の材料ではあるまい。（八七～八八頁）

（4）修辞法（文末表現や文体）の習得

「一三、五分間の写生」や「一六、運動会の記」では、「三、登校するまで」や「九、遠足の記」と同様に、焦点の当て方についてさまざまなアイデアを提供した上で、文末表現のあり方にも言及している。

壮快な処を叙する時には、短い文を疊みかけた断叙法と、其の動作を現在行はれつゝある状態として写す現在法とを併せ用ひると、文が活きてくる。断叙法、現在法の一用例として、尋常小学読本巻十の『捕鯨船』の文を摘出する。これをよく読み味わつてもらいたい。（○印は現在法。」は一文の終りを示す。）

―「鯨は再び浮上つた。」ボートはつなをたぐつて、又も鯨に近寄り、今度は銃を以て破裂矢を打込む。」鯨は段々に弱つて、泳ぐ力もなくなる。」若者は長い剣を突通し、幾度となく抜いては又突く。」六七十尺の大鯨も今は全く息絶えて、水面に横はる。」流れ出る血に紅の波がただよふ。」（一七九頁）

金子の「注意」は、このように、話題の焦点化や着眼点の工夫を強調するとともに、表現技法に言及しているのが特徴である。表現と内容とが有機的繋がりを持つものとして示されているのである。

こうした注意がうまく生かされた作品例を一つ挙げておこう。「決勝点に立つて」と題する作品の全文である。

ドン!!と一発、十人の者は一斉に駈け出した。

思はず足を辷《すべ》らしてハツと思つた時はもう遅い。皆は一間程先きにゐる。ワーツといふ声に心をふるひ立てて一散に駈けた。紫、赤、黒さまざまのものが活動写真の影画のやうに変つて、一つ一つ網膜から消え去るやうな気がしたが、たつた一つ紫色のものが絶えず目先にちらつく。どうかして駈抜かうとすれすれになつた時は、もう決勝点であつた。

審判係の鋭い聲が耳に響いた時には、私はいつの間にか二と大きく染め出した旗を握つて居た。

私の心はあやしくも躍つて、顔は火のやうにほてつて居た。
(評) 流石に二等をとつた人だけに、文章まで活気に満ちてゐる。殊に後れてゐた自分が一人づゝ駈け抜いた時の気持も宜かつたらうが、そこの描写も亦気持よい出来である。(一八一頁)

(5) 場の設定

「一七、半途退学せる同級生へ」は、書翰文である。この課題で、注目しておくべきことは、生活実感を伴った場を設定しているということである。例えば、ある事情があって中途退学してしまったかつての同級生に対し、「安否を尋ね、面白かつた楽しかつた過去でも物語つて、懐しい思いを交換し、友情を温めよう」という目的の手紙を書くように求めている。

もちろん手紙の書き方を身につける必要もあるから、「①時候の挨拶(先方の安否も含めて)、②用事、③少し面白そうな余談、④用事についてもう一度念を押して筆を止める」という程度の構成の仕方や、「①先方の知識や年齢や境遇や職業に適した言葉づかい、②先方の身分に応じた敬語、③常に温かい感情を先方の人に与えるように書くこと」など形式に関する注意も欠かしてはいない。

だが、重点は、書く内容の発見を導くことに置かれていると言った方が適切であろう。この単元の最後は、「この種の文では、其の人と深い関係や交渉のあった事柄についての思い出や、彼と自分との親密な交りや、自分の現在、及び別れてからの重なる出来事や、それから先方の人の其の後の生活についての想像やら同情やら祝福やらを述べるがよい。そして其の片言隻句の間にも愛情を表すことを忘れてはならぬ」という解説で締め括られている。

このように、具体的な場を設定し、具体的事例を抱負に示すことで、どこに焦点を当てたらよいかを直観させようとしたのである。まさに「場」(トポス)が形成されていたと言ってよい。そして、生徒たちにしてみれば、こうした金子の文話もさることながら、文例として挙げられた生徒作品の一編一編が、その題名も含めて新たな発想のヒントとなって生かされていったと見なすことができるのである。

三、「我が作文教授」における指導内容と指導方法

さて、石川県の高等女学校に赴任して一年も経たないうちに、これだけ豊かな作品例を引き出した背景には、いかなる実践と理論があったのか。金子の指導内容と指導理論は、「我が作文教授」から読み取ることができる。

1　「我が作文教授」の構成

この論考は、『国語教育』（保科孝一主幹、育英書院）第一巻第七号〜第二巻第七号（一九一六年七月〜一九一七年七月）に、六回にわたって断続的に掲載され、後に『新文話と文の教育』（明治図書、一九二九年）に収載されたものである。さらに、『現代女子作文』修正再版全五巻の完成（一九三〇年）を機に、パンフレットとして編集され、教科書採択校に非売品として配布されてもいる。

「我が作文教授」の構成は次の通りである。

一　小学校に於ける綴方
二　中等教員病
三　余の最初の作文教授　（以上、一巻七号）
四　真実を書かせる
五　真実と個性のひらめき　（以上、一巻八号）
六　真実の記述と選題
七　題材の統計的研究　（以上、一巻一〇号）
八　本質的属性論

九　暗示的指導といふこと　（以上、一巻一二号）
一〇　教師も共に作れ
一一　訂正批評・評語の価値　（以上、二巻三号）

一二　候文及び入学試験問題
一三　書翰代筆に関する統計的研究
一四　結語（むすび）　（以上、二巻七号）

2　「我が作文教授」に見られる作文教育観

この実践において金子が重視したことは、次の六点にまとめることができる。

（1）作文忌避病や恐怖心の排除

金子が最も重視することは「楽しんで作る」ことである。既に作文嫌いになってしまっている生徒たちから「書く意欲」を引き出すために、金子は、生徒が慣れ親しんでいて興趣をもつような題材を与え、文体・形式も全く自由にして書かせるのである。このときの生徒の解放感は、次の感想文からよく伝わってくる。

いよいよ第一回の作文の時間が、ヂャンヂャンと鳴る鐘のひびきと共にやつてきた。先生はニコニコして教壇にお立ちになつて、「此の中では作文のきらひな方がありますか。そんな方には、成程さう厭なものでもないと思ふやうにして上げますよ」と仰しやつたが、私は候文なら誰が好きになるものかと思つてゐた。（稿者曰ふ、この学校では時の知事の訓示に據つて、一ヶ年間候文ばかり作らせてゐたのださうである。だからこの反感があつたのだ。）
やがて黒板に白くはつきりと浮き出された文字は「風船玉」。その時私の心――嬉しさと、一年間候文ばかり作つて居つたのとで、何を書いてよいか、筆は持つたけれども一向材料を見つけ出すことが出来なかつた。併し先生が色々とお話して下さつたので漸くいと口を見つけ出して作つた。さてよいのか悪いのか私には判じがつかなかつたのが、なほして下さるのを見たら、これまでとは違つてよい所には点をうち、おまけに終りには評があつた。その時の私の嬉しさ、幾度も幾度も繰返して読んで、これからも一生懸命に作らうと思つた。それからは作文を作る日も戴く日も何よりも楽しい日にな

った。いくら点が甲でも評が簡単だと何だか淋しい物足りない感じがした。（高女二年生作、傍線引用者）

（2）真実の記述と選題

金子の作文教育論の第二の基本は、「真実を書かせる」ことである。自分の目で見、自分の心で感じたことを最も重んじていくのである。したがって、この時期の金子の指導は、「随意選題」と「写生文」（記事文）を基本としたものとなっている。

だが、金子のいう「随意選題」は、いわゆる「自由作文・自由選題」とは異なるものである。題材探しを生徒任せにはせず、ほとんどの授業において「共通題材」を与えて書かせている。その実際が、『女子作文の考へ方作り方及び文例』に挙げられた文題例である。女生徒たちの日常生活に素材を求め、書く材料が見つけやすくなるように配慮している。未経験のことについて無理矢理書かされることがないようにしているのである。

（3）生徒個々の心理や立場の理解

「共通題材」を設定する際に困難を感じるのは、いかなる題材であっても、学級のうち数名は、その題材に対する経験を持たない場合があるということである。また、年齢・土地・習慣・風俗・時代等が異なるために、教師が最善だと思った文題であっても、生徒にとっては無理や不自然が強要されているように感じてしまう場合もある。

こうした実際的問題を解決するために、金子は、生徒個々の心理や立場を理解するように努める。例えば、「遠足の記」の場合、不参加者には「留守居の記」など、その生徒でなくては書けないことを書くように着眼のヒントを与えている。また、生徒はいかなる題材を好み、いかなる題材に優れた作品が多いかなどを統計的に研究して、次の課題設定に生かすように心掛けている。

さらに、文章の「題目」については自由な考案を行うように奨励している。例えば、「運動会の記」という課題の場合は、「勇ましいかけ声」「負けた白」「声の泉の涸れるまで」「胸の白い徽章は」「花火の音に」「やっぱり赤」「一等賞らしい顔」「白いエプロンの天使」という題を考案させ、話題を焦点化させるとともに、浮き浮きとした気持ちで書くように仕向けるのである。

（4）暗示的指導

「随意選題」を重んじるとしながら、「共通題材」を与えるというのでは、理屈の上では矛盾が生じることになる。その点について金子は、教室における一斉指導においては、むしろ共通の題材のもとに「暗示的指導」を与える方が、真実の表現が引き出せるのだと考える。その「暗示的指導」とはいかなるものか。この論考で例示されているのは、先にも挙げた「話題の想起」と「視点の発見及び転換」である。

例えば、先に挙げた「風船玉」という文題の場合、金子は次のような文話を行っている。「あなた方の幼時にあつた風船玉に関する失敗や喜劇じみた事柄や、其の他の忘られぬ思ひ出はないか。又弟妹や余所の子供達の、風船玉に関しての喜怒哀楽の状を目撃したことはないか。大道やお宮の玉垣のあたりに見受けた風船売りに対する印象はないか、其の他風船玉についての思ひ付の中、最も著しい事実を偽らずに書け。」この話を聞きながら、多くの生徒は手をうって喜び勇んで書いたという。

「視点の発見及び転換」というのは、例えば、「朝顔に釣瓶とられて貰ひ水」といふ句の評釈をさせるときに、次のような助言を与えることを指す。「千代女になつて。釣瓶になつて。千代女が水貰ひに行つた隣家の人になつて。朝顔になつて。井戸になつて。千代女の附属品になつて。其の他各自の好む見地と態度を工夫発明して描写して見よ。」

金子は、このように、視点を明確にして書くこと、またときには視点人物を転換して描写することを書き方のヒントとして与えたのである。

（5）教師自身の創作活動

金子は、生徒が作文を書いているときには、教師も一緒に鉛筆を動かして綴っていこうと提案する。そして、批評の時には、生徒の優秀作を朗読鑑賞した後に自分の文章も紹介していくのである。（その実際が、『女子作文の考へ方作り方及び文例』に収められた自作の三四編である。）金子は、かりに生徒作品より拙いものであったとしても、生徒たちの意気を高め、次時への作品づくりへのヒントを与えるものになると言う。巧みな講話よりも、教師の拙い模範文の方が遥かに値打ちがあると強調する。

（6）美点賞揚主義――訂正批評の工夫

記述後の批評も大きな問題である。金子は、「甚だしい語脈・文脈・呼応・誤字及び文法上の誤謬だけを添削して、他は徹頭徹尾美点賞揚主義」を採る。優れた箇所には圏点を附け、描写態度や記述の真実や表現の妙に対する短評を添える。この励ましが、生徒を作文好きにしていくのである。

また、作文を返却する際には、一時間全てを鑑賞批評に充てている。他人の文章の鑑賞、独創の交換を重視して、発想・着想をいっそう豊かなものとし、次の作文への意欲を喚起していくのである。

四、金子彦二郎に学ぶインベンション指導の方法

以上のように、『女子作文の考へ方作り方及び文例』と「我が作文教授」とを重ね合わせてみると、金子が教員生活の出発点の段階から、インベンション（創構）[3]に強い関心を持ち、生徒の発想・着想を育てることに力を注いできたことがよく分かる。その具体的指導法は、四本の柱、十項目に整理することができる。

1　題材に対する認識深化への促し

第一の柱は、「題材に対する認識深化への促し」である。題材を集めた上で、表現対象の焦点化を図り、認識を深めるように導いている。

①文話による体験の想起

題材を集めるために金子が用いる第一の方法は、「想起」である。文題に関するさまざまな事例を語って聞かせ、どんな些細なことであっても作文の材料になることを知らしめる。生徒たちはその話を聞きながら、日常生活における数多くの体験を想起し、どのような題材を、どのような切り口で書けばよいかを直観していく。

②観察と写生の重視

第二の方法は、「観察と写生」である。「対象をよく見、自分の実感を大事にしてありのままの真実を写し出せ」ということを、再三にわたって強調している。よく観察し、そのものらしさを表すものを発見することが、発想の出発点だと考えるのである。

③着眼点（題目案）の提示

体験の想起だけでは、話題が広がりすぎ、焦点が拡散してしまう恐れもある。そこで、金子の用いる第三の方法が、「着眼点の提示」である。『女子作文の考へ方作り方及び文例』では、生徒作品例と題目例が、主題の焦点化へのヒントとなっている。

④独創性の奨励

第四の方法は、「独創性の奨励」である。金子は、できるだけ他の人とは違う題材を探すように奨める。違ったものを見つけようという精神が、表現意欲の喚起に繋がり、文章力の向上につながるからである。他の人が見落としていることについて述べるように心がければ、書く内容も具体化し、描写や説明も詳しくなる。また、詳しく書くことが、対象に対する認識を深めていくのである。

2　立場の確立

第二の柱は、「立場の確立」である。「立脚点の明確化と主題の焦点化」と言い換えてもよい。どういう立場（視点）から書こうとしているのかを常に意識させ、中心思想を明確にさせるのである。

①スケッチと焦点化

立場を確立させるために、金子は写真や絵画の例えをよく用いる。ありふれた風景であっても切り取り方によって新たな美を発見することができるという。しかも文章の場合は、一番面白い特色ある点だけに焦点を当てて書く必要がある。そのためにも自分の立場や視点を明確にしていく必要があると説く。

②視点の転換

視点を確認させたり、発想を転換して別の視点から捉えさせたりするために、金子は、原作をもとにして書き換えていく学習（「改作」）を積極的に取り入れようとした。「改作」ならば、新規に題材を求めなくてよいから、取材の負担は軽減される。また、同題材であっても、違う人物から見れば別のこととして見えてきて、新しい材料の発見につながる。このように「視点の転換」を体験することで、「書き手としての立場」を確立することの重要性を自覚させようとしたのである。

3　書く場の条件の自覚

第三の柱は、「書く場の条件の自覚」である。

①相手意識と目的意識

「書く場の条件」の主たるものは、相手と目的である。どのような状況で、誰に、何を語ろうとしているのかを明確にすることが、「想」の形成を助けていく。例えば、遠く離れてしまった旧友に近況を知らせるという状況や、見知らぬ人から自分に手紙が届いた場合を想定して書かせることにすれば、相手の用件と相手の立場を考えて、説明内容や述べ方を選んでいく必要が生じる。また、取材継続の必要性を実感させることができる。

②主想と従想（中心思想と話題）

相手と目的が自覚されてくると、主想も定めやすくなってくる。さらに、中心思想を支える話題として、何を探し、何を選ぶかが決まりやすくなってくる。誰に、何を伝えようとするかによって、材料の選び方が変わってくるのである。

4　表現形式の理解

第四の柱は、「表現形式の理解」である。表現形式への理解無くしては、「想」は形をとることができない。どういう表現形式をとろうかと考えることも、発想・着想の重要な要素である。

①四つの文体（話者の立場を中心に）

金子は、修辞法や文体の解説に多くの時間を割くことはしない。主題を優先させておき、文例を提示する際に、多様な表現形式を織り交ぜることによって、文体意識を高めていく。

その際、「記事文・叙事文・物語文・議論文」という修辞学の伝統的な分類法ではなく、「説明体・自叙伝体・対話体・折衷体」という「作者の演ずる役割」から見た分類法を用いていることが特徴的である。書き手の側に立った生成的な分類法を用いることによって、立場の明確化を促している。

②修辞法の簡潔な説明（比喩法・断叙法・現在法）

修辞法の理解についても、煩瑣な説明に入ることを避けている。詳細な知識を教えるよりも、用例を示すことで実感させようとする。重点の置かれているのは、臨場感の創出や抽象的概念の具体化に効果的な比喩法・断叙法・現在法である。「観察と写生」を重んじる作文指導に指導にふさわしい修辞法に絞ったのである。

以上、「想」の形成ということに重点をおいて、金子の初期の作文指導の特質を抽出した。ここに挙げた十項目は、その後の指導において、さらに改良され、昭和期の『現代女子作文』では、絵の文章化や視点人物の転換などの「改作」が増加するとともに、説明的文章課題も盛んに取り入れられるようになっている。このように大正期の金子の作文指導は、記事文・叙事文を中心として、新題材の発見や、立場と主想の明確化に重点を置き、生徒の「書く意欲」を喚起する先進的な学習指導であった。

【資料】『女子作文の考へ方作り方及び文例』における文題と文例

（各文題の括弧内の注記は、出題のねらいを田中が要約したもの。■は金子による範文例。□は生徒作品例。）

一、うららか（**詩歌の情景を散文に敷衍改作せよ。**）

■うらゝか　□白梅の香を慕ひて

□無骨な声で春の曲を　□恨めしげな弟の顔

二、月と花（**眼前の壮美に触れた心の囁きを吐露せよ。**）

■月おもしろ　□冬の夜の月　□好もしい月

□花に縁の深い私　□寒月　□山吹

三、登校するまで（**自分を中心として写生文を書け。**）

■登校するまで　□登校するまで

□美津ちやん！　□早起競争　□あくび

□友の顔に八字髭を　□深緑のクローバー

□美しい箒目に桐の花が二つ三つ

□大掃除の跡仕末を気にしながら

四、夜、深夜（**深夜の景物の選択に創意を加えよ。**）

■のろひの釘　■赤い灯

□単衣着る悲しい思ひ出の夜　□怪しの黒影

□寮の宵　□深夜の思ひ

五、新教科書を手にして（**新学期や新入生時代を回顧して書け。**）

■二十年前　□思はぬ失策

□淡い執着を残して　□塗つた本立にきちんと並べて

□一枚一枚ページを繰る嬉しさ

□新読本の上を最大急行で

六、風船玉（**忘れ難いしくじりや事件を書け。**）

■風船玉の歌（詩）　□風船玉の代りにシヤボン玉

□淡い春の夜の夢　□風船玉競走

□私は赤色の風船玉である

七、箒。扇。（**日常の品物を材料として書け。**）

■箒さまざま　（一）蜻蛉を捕へる武器

（二）箒を手にした老僧　（三）心を掃く箒

□扇　□重宝な箒　□白躑躅の落花を掃くとて

□扇の思ひ出　□心のはうき

□箒の愚痴　□薙刀のお稽古

八、絵葉書に添へて（**絵の趣味に一段の趣を添える短文を書け。**）

■運動会の絵葉書に

□石山寺の月見亭より　□安芸の宮島から

□暁の海辺より　□旭桜の花蔭にて

■諏訪湖上より　■天橋立から

九、遠足の記（**各人に起こった最もよい材料に絞って書け。**）
■怪我の功名　□加賀神社の遠足
□路傍の老松の独り言　□お留守居

一〇、雨（**写生文でも物語でも感想でもよい。新しい着想で書け。**）
■雨の小川　■梅雨の晴れ間（詩）
□ぽつくりの鈴の音　□雨の日曜日
□春雨降る夜杜絶《とだ》えし友に　□母の俤偲ばるゝ雨
□夕立霽《は》れて　□雨といふ題で作文を
□雨に濡れた日傘から紅い雫が
□教室の窓にうつりし雨情

一一、初袷着て（**季節の変化を捉えて連想豊かに書け。**）
■司馬温公の即智はなかつたが　□袷着る頃
□菊の花を散らした友禅の袷　□新緑の天地
□よわよわしい蚊が　□鋏の音
□健ちゃんの当意即妙　□脛《すね》にあげでも

一二、母の顔（**母の顔を熟視してみよ。**）
■母の肖像画　□顳顬《こめかみ》のあたりがピクピクと
□母よりの古葉書を見て　□瓜二つだと言はれて
□偲べど得られぬ母の面影

一三、五分間の写生（**目の前の五分間の出来事を写生せよ。**）
■秋の日　■梨の皮と蟻　■蜜蜂
□小蜘蛛　□蜘蛛の死んだ真似

一四、秋になつた（**秋の到来を感じさせるものを探せ。**）
■鵙《もず》の声　□あゝ秋になつたのかしら（詩）
□馬追虫の鳴く頃　□虫の声にも清い冷気が含まれて
□向日葵が半ば枯れしぼんで　□お人形さんにも袷を

一五、忘られぬ人（**深い印象を残した由来を書け。**）
■飴売爺さん　□交際を絶たれた友
□恥ぢさらしの婦人　□小説「渦巻」の主人公
□永久に去りやらぬ印象

一六、運動会の記（**材料を絞り、断叙法・現在法を用いて書け。**）
■トンボよトンボ　□決勝点に立つて
□その前夜　□一発のドン　□こらへきれぬ嬉しさが
□優勝旗は紅軍の手に　□声の泉の涸《か》れるまで

一七、半途退学せる同級生へ（**友情を深める手紙を書け。**）
■私信の中から　□千代様まゐる―。
□歴史づきの牡丹も咲きました
□床しいピアノの音色を聞くたびに
□飯事《ままごと》の御飯であつた白躑躅の花が
□海老茶袴に執着を残さぬ心に

一八、鳥（**鮮明な印象を残している鳥を材料にして書け。**）

■告天子《ひばり》（詩）　■雉の卵
□すぐさつきまで歌つて居た小鳥が
□ふる籠の主　□鸚鵡　□からすの集会（詩）

■七谷の山村　□餅　□草もち　□柳
□スミス氏の飛行を観て　■子猫のうた（詩）
□出発の前日　■九死に一生を得るの記
■野山に交る自然の子
■レール上の行脚（紀行文）
一　旅行鞄の整理も出来て　二　日光見物
三　東京の一日　四　地震の東京
五　岩窟の弁財天　六　鎌倉山の朝
七　静岡弁当　八　神苑の雨
九　朝凪の二見浦　一〇　法隆寺金堂

一九、逝く年（陳腐な材料とは異なるものを探せ。）
■喜悦と悲哀との衝突　□清ちゃんのおねだり
□十五プラス一　□追羽根の練習も
□春待つ心　□春待つ乙女の決心

二〇、落ち葉籠
■元旦　■城趾《しろあと》　■絶望の小さな吐息

注

（1）旧制高等女学校は、現在の中学校一年から高校二年に相当する。当時は、尋常小学校で学業を終える者、高等小学校に進学する者、中学校・高等女学校等に進学する者など、多様なコースが設けられていた。大正六年頃、岡山県小田郡矢掛町あたりでは、「高等小学校を卒業してから中学に行く者が大多数であった。」（木山捷平「歳月」『氏神様・春雨・耳学問』講談社学芸文庫、一九九四年、二二三頁）

（2）佐々政一に影響を与えたのは、アメリカの修辞学者A. S. HILLの"*THE PRINCIPLES OF RETHORIC*"（1878）や、J. F. GENUNG "*THE WORKING PRINCIPLES OF RHETORIC*"（1900）である。これらの修辞理論と佐々との関係は、柳沢浩哉「佐々修辞理論研究」（『人文科教育研究』第一二号、一九八五年）、及び拙稿「中等作文教科書における作文課題の考察—佐々政一『日本作文法』及び『中学作文講話』の場合—」（『国語科教育』第五九集、二〇〇六年三月）を参照されたい。

（3）栢野ヒサ「金子彦二郎著『女子作文の考へ方作り方及び文例』を読む」『新教育』第三巻第一号、成蹊学園、一九一七年一月、七三〜七四頁

（4）インベンションは、古代修辞学の用語。古代修辞学では、文章作成過程を、①インベンション（創構）、②ディスポジション（配置）、③エロキューション（記述）、④メモリー（記憶）、⑤アクション（所作）、の五段階に分けて捉えていた。インベンションはその第一段階にあたる。何を論じていくかを発見する段階である。発想、構想などとも訳される。

第二章　『現代女子作文』（初版）に見られる「暗示的指導」

『現代女子作文』が出版された時期は、「写生主義綴方」や「赤い鳥綴方」の影響を受けて「リアルな生活表現を求める時期」(1)にあたる。初等教育においては、綴方教授が活性化し、「生活」を「ありのままに書く」ことが推奨されていった時代である。

ところが、中等作文教育はあいかわらず低迷していた。明治四四年の改正教授要目に従って、「文語現代文」を書いたり、「書牘《しょとく》文」（手紙文）を書いたりする指導は行われていたが、形式的な指導にとどまることが多く、記事文・叙事文・写生文・日記文等についても、提出された作文に対して「作り放し」になることが少なくなかった。さらに、高学年に進むにつれ、作文の時間が十分に確保されることもなくなり、宿題として課されるか個人教授が行われるかといった状態に陥っていた。(2)

こうした低迷期にあって、金子彦二郎の著述した『現代女子作文』は、「何も書くことが無い」と嘆く生徒達に対して、「着

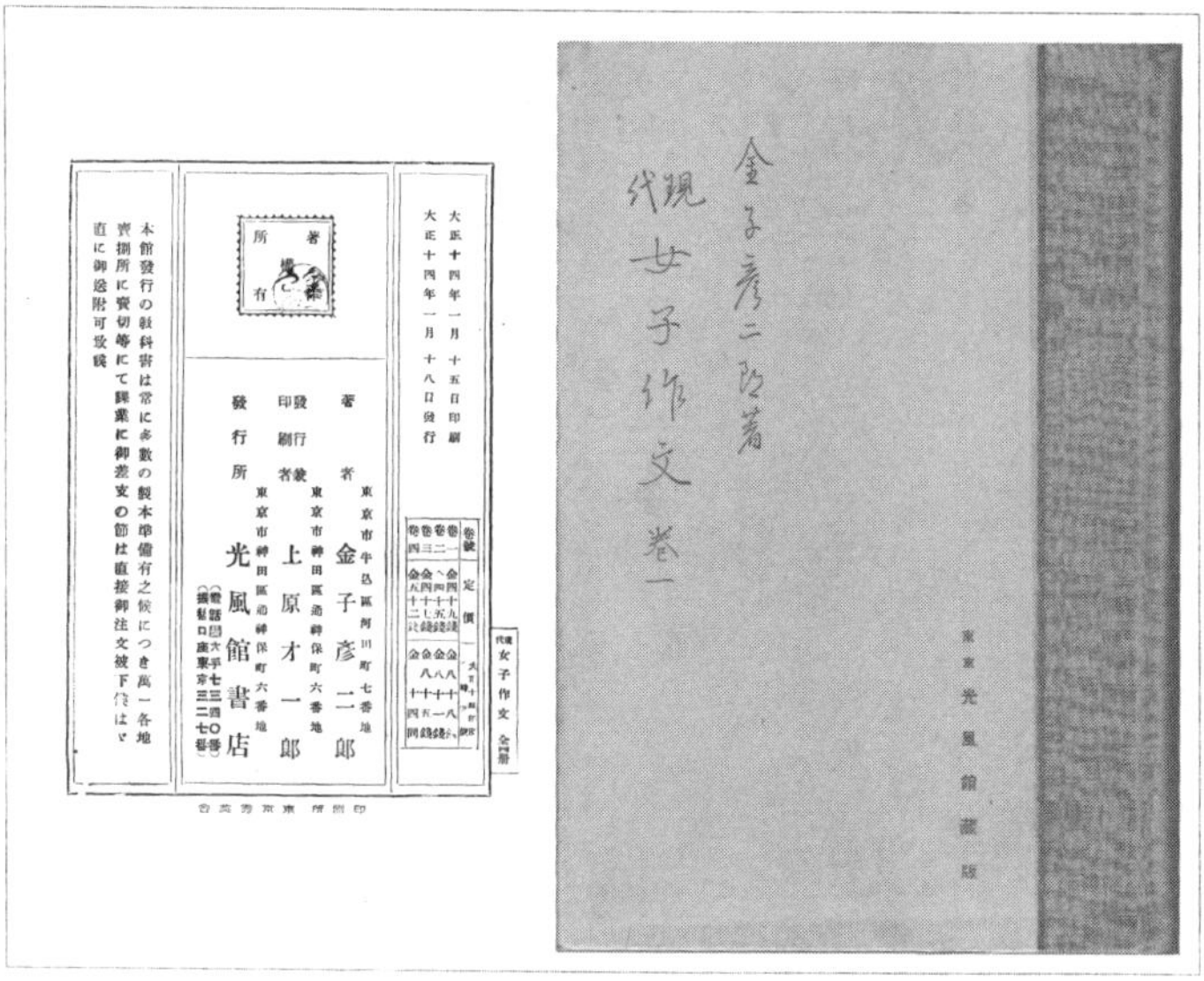

想や、取材方面や、表現形式等に関する暗示的指導」を与えることによって、その問題を解決しようとした画期的な教科書であった。

では、この「暗示的指導」とはいかなるものであったか。本章では、『現代女子作文』（初版）を考察対象として、「暗示的指導」の特徴について考察したい。

一、『現代女子作文』（初版、一九二五年）の特徴

『現代女子作文』（初版、一九二五年）は、当初は全四巻であったが、三年後に巻五（二六〇頁）が発行された。[3]「高等女学校令」改正（一九二〇年七月）により五年制の設置が認められ、学校数も急増したことに伴い、五年生用教科書が求められたのである。本書は全国各地で採用され、この後、類書[4]が他社からも出版されるようになった。

本教科書（B６判、各巻平均二三〇頁）の特徴は、金子自身が東京・京都・金沢の各高等女学校及び女子師範学校において実践した教授要目と、その授業によって生まれた生徒作品によって構成されているところにある。八頁にわたる「緒言」（巻二）には、本書の編集のねらいや工夫点が次のように詳しく述べられている。（原典には一六項目が挙げられているが、表記上の処理の断り書きや謝辞等は省略し、特徴的な九項目を摘出する。）

一　本書は著者が既往八箇年間、東京・京都・金沢の各高等女学校及び女子師範学校に於て、研究的に作文科を担任して来た教授細目を改竄整理し、其の教案並びに成績物を以て組織したもので、彼の謂はゆる一時的な思ひつきからの編纂物とは、徹頭徹尾其の選を異にし、著者並に著者の指導の下に勤しんだ生徒たちの生命の流れが、最も鮮明に躍動してゐるものと信じます。

一　「何も書くことが無い」といふ生徒も、実は書くべき材料を持合してないのではなくて、如何なる方面に着眼すべきかに思ひ当らない者であることを発見した著者は、著者の謂はゆる「暗示的指導」を与へることが最も有効な作業であることを認めましたので、必ず課題と同時に着想や、取材方面や、表現形式等に関する暗示的指導——彼等の創作力や自由な表現能力を妨げぬ範囲内に於て——を試みます。各課の初めに掲げてあるものは、著者が実際教授に於て与へた暗示的指導の摘要であります。

一　悪文や不良文の剔抉《てっけつ》批正といふ消極的手段も時にはよい企であるが、平明無難な作若くは優良な詩文を示して、積極的に其の美点を称揚鑑賞させる方が、遥かに作文能力の増進練磨に有益なことを認めましたので、本書に採録した文例は大体優秀作品を以てし、一面鑑賞批評の材料とすると同時に、他面また努力仰望の標的たらしめたのであります。従つて大家や先輩の文章は殆どこれを採り入れず、全篇皆、同級・同年輩の生徒諸子が作つた最も人間味に富み、一度著者の担任する生徒達の鑑賞の関所を通して見て、最も感激を与へたものゝみを選択したのであります。

「好きこそ物の上手なれ。」といふ諺は、作文科に於ても著しい真理性が認められます。本書は生徒をして先づ作文科の作業を愛好せしめて其の能力の進展を促さしめんが為に、出来得る限り生徒達の趣味性を満足させ得る題材を選びました。蓋しかうした結果作文を愛好するまでに立到らしめておくと、必ず何種の文題に対しても、相当な名篇佳什が作り出せるやうになるからであります。

一　多種多様な経験によつて作文能力の根本を培はうといふ趣旨から、本書では、いろいろと新しい試みを企てゝあります。「お話の続きを創作させること」や、「絵画に表れてゐる情景の描写」や、「ヱハガキ文の実習」や、「短い挿話の脚色」や、「遠足の童謡化」などが、其の一例であります。

一　従来世にある作文書の文話は、何だか文話の為の文話のやうな気がして、作文熟達上にそれ程効果があるとも思はれませんので、本書では、これも著者の実際経験から、所謂作法と言ふやうな注意事項は、之をそれぞれ特殊な文の暗示的指導の後に附記し、独立した章を設けた文話では、力めて趣味と実益とに富んだ新鮮な講話を掲げて置きました。

一　修辞法の知識は、現代の新しき文章の要素として特に必要なものゝみを掲げ、而もそれが活用を期する為に、該講話読後の欄外の鑑賞には、直ちに其の知識を応用させるやうに仕向けておきました。

一 鑑賞批評の態度や着眼点を会得させることは、作文能力の進歩の上に著大な効果を齎すものでありますから、本書は文例の後には必ずこれが鑑賞批評を試み、かつ部分的にも其の欄外に於て短評を加へて置きました。

一 本書には謂はゆる書牘文といふものを、それ程多く取り入れてはありません。なるべく実際の必要に応じて作らせる工夫を講じてあります。今日の口語体の手紙は、要するに座談の筆記ですから、普通の礼儀作法を弁へ、人前で口の利ける人なら、誰でも、又どんなことでも——多少の巧拙は口述にも免かれぬが——書ける筈であります。作文能力さへ練つてあれば、あの型にはまつた、特別な形式をもつた、さうして貫つて余り有り難くもない謂はゆる書牘文の練習の必要が無いと思ふのであります。附録に添へた「ペン字の手紙」に於ては、現在及び将来の実際生活に最も必要と思はれるものの模式的なものだけを選んで出してあります。随時誦読の間にペン字練習の功を積ませて頂きたい。

一 本書では作文科の性質上から口絵・挿絵・組版から装幀の上にも考慮をめぐらし、少女達の趣味性の涵養の一助にもと、特に意を用ひてあります。十分御利用あらんことを切望致します。（圏点は原文。施線は引用者）

ここに述べられているねらいと特色を、四項目に整理し直すと次のようになる。

① 生徒は、書くべき材料を持ち合わせているが、着眼点が分からないのだから、着想や取材や表現形式に関する「暗示的指導」を与えることが有効であること。

② 生徒の趣味性を満足させる題材を選んで、作文を愛好せしめるとともに、文体上の新しい試みを企て、多種多様な経験によって作文能力の根本を培うこと。

③ 作文能力の増進錬磨には、不良文の批正よりも、同級・同年輩の生徒が作った作品の美点の称揚・鑑賞の方が有益であること。

④ 型にはまった形式的な練習を排除し、実際生活に必要な学習を行うようにしたこと。

このように本書は、「題材の選択」に十分な配慮をおこない、「着眼点の暗示」を与えたり、「文体上の工夫」を勧めたりして、「作文を愛好する」精神を養うことを第一目標として編集されたのである。当時はまだ、作文は「文語文ヲ主ト」する規定（高等女学校教授要目）が残っていたにもかかわらず、「時代の趨勢と実際生活の要求」に鑑み、書翰文も含めて、全て口語文を採用するなど、斬新で先進的な教科書であった。

二、単元構成と「文話」の内容

巻一は全二三課、巻二～四は全二一課、巻五は全二〇課で構成されている。そのうち、文話だけの単元（以下、「文話単元」という）は、各巻三～五課にとどめられ、残りはすべて課題中心の単元（以下、「課題単元」という）となっている。「文話」に一時間、「課題」に二時間を配当すれば、ほぼ一年間で実践できる適度な単元数(1)となっている。

まず、「文話」の内容を整理しよう。金子は何を強調したのであろうか。

巻一の文話は、「「まこと」といふこと」、「「まごころ」の表はれた名文」、「砂糖水のたとへ」、「句読法の話」の四課。強調点の第一は、「真心を、熱意を以て正直に素直に楽しんで書き表す」ことである。第二は、「中心点を際だつやうに表はす」ことである。砂糖の甘さを際だたせるには、水の量との適度なバランスが必要なように、主想を明確にし、それにふさわしい簡潔な表現を志せというのである。（これは、第一著書でも述べられていた。本書一九頁参照）

巻二の文話は、「題のつけ方」、「人物の描写について」、「作者の位置と文の四態」、「知の文と情の文」の四課。着眼点や立脚点を強調するとともに、文体に関する解説が増えている。特に、「題のつけ方」「文の書出し」「結び」については、数多くの事例を挙げ、「新奇なそして内容にふさわしい題」をつけること、「書き出しと結び」に細心の注意を払うべきであることを説いている。実例として西条八十の詩集『静かなる眉』に収められた詩の題(「小さき恐怖」「黄金の沓」「タイピストの嘆き」「顫《ふる》へてる星」など)、漱石文学の書き出し(「吾輩は猫である」「草枕」「二百十日」)、「最後の一句」(鷗外)や「ウエリントン公爵」(尋常小学読本巻一二)の結びなどを挙げ、その理解を図っている。「描写」については、「容貌や風采の特徴」「表情・動作の特異な点」「言葉の特徴や癖」を捉えるなど、焦点化の重要性を強調している。「文体」については、作者と読者と事件との位置に着目し、「説明体」「対話挿入の説明体」「対話体」「自叙伝体」の四態に分けている。「記事文」「叙事文」「論説文」「書翰文」という分類法をとらず、作者の位置による分類法を採用したところに、学問体系の伝授よりも、生徒が活用しやすい方法を優先しようとする姿勢が窺われる。

巻三の文話は、「表現の新味と適切」、「推敲といふこと」、「写生文の話」、「自然と人事との配合」の四課。「表現の新味と適切」では、「独創の暗示を得るための模倣は許すべき」だと主張する。本教科書で「改作」を数多く提示する理論的根拠となっている。「写生文」については、「輪郭を限定すること」「絵画的に写すこと」「山場が必要であること」の三つの着眼点を説いている。材料の取捨選択と主想の細叙が肝要だというのである。また、「自叙伝体」を用いて「現在法」や「断叙法」を活用せよと説いている。「読者自らが観察しているように感ぜしめる」ためである。「自然と人事との配合」も、発想・着想に関する助言である。「人事を叙するにも必ず自然と相提携すべき」であり、山水の景観を主として描く紀行文においてさえも「処々に人事的連想を配合按排」するとよいという。

巻四の文話は、「新らしい文章の要素」、「余韻といふこと」、「主なる修辞法の知識」の三課。最終巻として学習事項の整理を行っている。「余韻」というのは「描写」に関する注意である。「型によって物を観ない」で、個性的な見方によってものごとの「真実」を捉え、その「主要な本質的属性だけを描き出して、他はそれによって読者に想像させ、自ら創作するやうな感じを味はわせる」のが勝れた方法であると説明している。

巻五の文話は、「愛と感謝で物観る態度へ」、「文学とは何か」、「文学の内容と形式」、「文学の実質的傾向について」、「文学表現上の諸傾向」の五課。よく「観察」すること、「立脚点」（物象との適度の距離）を正しく設定すること、「真善美を増盛発揚せしむ位置」を選定することなどを強調している。（本書一二九〜一三〇頁参照）

以上の文話を貫く考え方は、次の五点に整理できる。

第一、真実を書こうとする精神を持つこと。第二、対象をよく観察すること。第三、中心点を際だたせ、他は暗示的に表すこと。第四、書き手の立脚点や位置を明確にすること。第五、個性的な見方を持つこと。

このように並べてみると、金子がいかに発想・着想を重視したかがいっそう明確になってくるであろう。

三、作文課題の特徴と内容

課題単元は、主題別に設定されている。書翰文、議論文など文体を指定した単元もあるが、文体別に学ばせるのではなく、常に内容に即した多彩な表現を試みるように勧めている。ここに近代化された新しさがある。

課題単元は、「講話」「生徒作文例（二一〜三編）」「鑑賞・短評」の三つで構成されている。課題を与える際に、着眼点を「暗示」し、書くべき内容を見つけさせようとするのである。その「講話」に続いて、「暗示的指導」によって導かれた優秀作を紹介し、その鑑賞と短評を添えている。

さて、「想」の発見を促すには、題材と形式の両面から検討する必要がある。本教科書では、どのようなテーマが取り上げられ、どのような文体の作品が例示されているのであろうか。

1　題材別特徴

各課題のテーマを、「自己・家庭」「学校・社会」「季節・自然」「創作・改作」に分類すると、次表のようになる。（丸数字は、巻ごとの単元番号）

	一巻	
自己・家庭・身辺（単元数 12）	③入学後の模様を（手紙） ⑱我が家の人々	④手 ⑳此の頃の私
学校・社会（単元数 29）	②私の学校の徽章 ④山へ、野へ、海へ（遠足の記） ⑭読本巻一を読み終へて ⑮お祭の印象	②新教科書を手にして ⑤絵葉書便り（書翰） ⑥学芸会所感 ⑧私の学校の小使さん（或は門衛） ⑩皇太子殿下御帰朝奉
季節・自然・時（単元数 22）	⑩蝉時雨を聞きつゝ（夏休雑題） ⑫秋になつた ⑬動物さまざま ⑰友を誘ふ―（菊見に…音楽会に）（書翰） ⑲逝く年 ⑳私たちの新年 ㉑雪の降る日に ㉒去年の此の頃	③初袷着る頃 ⑱音
創作・改作（単元数 23）	⑥詩を散文に（改作） ⑦随意選題 ⑧正兵衛と慾兵衛 ⑨絵から文を（改作） ㉓お話の続きを（改作）	⑨お話の筋書（改作） ⑫秋の歌を散文に（改作） ⑯絵画から文を（改作） ⑰随意選題
文話（単元数 20）	①「まこと」といふこと ⑤「まごころ」の表はれた名文 ⑪砂糖水のたとへ ⑯句読法の話	①題のつけ方 ⑦人物の描写について ⑭作者の位置と文の四態 ⑲知の文と情の文

四巻	三巻	二巻
②髪 ④ミシン台を前にして ⑯顔	⑮写真…写真機 ⑯最も	
③電報文の書き方 ⑨お礼の手紙二つ ⑩左側通行論 ⑫音楽雑感 ⑱新聞紙 ⑳東京（震災前後） ㉑卒業を前にして	④転任せられし旧師へ、其の他（書翰） ⑥博覧会見物にいらっしゃいませんか（書翰） ⑧電話のかけ方	迎記 ⑪生きた手紙三つ（転・退・休学せる友に） ⑬読本巻三を読み了へて ⑮運動会の記 ㉑二年生生活を回顧して
⑤火事 ⑪糸 ⑬死	②春の力 ③椿は落ちる ⑫五分間の写生 ⑬夜…黎明 ⑱寒い ⑳光	
⑦絵の心を（改作） ⑧随意選題 ⑮「花すみれ」の御歌を拝して ⑰随意選題 ⑲俳句の詩趣を散文に（改作）	⑤石童丸（改作） ⑨随意選題 ⑩或物語のつゞき（改作） ⑭弟切草（改作） ⑲伝説と実話 ㉑塞翁が馬（改作）	
①新らしい文章の要素 ⑥余韻といふこと ⑭主なる修辞法の知識	①表現の新味と適切 ⑦推敲といふこと ⑪写生文の話 ⑰自然と人事との配合	

巻五	②反省 ⑫唇 ⑱昔の我	④伊勢路の初旅 ⑨手紙といふもの ⑩ラヂオ ⑭校風論 ⑰くさぐさのお便り ⑲女性の立場から	⑤葉 ⑦波濤 ⑧動と静	③詩趣から文姿へ（改作） ⑬古文に新しい持ち味を（改作） ⑮随意選題	①愛と感謝で物観る態度へ ⑥文学とは何か ⑪文学の内容と形式 ⑯文学の実質的傾向について ⑳文学表現上の諸傾向

この表からも明らかなように、学校生活に関する素材が最も多い。共通の話題として取り上げやすいからである。低学年では季節の変化に即した課題が目立っている。高学年になると、「左側通行論」「東京（震災の前後）」「女性の立場から」など、社会問題に目を向けるように導いている。

このほか、際だっているのが、「改作」である。絵や物語や詩歌に素材を求め、原作を手がかりに書き換える課題を数多く与えている。現代の「リライト作文」[2]に相当する作文課題である。

2　生徒作品の文体別特徴

掲載された生徒作文を、「書翰文」「記事文・叙事文」「説明文・議論文」「創作文（詩歌、物語）」に分類すると、次頁の表のようになる。（詳細は、章末資料参照）

この表から三つの特徴が見出せる。

第一は、大半が記事文・叙事文だということである。生活体験に取材して、体験や見聞を描写し再現する文章は、小学校以来よくなじんできた方法だから、その比重が大きくなるのは当然だとも言えよう。

第二に、高学年では説明文・議論文の比重が大きいということが挙げられる。その中には、「電話のかけ方」のように、写真や図表を用いず、文章だけで物事の手順を説明するという課題もある。説明文を書くという学習は、練習のための練習と化し、味気ないものになりがちだが、金子は、電話という新奇な材料を取り上げ、生徒たちが楽しんで書くように仕向けている。この学習は、『現代女子作文』(修正再版)では、「ツウテンチャックの仕方」(トランプの遊び方)や「コロッケの作り方」(巻三第一七課)に発展していくが、いずれも生活の場に密着したところに材料を求め、誰に伝えるかを明確にしながら書かせている。

第三に、創作文が多いという傾向も指摘できる。その多くは、先にも触れた「改作」であるが、一般的なテーマの場合にも、詩や童謡や短歌の作品例をしばしば取り上げている。趣味性を重視して、書くことを楽しむ生徒を育てようとしたのである。

全体としてみると、同時期の他の作文教科書に比べ、学年ごとの文体の差は極めて少ない。いずれの学年においても、多様な表現がバランスよく配置されている。これは、次のような指導内容と関係している。

例えば、入学当初の弾む気持ちを書かせようとする際に、「私の学校の徽章」という文題を与えて取材対象を明確化させるだけでなく、述べ方についても示唆を与える。すなわち、制服や徽章の由来や教訓に関する説明は「とかく理屈ばつて、味わいも面白みもない文章になりがち」だから、そういうときは「対話体」に仕組んで、「母と子の気軽な親しみのある問答の中に色々の知識を呑み込ませるやうに工夫」すればよいというのである。このように材料のとらえ方だけでなく、書き表し方においても、常に新しい試みをするように誘いかけることによって、生徒たちの「想」の発見を促すのである。

例文数（文体別生徒作品数）

巻	書翰	記事	説明	創作	計
一	9	28	6	5	48
二	7	27	5	9	48
三	6	21	5	7	39
四	3	20	16	4	43
五	4	26	11	3	44
計	29	122	43	28	222

3　課題設定の考え方と特徴

（1）随意選題と課題主義

当時話題となっていた随意選題については、実践者としてきわめて穏当な判断を下している。「文章は書かねばならぬ必要があつて書くべき性質のもので、他人から註文されたり命ぜられたりして書くべき性質のものではない」から、基本的には「随意選題を尊重」すべきである。だが、「自然に放任しておけば、（中略）生徒の作文能力の進歩にむらが出来るし、又或偏した文ばかり書きなれて、それ以外の文章が書けないといふ不自由な人になつても困るので、学校では種々雑多の文章練習の機会をみんなに与へる為に、主として課題主義でやるのだ」というのである。さらに卒業後は、「書く必要のある機会」を自分で見つけ、それらを芸術化したりして人生を楽しむ人になってほしいと願う。このように、生涯にわたって文章を書くことを楽しむ人になってほしいと願うが故に、随意選題を理想としつつ、現実的な指導法として課題主義を選択したのである。

（2）改作

「改作」は、学年ごとに二〜三単元ずつ設けられているが、内容別に、四類型に整理することができる。

①絵の文章化

第一は、絵の文章化である。「絵から文を」（巻一、巻二、巻四）のねらいは、写生文を書くことにある。見たままを書く写生文は、一見たやすい学習のように思われるが、実は、対象の切り取り方や生気のある再現の仕方が難しい。そこで、絵を活用するのである。絵ならば、最も趣致のある場面だけが既に切り取られており、いつまでも変化しない。対象をよく観察し、中心点を発見するのに都合がよい。問題があるとすれば、単なる模写になりやすいことであろう。そこで金子は改作モデルを用意する。釣果を手にした少年を描いた口絵「口笛を吹きながら」と小説「泣き笑ひ」（国木田独歩）の一節を組み合わせて示し、画面を自由に解釈して新たな物語を創作してよいと強調するのである。（本書八三〜八五頁参照）

教材として用いる絵は、各自が選択できるように複数用意されている。しかも必ず人物が登場している。動きのある絵の方が文章化しやすいのである。学年が上がるにつれて、複数の人物が登場する絵や、働く姿の描かれた絵が増えている。また、台詞のない四コマ漫画（下図参照）も用いられている。（巻二第一六課「名案名案」）

こうして生まれる作品は、原作の意図とは異なる場合もある。だが、金子は、「動かない妥当性」さえあれば、原作の意図以上に「深い、趣深い意味づけも企て得て、愉快な作業の一つ」となると考える。「伝統のみに拝跪してゐず、独創を出すといふ心構へ」（巻四）を重視したのである。

②物語の敷衍と縮約

第二は、物語の敷衍と縮約である。「お話の続きを」（巻一第二三課）、「お話の筋書」（巻二第九課）、「弟切草」（巻三第一四課）のように、短い挿話を脚色してふくらませたり、長い話を短い話に書き換えたりするのである。例えば、単元「弟切草」では、次に挙げる「刻舟求剣」（『呂氏春秋』）の改作例によって留意点を解説した上で、『言海』（大槻文彦編、一九〇四年）に記された「弟切草」という語の語源説明(3)（六〇余字）を発想の種にして、長い物語（約一五〇〇字）に敷衍させている。

或時大勢の人が渡場から船に乗つて川を渡つて行つた。乗合は舟の中に坐つたり、舟の縁《へり》に腰を

掛けたり、煙草などふかしながら、呑気にいろ〳〵と戯談を言ひ合つて居た。その時、楚の国の生れの一人の男が水の面を覗き込む拍子に、どうしたはずみか刀がする〳〵と抜け出て、あつといふ間にぼちやんと水音立てて川底に沈んでしまつた。大勢の人達は急に話をやめて騒ぎ出した。

「どうしたんです?」

「あの人が刀を川に落したんです。」

「そりや、困りましたね。」

と言つて、船縁《べり》につかまつて、水底を透して見る者もあれば、船頭を呼びかけて「船を停めろ」と叫ぶ者もあつた。所が剣を落した当人はそんな騒ぎを見向きもしないで、先刻から頻りと爪を以て船縁に傷をつけて居るので、

「どうしたんです?」

「何をしてゐるんです?」

と口々に尋ねると、其の男はやつと顔をあげて、

「何、そんなに騒ぐには及びませんよ。御覧なさい、私が早速の機転で船の縁にかうして爪痕をつけておきました。此の爪痕の下に当る川底を捜しさへすりや、大丈夫見つかりまさあ。」

と、さも得意さうに言ひ放つた。それを聞いて乗合の人達は、

「なあんだ、船はずん〳〵漕ぎ進んで居るのに……」

とふき出したく思ったらしいが、口にはそれと言ひかねて、互に顔を見合して笑つてゐた。(巻二、一三九~一四一頁)

この課題の場合、「すぐに漫然と原作の引き延ばし」にかかるのではなく、「原文の要素を精細に分解して其の真意をしつかりと把握」すること、「言外の余情含蓄」を噛みわけること、「其の周囲の光景や、活動や、事件の発展や感情等に対して、美しく且つ正当な想像を働かせ」ることが大切だと説いている。「改作」をすればよいと

いうのではなく、「深い読みこそが、優れた文章表現を引き出す」と説くのである。

③詩歌の散文化

第三は、詩歌の散文化である。「詩を散文に」(巻一、巻五)、「秋の歌を散文に」(巻二)、「石童丸(琵琶歌)」(巻三)、「俳句の詩趣を散文に」(巻四)など、原作の詩情を読み取り、その詩情を敷衍しながら、描写文や物語文に書き換えることを求めている。

詩の書き換え教材は、尾上柴舟「春のあした」、相馬御風「若葉」、薄田泣菫「おもひで」である。情景を描いた作品が多い。短歌や俳句の場合は、六首(句)から一つを選ばせている。詩形が短くなれば、詩情を玩味することが難しくなるから、学年配当と例示作品数に配慮しているのである。

金子は、韻文を散文に書き換える意義と注意点について、次のように述べている。

「散文は最良の順序で言語を排列したものであり、詩は最良の順序で最良の言語を排列したものである。」とコルリツヂといふ文学者がいつたやうに、散文と韻文とは其の根本に於て差異あるものではないにしても、体制を異にしてゐるから、詩に歌つてある材料をすぐに散文に直すことも出来にくいし、散文で書いてあることを詩に改作することは一層困難である。よし無理に改作した所で、原作以上に出るといふことは、余程の天才でも不可能であらう。

それで、散文を韻文に改作する方には手がつけられぬにしても、詩人の非凡な着想や、いはゆる詩語(最良の言語)の巧みな使方からうける感激を、散文に書き下して見ることは、着想・観察の精深や詩語の使方の微妙なことなどを知る上に役立つばかりでなく、又其の詩歌を本当に理解し鑑賞する力を養ふ上にも非常に役立つ作業である。

かういふ仕事には、たゞ言葉を逐つてむやみに書き下してはいけない。先づ示された原詩を幾度も幾度も熟読して、全体の材料については勿論、更に各節毎に細かく吟味して、この一節には「どういふ景色」「どういふ事柄」を主想として歌つてあるかを発見し、さて其の主想を出来るだけ色濃く描き出すやうに努めればよい。さうすればよしや詩が牡丹餅であり、散文がお茶漬であるにしても、そのお茶漬にはまた牡丹餅では味はれぬ、あつさりした妙味がこもつて来る筈だ。（傍線引用者。巻一、六六頁）

ここには、原作を熟読・吟味して主想を発見できれば、原作とは違った味わいを持つ独自の作品となりうるのだという考え方が表れている。また、書き換えることによって、着想力や観察力が高まり、原作の理解・鑑賞も深まると指摘されている。書き換えは、ゼロから作りあげるのではない気軽さで取り組め、書き上げたものはレベルの高いものになる優れた指導法だと捉えられているのである。

④古典の改作

第四は、古典の改作である。巻五では、「忠度俊成に謁すること」（源平盛衰記）を教材化し、観察点（視点人物）を変更して叙述する課題(4)を与えている。原作では、五條の三位俊成卿の館を訪ねていく忠度側から描かれている。その視点を変えて、「其の夜の五條の三位」「俊成卿の煩悶」「俊成卿邸の青侍の独語」「千載集選者の昔語」などという題目の下に、事件の描写や心理解剖を行ってみようというのである。紹介されている生徒作品では、其の夜の五條の三位の動静が生き生きと描かれており、原作にはない侍童を登場させるなどの工夫が見られる。あるいは、忠度と最後の会見を済まして居間に帰った後のやるせなき悶えを主題とした作品も生まれている。この課題設定が、きわめて効果的であったことがよくわかる。生徒作品例「芸術だけが不朽だ」を挙げておこう。

「栄華がなんだ、富がなんだ、名門がどうした、あはは……。みんな浮世の風に灰の様に散ってしまったではないか！あの夜毎の歓楽、人もなげな傍若無人の態度、始めは誰も眉をひそめた。併ししまひには眉をひそめる者もなくなつた位大した勢になつた。

それがどうだ。一体今の有様は……。平家を呪つて〳〵呪ひ死をした者達は、今頃よみぢでをどり狂つて居る事だらう……。あゝ私はもう飽き〳〵した、何年も〳〵激しい戦をして血を流し、人を殺し、政権を奪ひ、ほつと一息栄華を夢みる間もなく、今度は又他から襲はれ、政権をとられ、果は首までも奪はれる此の浅ましい此の世の姿に。

したい者は勝手に何でもするがいゝ。臆病公卿か腰抜武士か知らないが、私はたゞ自分の進むべき歌の道をまつすぐに辿つて行けばよいのだから。鎌倉殿も又平家の二の舞が演じたくて、まるで血眼の様に騒いで居る。

どうせやつと落ちついて『武将のたしなみとやら、和歌の御手ほどきを』などと私の所にやつて来る頃には、もうどこからか秋風が立ち初めて、又平家の二の舞か、それともあの猜疑が祟つて内輪揉めか。これも長つゞきはしないだらう。」

彼が皮肉さうに笑つた時、彼の目はふと経机の上に置かれた水浅黄の巻物へ落ちた。その瞬間、まだ消えやらぬ先刻の興奮の血潮が再び若人の様に彼の心に甦つて来た。

「さうだ、芸術だ！　芸術だけは不朽だ。忠度殿のあの訴へる様な、それで居て火の様に燃えて居る眼をじいつとみつめた時、私は男としてどうしてそれを快諾せずに居られたゞらう。私の感動に顫へる手があの巻物をしつかり握つた時、鬼神と言はれた忠度殿は、急に気落ちでもした様に熱い涙をさへ落したではないか。

平氏が滅びた後、源氏の詮議が峻烈を極める事も、又平氏が朝敵とされる事も火を睹《み》るより明かな事である。だが——忠度殿の和歌は平氏でもない、朝敵でもない。たゞ不朽の芸術である。忠度殿が命を賭けた得難い芸術である。忠度殿に誓つた事を、私は必ず〳〵やり遂げよう。あるに違ひない数多の障碍を押しのけ突きのけても——。

だが、私は忠度殿が羨ましい。自分の和歌の為に命を捨てる事の出来る、そんな清い尊い気持が欲しい。私には〳〵、そんな気持が今までたゞの一度だつて起つた事がありやしなかつた。いや、此の後にも起る事はありはしまい。

私は今まで歌の道の蘊奥を極めて居る様に信じて居た。又世間の人もさう思つてゐてくれた。だが、忠度殿の様に、あんなにまで自分の和歌に敬虔であつただらうか。私は数限りない本を読み、歌も作り、あまつさへ人の歌の添削までもした。だが、それは感激のない一本道をたゞ上《うは》すべりにすべつて来たのではないだらうか？　そして私は上すべりをしたまゝ永劫の住ひである土の下に埋れてしまふのか？」

あゝ、何だか淋しくなつて来た。

彼は悩ましさうにふら〳〵と立ち上つて窓を開けた。まだ落ちない下弦の月に雲が一ひらかゝつた時、冷やかな如月の大気が清いほのかな匂をつゝんで漂つて来た。

「春はまだ浅い……」かう言ひながら二三輪綻び初めた梅の枝をあふいだ彼は、何故か眼頭《めがしら》が熱くなるのを感じた。

以上のように、金子は、「改作」という課題を積極的に取り入れることによって、生徒の表現意欲を喚起し、豊かな表現を引き出していた。この指導によって、生徒たちは、原作を深く読み味わい、その主想を生かしながら、模倣止まりではない新たな作品を創作していったのである。

四、「暗示的指導」の特徴

こうした課題設定の工夫も含め、金子は「書くべき内容」を発見させるために、多彩な指導を展開している。その典型が、「暗示的指導」である。その「暗示的指導」とはいかなるものか。方法と内容の両面から検討する。

1　文話（講話）による「暗示的指導」

各単元の初めには、講話として、課題のねらいや学習に取り組む際のヒントが提示されている。これが実際の授業において与えた「暗示的指導」の摘要である。その内容は次の三点に整理できる。

①「話題の想起と焦点化への促し」（取材・着想に関するもの）

②「視点・立場の発見と転換」（取材・選材に関するもの）

③「記述上の工夫」(表現形式に関するもの)
典型的な例を示そう。「山へ、野へ、海へ」(巻二)における「暗示的指導」の例である。遠足の記を書く際には、順序や型にはめて書くのではなく、最もよいと思った部分に焦点を絞れという。

喜んで遠足の記を書き、楽しい一日の思出を書残さうと思ふなら、活眼を開いて新鮮な材料を取入れることもよいが、思ひ切つて新しい、ぴりつとするやうな試みをするがよい。それにはどんなやり口があるかと言ふに、何でも其の一日の遠足中、一番痛快であつたこと、苦しかつた事、楽しかつた事、頭に残つた事柄の「どれか」を中心として描いて、其の他の誰にも共通な経験であつた筈の出発時刻や、通過した地名や、お弁当を食べたなどいふことは、特に書くべき必要のない限り、ごくざつと書く位にして、大体端折つてしまつてよい。言ひかへれば、出発の前夜の模様とか、途中の面白かつた出来事とか、到着地点に於ける催し事とか、昼飯を頂く時の珍談とか、帰宅後の疲れや肉刺の療治とか、各人各個が体験した最もよい材料と思ふものゝ一つ二つを中心にして書くのである。かやうに一つ事柄に注意を集めて精細にかくと、きつと力のある纏つた作が出来る。(中略)凡ての物は、小部分に区ぎつて、そこだけを精細に鮮明にあらはすと、非常に美的効果が増して来るものです。「天の橋立股めがね」といふ言葉は、美学上の真理を言ひ表した諺なのです。遠足の記にもこの骨《こつ》を応用して見るがよい。(傍線引用者)

続いて、記述方法にも工夫を凝らすように勧めている。視点を変えたり、自叙伝体で書いたりすると新しい味が生まれるというのである。

次に記述の態様ですが、必ずしも説明体にかゝねばならぬと決つたものでない。遠足の行列をば、路傍の田圃に働く農夫や、並木などの位置から観察したやうにかいてもよからう。或は遠足した人に携へられた洋傘とか、靴とか、バスケツトとかいふ附属物となつて、其の主人―即ち遠足した少女の動作をかいて見るも面白からう。「文は人なり」で、出発から帰宅までの事を順序を追うて書く事も、其の人の腕次第でいくらも良い作が出来るにきまつてゐるが、志ある人は以上述べた材料の取り方と記述のすがたとの二点に一工夫して見るがよい。

さらに、「左側通行論」（巻四）のように議論文を書かせる単元の場合でも、「第一、命題」「第二、証明」「第三、結論（自説を力説し、反対論を反駁して、筆を結ぶ）」という一般的な組み立て方を教示した上で、「時には、之を対話のやうに仕組んで論争させ、其の談話の中に自づと作者の持論を語らせることも面白い。諸君が熟知している尋常小学読本の「ヤクワンとテツビン」や「日本紙と西洋紙」の如きは、かういふ取扱方で成功した例である」と、別の表現形式もありうることを暗示する。

このように金子は、内容であれ、方法であれ、「他人の気のつかぬ方面を狙ふこと」を推奨するのである。

2　課題名（文題）による暗示的指導

どのような課題名で示すかということも「暗示的指導」の重要な要素である。本教科書の課題の多くは、「手」「髪」「顔」「唇」「光」「糸」「死」「葉」など、素材を示す一単語となっている。いずれもものごとを多面的に捉えて、個性的に発想を展開するのにふさわしい素材である。具象的に描くこともできるし、象徴性を見出して論じることもできる。これだけでは発想の手がかりとなりにくい場合でも、「講話」と組み合わされたとき、これらの単語が、発想の核となり、主想や事例を想起する契機として生かされるのである。

一方、「五分間の写生」や「最も」（巻三）のように、課題名だけで焦点化を促すものもある。「五分間の写生」とは、「校庭にでも下り立つて、凡そ五分間ほど、或る題材を精細に観察して、其のなまなましい印象を出来るだけ選択取捨して、その時間的推移に従って記述」しようという課題である。「最も」とは、「最も貴重なもの」「最も悲しかつた事」「最も困つた時の事」「最も怖しかつたこと」「最も不愉快を感じたこと」「最も得意であつた時代」「最も美又は醜と感じたこと」「最も尊敬する人」などと応用し、「強烈な印象が脳裏にきざみつけられてゐること」について書いてみようというものである。いずれも、中心点の明確化に効果的な題である。

3　例文（生徒作品例）による暗示的指導

同級・同年輩の生徒作品が、二二二編収録されている（本書四九頁の表参照）のに対し、著名な作家の範文は五編（国木田独歩、正岡子規各一編、某小説家一編、金子彦二郎二編）しか収められていない。生徒の表現意欲を喚起するには、身近な人物の優秀作が最も効果的だと考えたのである。

しかも、収録された生徒作品の題名が、発想・着想のヒントとなっている。例えば、「山へ、野へ、海へ」（巻一）における「この足が憎らしい」、「学芸会所感」（巻二）における「椅子のつぶやき」、「運動会の記」（巻二）における「決勝線まで」「その前夜」、「音」（巻二）における「おいしさうな音」「あさましい響」、「石童丸（改作）」（巻三）における「三つのおもひ」「名乗らぬ父」、「最も」（巻三）における「木枕のいたさ」「時と季節なら」「只乗りかと思はれて」など、特色のある題がつけられている。主題を明示したもの、立場を転じたもの、話題を焦点化したもの、意外性のあるものなど、読み手の関心を惹くものが多い。金子はこのように、同年代生徒の多彩な作品例を示すことで、文話（講話）内容を具体化していった。

4　鑑賞や短評による暗示的指導

鑑賞・短評も「暗示的指導」に大きな役割を果たすものである。例えば、「秋になつた」（巻一）の作品例「あゝ、秋になつたのかしら（詩）」には次のような批評文が添えられている。

奇警な観察、絶好な着想、初秋の気分が一字一句からゆたかにあふれ出てゐる。夕顔棚の下から涼みする人の影が消え、氷屋の暖簾《のれん》が「十三里うまい」の看板に変り、日本髪に結ふ人が殖え、汗出し隠居の世話も省け、夏痩せがお甘藷《さつ》と一緒に肥え出す秋が、実にうまく言ひつくされてゐるではないか。こんな趣味のある詩が浮んで来るのも、「さうださうだ、秋になつた」からでせう。（一三五頁）

この単元の講話においては、「古人の口真似をした月光のたゝへごとや、「天高く馬肥ゆ」などの形容詞は、もう秋の気分を表はすものとしてはかび臭い気がしないでもない。（中略）或は用が無くなつて干されてゐる蚊帳や、駄菓子屋の棚に売れ残つたラムネの瓶がほこりを浴びてゐるのや、蔓の干からびた西瓜の余されものがころがつてゐるあたりにも、秋の気分はたゞよつてゐよう。」と、見逃しがちな風物に目を向けるように呼びかけている。その「暗示的指導」と呼応するように、鑑賞・短評においても、着想や取材や表現形式の工夫について、的確な評言を加えていく。こうした鑑賞・短評は、記述者本人の発想力・着想力の向上に役立つだけでなく、読者にとっても、「書くに値する内容」を発見するのに貢献するものとなったはずである。

5　「暗示的指導」の特徴

まとめて言えば、金子の「暗示的指導」とは、素材に関連する話題を数多く想起させるとともに、その中から独自の題材を探し、中心点になることがらを発見させる指導であった。そのためには、場面を区切って焦点化したり、別の視点から観察したりすることが必要だと説いていた。さらに、文体についても、既成概念にとらわれず、常に新しい試みをするように求めていた。

実際に与えられた作文課題は、生徒の趣味や嗜好に適合するように、日常生活に題材を求め、生活の必要性に留意したものであった。しかも、その日常を新しい観点から見るように求めたところに大きな特徴がある。

文体は、記事文・叙事文が中心ではあったが、書翰文や説明文・議論文にも積極的に取り組ませるなど、バランスよく配置されていた。また、「知的に分からせることを目的とした文章」（説明文）においても、対話体や自叙伝体を用いた例を示すなど、楽しんで書くことができるように配慮していた。さらに、視点の転換や文体の変換を行う「改作」も積極的に取り入れていた。

このように知的な遊びの精神に溢れた課題の設定は、思春期の生徒たちの表現意欲を喚起し、優れた作品を数多く生み出していった。

発想・着想に重点を置いた金子の実践成果と、彼の考案した作文課題は、現代の中等作文教育の立場から見ても、今なお新鮮味を保ち続けている。大正・昭和初期のインベンション指導は、ここまで水準の高いものを産み出していたのである。

【資料】『現代女子作文』（初版）における各課の作文課題と文例の題〈及び文種〉

文種略号＝〈書〉書翰文、〈記〉記事文・叙事文、〈説〉説明文・感想文・議論文、〈創〉創作・詩・童謡

《巻一》

第一　「まこと」といふこと（文話）

（例話①）作文嫌いであつた生徒の告白

第二　私の学校の徽章

その一　私達のバンド〈記〉
その二　バンドのお腹をつき出して〈記〉
その三　母と子との対話〈説〉

第三　入学後の模様を（手紙）
その一　肩のお荷物を軽くして〈書〉
その二　お兄様を叱ってやって下さい〈書〉
その三　面白いのは学科の名前〈書〉
第四　山へ、野へ、海へ（遠足の記）
その一　とかげの尾はよく断れるね〈記〉
その二　遠足を童謡にして〈創〉
その三　この足が憎らしい〈記〉
第五　「まごころ」の表はれた名文（文話）
（例話①）同級生の死に対する弔文〈書〉
（例話②）父を亡くした教え子からのハガキ〈書〉
第六　詩を散文に
その一　明けゆく空〈記〉
その二　朝餉の煙〈記〉（原詩・尾上柴舟「春のあした」）
（課題）相馬御風「若葉」
第七　随意選題
その一　はがき〈記〉
その二　月なきみ空にきらめく星の〈記〉
その三　初夏の庭にて〈記〉
第八　正兵衛と惣兵衛
（教材）童話劇「花咲爺」（武者小路実篤）
その一　二人の心〈詩〉／その二　一番尊いのは心〈説〉
その三　でも考へればかはいさうです〈説〉
第九　絵から文を
その一　口笛を吹きながら（国木田独歩）

その二　右向けー右〈記〉
第一〇　蝉時雨を聞きつゝ（夏休雑題）
その一　今日はもう七月八日〈記〉
その二　とびとび日記〈記〉
その三　お便り四つ〈書〉
第一一　砂糖水のたとへ（文話）（主想と文章の長さ）
第一二　秋になった
その一　お人形ちゃんにも袷を〈記〉
その二　初秋の夕〈記〉
その三　あゝ、秋になったのかしら〈詩〉
第一三　動物さまざま
その一　小鼠の死〈記〉／その二　玉や〈記〉
第一四　読本巻一を読み終へて
その一　私のお行儀も分る〈説〉
その二　いえ、私共を目標に〈説〉
第一五　お祭の印象
その一　神ちゃまがお馬に〈記〉
その二　猿芝居と犬の曲芸〈記〉
第一六　句読法の話（文話）
第一七　友を誘ふ―（菊見に…音楽会に）
その一　花の間をそゞろ歩きして〈書〉
その二　野菊のお好きな君には〈書〉
その三　お頭《つむり》さへ縦に振って下されば〈書〉
第一八　我が家の人々
その一　私の可愛いゝ甥〈記〉

その二 鳩の様な眼をみはつて〈説〉
第一九 逝く年
その一 暮れんとする年〈記〉
その二 除夜の鐘〈記〉/その三 春待つ心〈記〉
第二〇 私たちの新年
その一 いつもなら叱られるのが〈記〉
その二 ほゝゑまれるお正月〈記〉
第二一 雪の降る日に
その一 忘れもの〈記〉/その二 雪の日の思い出〈記〉
第二二 去年の此の頃
その一 夕闇の教室にて〈記〉

その二 入学できなくてもバンドを〈記〉
第二三 お話の続きを
(原話)桶屋の話
その一 よみがへつた良心―桶屋の話のつゞき〈創〉
その二 桶を抱へた男の乞食〈創〉
附録 ペン字の手紙
その一 ヱハガキの年賀状〈書〉/その二 年賀状〈書〉
その三 カルタ会に招く〈書〉
その四 お祭にお出で下さい〈書〉
その五 箱根から〈書〉
その六 表記に転居いたしました。〈書〉

《巻二》
第一 題のつけ方(文話)
一 新奇なそして内容にふさわしい題を
二 文の書出しと結び
第二 新教科書を手にして
その一 思はぬ失策〈記〉
その二 淡い執着を残して〈記〉
その三 新読本の頁を「特急で」〈記〉
第三 初袷着る頃
その一 鋏の音〈記〉/その二 逝く春の小唄〈記〉
その三 晩春の田舎〈詩〉
第四 手
その一 ジヤン・ケン・ポン〈記〉

その二 愛らしい手〈記〉/その三 妹の手〈詩〉
その四 動物の手〈説〉
第五 絵葉書便り
その一 奈良の古都にて〈書〉
その二 鄙びた茶摘唄が〈書〉
その三 おなつかしき先生へ〈書〉
その四 みなはさん〈書〉
第六 学芸会所感
その一 椅子のつぶやき〈身の上話体〉〈記〉
その二 少女の心〈詩〉/その三 無形の栄冠を戴いて〈記〉
第七 人物の描写について(文話)
(例話)「武蔵野」(国木田独歩)

第八　**私の学校の小使さん（或は門衛）**
その一　眉毛の中の命毛〈記〉
その二　門衛のおぢいさん〈記〉
その三　四つ眼のぢいさん〈記〉

第九　**お話の筋書**
（もとの話）「長吉の飴ん棒」
その一　木の上の烏が「あはう」〈創〉

第一〇　**皇太子殿下御帰朝奉迎記**
その一　よろこびの日〈記〉
その二　日嗣の皇子《みこ》は帰り来ませり〈詩〉

第一一　**生きた手紙三つ（転・退・休学せる友に）**
その一　何時も淋しい思をして〈書〉
その二　海老茶袴に執着せぬ心に〈書〉
その三　お風邪召し易い輝子様〈書〉

第一二　**秋の歌を散文に**
その一　コツプの牛乳〈記〉／その二　夕日は沈む〈記〉
その三　お待遠さま―〈記〉

第一三　**読本巻三を読み了へて**
その一　あゝ、こはかつた〈記〉
その二　生あらば―〈説〉／その三　お弁当のしみも〈説〉

第一四　**作者の位置と文の四態（文話）**
（説明体／対話挿入の説明体／対話体／自叙伝体）
（文例）「すくなびこな」（坪内逍遙）
「吾輩は猫である」（夏目漱石）

第一五　**運動会の記**
その一　決勝線まで〈記〉／その二　その前夜〈記〉
その三　勇しき勝利の歌（某小説家の作品）

第一六　**絵画から文を**
その一　甘き眠り〈記〉／その二　名案名案〈創〉

第一七　**随意選題**
その一　南京豆〈詩〉／その二　邪魔者の蜘蛛〈記〉
その三　まよひ児〈詩〉／その四　母よ、何処に〈記〉

第一八　**音**
その一　おいしさうな音〈記〉
その二　カツチリカツチリ〈詩〉
その三　あさましい響〈記〉

第一九　**知の文と情の文（文話）**

第二〇　**此の頃の私**
その一　寒月の夜の私〈記〉
その二　二つの心〈記〉／その三　はてしなき疑問〈記〉

第二一　**二年生生活を回顧して**
その一　今年も椿の花は〈説〉
その二　印象深かつた二年生生活〈説〉

附録　**ペン字の手紙**
その一　ノートを拝借〈書〉
その二　ラケツトの購入を頼む〈書〉
その三　海幸をお贈りします〈書〉
その四　残念ながらお供が〈書〉
その五　女中のお世話を〈書〉

《巻三》

第一　表現の新味と適切（文話）
（例話①）モウパツサンの作文談
（例話②）蕪村「宿貸せと刀投げ出す吹雪かな」
第二　春の力
その一　小さな草の花〈記〉／その二　春のめぐみ〈記〉
その三　春の日三題〈記〉
第三　椿は落ちる
その一　真昼に（詩）／その二　落ちて行った紅椿〈記〉
その三　さらば椿よ〈記〉
第四　転任せられし旧師へ、其の他
その一　実は内々聊か不満に〈書〉
その二　暖き育みの主へ〈書〉／その三　さびしき友へ〈書〉
第五　石童丸
原作　琵琶歌石童丸
その一　三つのおもひ〈創〉／その二　名乗らぬ父〈記〉
第六　博覧会見物にいらつしやいませんか
その一　お見せしたい夜景〈書〉
その二　龍宮城を見るやうな〈書〉
その三　ヱハガキで〈書〉
第七　推敲といふこと（文話）
（例話①）賈島と韓愈の逸話／（例話②）広瀬淡窓の逸話
（例話③）北原白秋の短歌
第八　電話のかけ方
その一　電話をかけるには〈説〉
その二　電話のかけ方を知つた頃〈説〉
第九　随意選題
その一　経木帽子に日を避けて〈記〉
その二　私の働きデー〈記〉
第一〇　或物語のつゞき
もとの話―毘沙門山の姉妹―／その一　喜びのあかつき〈創〉
第一一　写生文の話（文話）（「現在法」と「断叙法」）
（範文例）「草枕」（夏目漱石）
第一二　五分間の写生
その一　踝《くるぶし》を掻きながら〈記〉
その二　「帝」の字のワ冠を〈記〉
その三　猫の背伸び（金子彦二郎）
第一三　夜…黎明
その一　足袋〈記〉／その二　土蜘蛛の精が〈記〉
その三　太陽神の営が今から〈記〉
第一四　弟切草
その一　涙に咲く花（原話「弟切草」言海）〈創〉
（作例）「刻舟求剣」の改作
第一五　写真…写真機
その一　悌ちゃん！〈記〉／その二　写真の効用〈説〉
第一六　最も
その一　木枕のいたさ〈記〉／その二　時と季節なら〈説〉

その三　只乗りかと思はれて〈記〉
第一七　自然と人事の交流（文話）
（範文例）「忘れ得ぬ人々」（「武蔵野」国木田独歩）
第一八　寒い
（暗示例）土岐哀果・与謝野寛の短歌
その一　み空に氷る星〈記〉／その二　ある夜〈記〉
第一九　伝説と実話
その一　魂にまで響く琴の音〈記〉
その二　肉づきの面〈創〉
第二〇　光
その一　停電〈記〉／その二　春の光〈記〉
その三　光を吸ふ〈記〉
第二一　塞翁が馬
その一　有為転変の世〈説〉／その二　胡人侵入〈創〉
附録　ペン字の手紙
その一　風害お見舞〈書〉／その二　類焼御見舞〈書〉
その三　右の返事〈書〉
その四　玉のやうなお男子と承り〈書〉
その五　仕立物の註文〈書〉

《巻四》
第一　新らしい文章の要素（文話）
（第一　描写的であるといふこと／第二　印象的描写
第三　感覚描写／第四　神経描写／第五　象徴的描写
第六　表現的手法）
第二　髪
その一　髪を切る刹那〈記〉／その二　陽光の中に〈記〉
その三　母の髪〈記〉
第三　電報文の書き方（文話と練習題）
その一　お断りとお悔み〈書〉
第四　ミシン台を前にして
その一　いらだたしさから喜びへ〈記〉
その二　初夏とミシンと心〈詩〉
その三　小さな仕立屋さん〈記〉
第五　火事
その一　真の内助〈記〉／その二　焔を見つめて〈記〉
その三　火の無い火事〈記〉
第六　余韻といふこと（文話）
一　見せる絵と味はせる絵（画家小山正太郎の逸話）
二　余韻余情（芭蕉と其角及び惟然坊／ロダン「歩む人」）
第七　絵の心を
その一　あはれ、運命《さだめ》〈記〉／その二　神秘的なさゞめき〈記〉
その三　生のしづく〈記〉
第八　随意選題
その一　「素足と夏」の思ひ出〈記〉
その二　私も女です〈説〉／その三　労働の嬉しさ〈説〉
第九　お礼の手紙二つ

その一　鈴蘭の友へ〈書〉／その二　此の黒い瞳を〈書〉
第一〇　左側通行論
その一　自らの為、人の為〈説〉／その二　二人の言葉〈説〉
第一一　糸
その一　断章三つ〈説〉／その二　近眼と糸〈詩〉
第一二　音楽雑感
その一　多摩の河原で〈記〉
その二　「新邦楽へ」の一部を読みて〈説〉
その三　木蓮の咲く日〈記〉
第一三　死
その一　ほのほ〈詩〉／その二　ほの白き道〈記〉
第一四　主なる修辞法の知識（文話）
（直喩法／隠喩法／諷喩法／活喩法／誇張法／省略法／挙隅法／反語法／詠嘆法／設疑法／擬態法）
第一五　「花すみれ」の御歌を拝して
その一　謙遜〈説〉／その二　花すみれ〈説〉
その三　ともすれば（短歌五首）
第一六　顔
その一　子供の顔〈説〉／その二　顔二題〈説〉
《巻五》
第一　愛と感謝で物観る態度へ（文話）
第二　反省
その一　父の御霊の前に〈説〉／その二　三十六時間半〈記〉
その三　白紙の過去では…ね〈詩〉
その三　にらめつこ〈記〉
第一七　随意選題
その一　光栄に浴して〈記〉／その二　小国民の歌〈記〉
第一八　新聞紙
その一　一日の人生記録〈説〉／その二　私達の新聞〈説〉
第一九　俳句の詩趣を散文に
その一　編み終へて〈記〉／その二　焚火〈記〉／その三　飛入りの怪力士（正岡子規）
第二〇　東京（震災の前後）
その一　在りし日の東京〈説〉／その二　あゝ、東京！〈説〉
第二一　卒業を前にして
その一　父母の笑顔〈説〉
その二　現代の要求する婦人〈説〉
附録　ペン字の手紙
その一　結婚を祝ふ〈書〉／その二　母の死を〈書〉
その三　お悔み〈書〉／その四　卒業後旧師へ〈書〉
その五　同級会の催し〈書〉／その六　外国郵便の宛名〈書〉
その七　電報頼信紙　数葉〈書〉
第三　詩趣から文姿へ
原作　おもひで（薄田泣菫作）／その一　旅路の思出〈記〉
その二　箱馬車に揺られて〈記〉
その三　メモリイを追うて〈記〉

第四　伊勢路の初旅
その一　杉。杉。杉。〈書〉／その二　一日一文〈記〉
その三　飛び〳〵日記〈記・歌〉
その四　留守中のん記〈記〉

第五　葉
その一　葉五題〈記・歌〉／その二　菖蒲の葉つぱ〈記〉
その三　私は淋しい気がする〈記〉

第六　文学とは何か（文話）

第七　波濤
その一　出来上つた胸中の図案〈記〉
その二　水の単調さを救ふもの〈説〉
その三　波の悪戯〈記〉

第八　動と静
その一　動中の静・静中の動〈説〉
その二　絶対的な静〈説〉／その三　心に浮ぶまゝを〈説〉

第九　手紙といふもの
その一　一字々々がにこにこ笑って〈説〉
その二　手紙の文字〈記〉
その三　「てがみ」から手紙を〈書〉

第一〇　ラヂオ
その一　考へてみれば〈説〉
その二　一ぺんでいゝから〈説〉／その三　四十八銭也〈記〉

第一一　文学の内容と形式（文話）

第一二　唇
その一　母の味〈説〉／その二　富士山の形そつくり〈記〉
その三　モナ・リサの唇〈説〉

第一三　古文に新しい持ち味を
原文　忠度俊成に謁すること（源平盛衰記）
その一　幻影〈創〉／その二　芸術だけが不朽だ〈創〉

第一四　校風論
その一　転校者の手記〈説〉／その二　校風は樹だ〈説〉
その三　校風の同化力〈説〉

第一五　随意選題
その一　闇に坐して〈説〉／その二　桃割れ〈記〉
その三　円本の罪〈記〉

第一六　文学の実質的傾向について（文話）

第一七　くさぐさのお便り
その一　東京だより―祖母の許へ〈書〉
その二　節分―かうした懐しい言葉も〈書〉
その三　善い事を喜ぶ心が〈書〉

第一八　昔の我
その一　紫の富士〈記〉
その二　神は到る処にいますものだ〈記〉
その三　アルバムから見た私〈記〉

第一九　女性の立場から
その一　女子体育問題について〈説〉
その二　婦人参政権問題是非〈説〉
その三　女学生と洋服〈説〉

第二〇　文学表現上の諸傾向（文話）

附録　儀礼文さまざま

その一　結婚披露の案内状〈書〉
その二　結婚祝を贈られた礼状〈書〉
その三　死亡の通知状〈書〉

その四　告別式参会の御礼〈書〉
その五　香奠返しに添へて〈書〉
その六　謝恩会の案内状〈書〉

注

(1) 滑川道夫『日本作文綴方教育史2〈大正編〉』国土社、一九七八年、二六頁

(2) 昭和初期の旧制中学校における作文教授の実際は、『國學院雑誌』一九三三(昭和八)年一一月号に掲載されている四五校の報告から窺うことができる。

(3) ご遺族からの資料提供により、第五巻の存在が新たに確認された。

(4)『現代女子作文』刊行後、「名称や装幀まで甚だ似通った作文教科書が某氏によって編述」され、その「緒言」には「現代女学生の実際の文例のみを聚集する」ことを非難する言葉まで記されていたと記録されている。(『新文話と文の教育』明治図書、一九二九年、五七六頁)

(5)「高等女学校令施行規則」(一九二〇年)及び「教授要目」によって、「国語」は、第一〜第三学年は週六時間、第四〜第五学年(修業年限は四箇年の場合もあった)は週五時間と定められ、そのうち一時間は作文に充てるように規定されていた。

(6)「リライト作文」については、呼称は異なっているが、林四郎『文章表現法講説』(学燈社、一九六九年)、大村はま『大村はま国語教室第六巻』(筑摩書房、一九八三年)、青木幹勇『第三の書く』(国土社、一九八六年)、首藤久義『書くことの学習指導』(編集室なるにあ、一九九四年)、府川源一郎他『認識力を育てる「書き換え」学習』(東洋館出版社、二〇〇四年)、井上一郎『国語力の基礎・基本を創る』(明治図書、二〇〇二年)等の提言及び実践がある。二〇〇二年度版中学校国語教科書では、五社全てにおいて「リライト作文」が取り入れられている。

(7)「おと-ぎり-さう(名)弟切草(花山天皇ノ頃鷹飼ノ名人、晴頼アリ、此草ヲ、鷹ノ傷ヲ医スル秘薬トセシニ、其弟、コレヲ洩ラシシカバ、怒リテ斬レルニ起レリト云フ、倭訓栞、後編ニモ云ヘリ)枝、椏《マタ》、対生シ、高サ二三尺、色《カト》赤シ、葉ハ青クシテ、狭ク長ク、楡ノ葉ノ如シ、夏秋ノ間、梢ノ間ニ黄花ヲ開ク、単弁、五出ナリ、秋、莢ヲ結ブ、三稜アリ、中ニ金細子アリ、金瘡ヲ治スト云フ。小連翹」(大槻文彦編『言海』吉川弘文館、一九〇四年)

(8) 観察点を変更して書き換える課題は、佐々政一が著した中学生用学習参考書『中学作文講話』(明治書院、一九一七年、一二二〜一四三頁)にも見られる。金子は佐々の理論と課題設定の方法を応用したのである。(拙稿「中等作文教科書における作文課題の考察」『国語科教育』第五九集、全国大学国語教育学会、二〇〇六年)

第三章　『現代女子作文』（修正再版）の内容と特徴

『現代女子作文』修正再版（一九三〇年）は、初版（一九二五年）を、内容・外形全般にわたって、全面的に書き換えたものである。初版が全国各地の高等女学校で採用され、各地の優秀作品が集められたことによって、いっそう充実し洗練された作文教科書となっている。

初版と比べてみると、「暗示的指導」を重視すること、同級・同年輩の優秀作を示したこと、生徒の趣味性を満足させる題材を選んだことなど、基本的な編集方針は変わっていないが、新たに取り入れられた試みも少なくない。

本章では、『現代女子作文』（修正再版）を考察対象として、とりわけ「表現形式」に着目し、「創作」、「改作（書き換え）」、「説明文（手順の説明）」、「二百字作文」の指導内容とその特色について考察したい。

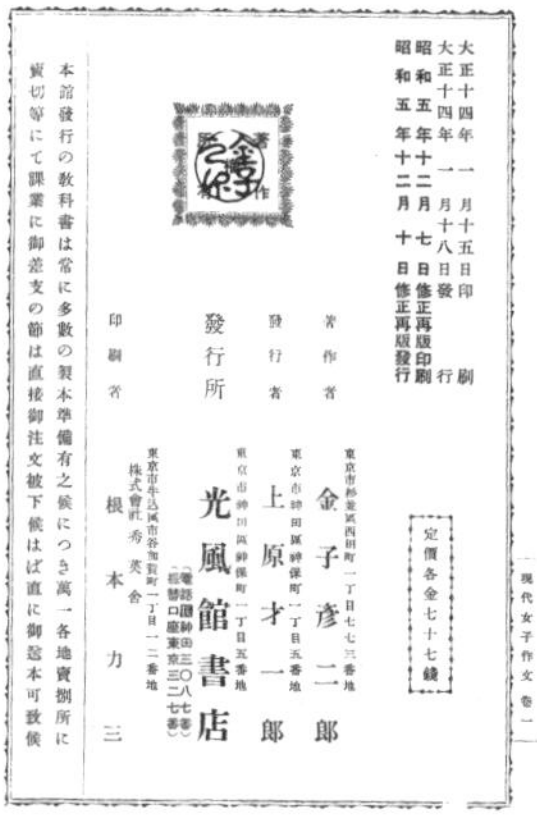
大正十四年一月十五日印刷
大正十四年一月十八日發行
昭和五年十二月七日修正再版印刷
昭和五年十二月十日修正再版發行

定價各金七十七錢

著作者　東京市杉並區西田町一丁目七七三番地　金子彥二郎
發行者　東京市神田區神保町一丁目五番地　上原才一郎
發行所　東京市神田區神保町一丁目五番地　光風館書店（電話神田三〇八七番）（振替口座東京三〇二七番）
印刷者　東京市牛込區市谷加賀町一丁目一二番地　株式會社秀英舍　根本力三

本館發行の教科書は常に多數の製本準備有之候につき萬一各地賣捌所に賣切等にて課業に御差支の節は直接御注文被下候はば直に御送本可致候

一、『現代女子作文』（修正再版、一九三〇年）の特徴

1　教科書の構成とレイアウト

『現代女子作文』修正再版（菊判、和綴じ。全五巻。各巻平均二三〇頁）の巻一～四は各二一課、巻五は二〇課で構成されている。「文話単元」と「課題単元」を組み合わせ、理論と実践とを有機的に関連づけようとする編集姿勢は、初版と同じである。

大きく変わったのはレイアウトである。修正再版本では、「鼇頭《ごうとう》」（頭注部）を使って、多くの「暗示」が示されることとなった。各単元は、「講話」「文例」「鼇頭」「脚注」「評言」の五要素で構成されているが、具体的作品に即して、発想を促す「暗示」を多面的に提供する仕組みにしたのである。

「講話」（各課とも一～二頁程度）には、単元課題と考え方や書き方の解説が記されている。「文例」には、単元ごとに二、三編の生徒作品が掲載されている。（但し、用語や改行などについて添削され、若干の修正が加えられている。）「鼇頭」には、「暗示の鍵」及び「添削以前の原文」が示されている。「脚注」部には、作品内容に関する対話的なコメントと、間違いやすい誤字や仮名遣いに関する注意事項が示されている。さらに、「評言」には、文例の中心的内容、着眼の良さ、表現上の工夫、改善すべき点について、数項目の箇条書きで示されている。各項目は、いずれも簡潔に書かれており、どこに着目して鑑賞すべきかが理解しやすいものとなっている。

2　緒言

こうした改善の意図は、修正再版の「緒言」において、次のように記されている。

一　尚、今次の根本的書き換へに当りまして、新に取り入れました試みの中の主なるものは、実に左の十数項であります。

(1) 本書の最大特色でありました同年輩・同学年の少女達の作になつて優秀な文例――その全部をば、新たな題目の下に、最近に制作した清新・優雅でかつ生命に高鳴る傑作的文例に取換へましたこと。

(2) しかも、東京女学生の作品のみに偏せしめることを避け、最近特に依嘱して試作を乞うた各地の女学校生徒諸子の優秀詩文をも適度に採用按排しましたこと。

(3) さらに又、ところどころに現代諸名家の詩文の数篇をも適度に挿入して、変化と実益とに資せしめましたこと。

(4) 文例の脚註に、共通的な誤字及び仮名遣や文法上の誤謬を摘録して、其の根絶を期してあります外、今次新に設けました鼇頭《ごうとう》の上欄に於て、添削や推敲の実際や文段のきり方や、改行の指示などについて要領よく摘記して、これら大切な諸作業の会得や実習の上に明を開かせるやうに仕向けましたこと。

(5) 著者の謂はゆる「暗示的指導」の外に、さらに毎課其の鼇頭に「暗示の鍵」といふ一欄を設けて、当該課題に就ての習作上、絶好な参考資料となり、暗示ともなるべき内外の格言や、類句や、和歌や、俳句などの類の、平易で且趣味的なものを満載して、素材が無くて困るといふ人々への、此の上ない福音たらしめましたこと。

(6) 平易で、趣味が豊で、さうして実益に富む文話を新たに執筆して、多数にとり加へましたこと。

(7) 各巻毎に、該学年相応と思はれる、左の如き創作講話並に其の習作を加へましたこと。

巻一　童謡の作り方と習作。

巻二　詩の作り方と習作。戯曲の作り方と習作。

巻三　和歌の作り方と習作。

巻四　俳句の作り方と習作。

(8) 各文例に対しては、脚註として記入してある短評の外、一文ごとに文末に加へておきました細評は、これを一二三などの箇条書に書き改めて、詩文の鑑賞や批評の要領を、より会得し易くしましたこと。

(9) 適切で、優雅で、本文の趣致の鑑賞や解釈力を十二分に助長させるに足る挿画や、カットや、写真を、適所につとめて数多く挿入して、読者のこの方面の好尚をも満喫させるやうに企てましたこと。

(10) 多種多様な新経験として、前著にも曾て試みてありました「絵画に表はれた情景の描写」や「ヱハガキ文の実習」や「詩や和歌や俳句などの散文化」や、「小話の引伸し」や、「長文の縮約」や、「電報文の実習」などが、それぞれ新たな材料の上に実施されてある外、更に「お話の中間の創作」や、「幾つかの俚謡を挿入して文に」や、「戯曲の創作例」などいふ幾多の新しき経験を差加へましたこと。

(11) 尚、当然あるべくして、従来閑却されてゐました卒業生の「答辞」や、送別会の「送別の詞」や、それに対する「謝辞」や、「亡友を偲ぶ辞」の如き方面の、実例なども多く取り入れましたこと。

(12) 小学校からの接続学年である第一学年用、即ち巻一におきましては、文例以外のすべての文、即ち文話や暗示的指導や、批評文などを、全部口語敬体に書き換へましたこと。

(13) 附録のペン字を、更に実用に役立つ字体に書き直しましたこと。

(14) 活字や組版や装幀や型の上などにも新工夫を凝しましたこと。

（圏点は、すべて原文のまま）

ここに挙げられている「新たな試み」を五項目に整理すると、次のようになる。

①表現意欲を高めるための工夫

・年齢だけでなく、地域にも配慮して、いっそう親しみが感じられる作品を数多く採録したこと。
・現代諸名家の詩文も挿入して、変化をもたせたこと。
・答辞や送辞を取り上げるなど、生活上の必要性を重視したこと。
・挿絵やカットにも気を配ったこと。

②発想力・着想力を高めるための工夫

・格言や類句や和歌や俳句を、発想のヒントとして提示したこと。

③記述上の基本事項を習得させるための工夫

・頭注や脚注を活用して、仮名遣いや文法上の誤謬に自ら気がつくように仕向けたこと。

④文章鑑賞力・批評力を高めるための工夫

・脚注部の短評や、作品末の文章全体評を、会得しやすく示したこと。

⑤多様な文体に習熟させるための工夫

・学年ごとに重点化を図り、「創作」に取り組むように仕向けたこと。

・「改作」の種類と量を大幅に増やしたこと。

3　題材別特徴

初版と比較しやすくするために、各課題のテーマを、初版と同様に分類してみよう。修正再版は、次表のようになっている。（丸数字は、巻ごとの単元番号）

	自己・家庭・身辺（単元数 16）	学校・社会（単元数 22）	季節・自然・時（単元数 23）	創作・改作（単元数 14）	文話（単元数 28）
一巻	⑦我が家の人々 ⑳身辺雑記	①我が校の校歌 ③女学生初だより（書翰） ④新緑の天地を行く―（遠足の記） ⑯本を読んだ後で	⑨楽しい夏休み ⑫秋…秋…秋 ⑬動物を文字でゑがく ⑮明治節頃のお便り（書翰）	⑥絵から文を ⑩詩や童謡を散文に（改作）	②真実は動かす ⑤真実味のあふれた名文 ⑧童謡の作り方と習作 ⑪句読法のお話 ⑭素材が見当らない時

	二巻	三巻	
	①母 ③ガラス ⑥履物のさまざま	⑬文字でスケッチ ⑰説明を文で書く	③十行二百字文
	⑨橋 ⑫クラスの人々 ⑭運動会雑感	③転・退職せられし旧師へ（書翰） ⑪運動競技の快味 ⑲今は亡き、友の御霊に ㉑明治大帝・明治神宮	①昭和時代
⑰歳末から新春へ ⑲六つの花散る ㉑学年末頃のお便り（書翰）	④杜若咲く頃のお便り（書翰） ⑩絵葉書便り（書翰） ⑯お便りさまざま ⑳三月のお便り（書翰）	①春たけなは ⑤雨…雨…雨 ⑦官製ハガキの手紙（書翰） ⑧四旬の夏休み ⑭灯ともし頃から黎明まで ⑱睦月・如月頃のお便り（書翰）	⑧夏休雑題
	⑦三十一文字を散文に（改作） ⑬絵から文を ⑰随意に題を求めて ⑱歌盗人―お話の筋書（改作）	④俚謡の心を文にして（改作） ⑩お話の中間を（改作） ⑮小話を引伸して（改作）	⑦画面を自由に解釈
には ⑱砂糖水のたとへ	②素描と精写 ⑤題のつけ方・文の書き出しと結び ⑪人物の描写について ⑮作者の位置と文の四態 ⑲知の文と情の文 ㉑戯曲の作り方と習作	②主想と副想 ⑥和歌の作り方と習作 ⑨表現の新味と適切 ⑫写生文の話 ⑯単純といふこと ⑳自然と人事との配合	②文字級に進出した符

四巻	五巻
⑤お礼の手紙三つ（書翰） ⑩健康 ⑭をさな児	①心 ⑦「手紙」といふもの（書翰） ⑬昏 ⑰昔の我
④旅…旅…旅 ⑪本・書物・**Book** ⑫読後の所感 ⑱言葉 ⑳巣立ちする前 ㉑共同・社会連帯	④伊勢路の初旅 ⑨ラヂオ ⑪校風論 ⑳女性の立場から
⑲春さき	③朧の美 ⑤葉 ⑫果物 ⑯くさぐさのお便り（書翰）
して ⑯俳味から散文へ（改作）	⑧思ひのままに ⑮古文に新しい持ち味を（改作） ⑱詩趣から文姿へ（改作）
号 ⑥俳句の作り方と習作 ⑨余韻といふこと ⑬主なる修辞法の知識 ⑮電文はかうして ⑰言葉の魔性・神秘性	②愛と感謝で物観る態度へ ⑩文学の内容と形式 ⑭文学の実質的傾向について ⑳文学表現上の諸傾向について

初版と比較してみると、テーマ別単元数において、随意選題が減少し、その代わりに文話単元が増加しているが、それ以外に大きな差異は見られない。しかし、各単元の具体的課題（文題）は、巻五の文題と各巻の文話以外は、すべて新しいものと差し替えられている。金子は、常に新鮮な課題を求め続けたのである。

課題の系統性という観点から見ても、「自己・家庭・身辺」などの身近な話題から「時代」や「社会」へと目を開かせようとしていること、また、「言葉」や「美」や「生死」など人間存在の本質に迫る話題に発展させようとしていることがよくわかる。その文題の立て方にも、発想を刺激するような工夫がなされていて興味深い。

二、創作の事例

これらの新工夫のうち、類書と異なり際だっているものの一つが、創作である。創作は、初版本においても取り入れられてはいたが、各学年に一～二課設定されているだけで、内容も「続き物語」の類が多かった。詩や短歌も文例として紹介されてはいたが、あくまでも異色の作品としての扱いだったのである。

ところが修正再版本では、各巻毎に特定のジャンルを取り上げて、詳しい文話と習作例とを示すなど、韻文の創作を重視するようになっている。巻一「童謡の作り方と習作」(第八課)、巻二「詩の作り方と習作」(第八課)、巻三「和歌の作り方と習作」(第六課)、巻四「俳句の作り方と習作」(第六課)といった具合である。系統性としては、素朴な語り口で作りやすい童謡から詩へ、さらに和歌(短歌)から俳句へと、次第に制約の多い表現形態に挑ませるように仕組まれている。余韻や余情ある表現は、高学年にならないとなかなか理解しにくいことを配慮した上での単元構成であろう。物語の創作単元も、初版本より大幅に増えている。さらに巻二では「戯曲の作り方と習作」(第二二課)も加わっている。

創作に取り組むということは、「作文と言えば写生文である」と意識しがちな生徒達にとって、新鮮な課題であったことと思われる。金子は、こうした虚構の文章表現を積極的に取り入れることによって、表現の幅を広げるとともに、韜晦しがちな自己の内面を表現しやすくしようとしたのであろう。以下、その実際例を取り上げてみよう。

1　記事文や叙事文の表現形式の一つとして提示する場合――視点の転換など――

(1)巻一第四「新緑の天地を行く――遠足の記――」

何の準備もなく「創作」に取り組むことは困難である。そこで金子は、記事文や叙事文の発展形態として、「創作的な文章表現」に取り組ませることにした。例えば、「遠足の記」を書く際に、遠足の行列を並木の位置から観察したように書いたり、主人の動作を洋傘や靴の立場から描いてみたりするように、叙述内容の「焦点を絞る」とともに、「視点を転換」して自己を相対化してみることを勧めたのである。(本書五七頁参照)

さらに、「記述の態様に工夫を凝らす」事例として、「映画脚本風に」書いた作品を挙げ、創作気分を高めていった。その一部を抜き出してみよう。

さーつさーつと松風が涼しく頬を吹いて、心地よく汗を乾かして呉れる。其の松蔭に白いベンチを三つ並べて、いよいよおいしい御弁当を開いた。すると蜂谷さんが、突然とんきやうな声をあげた。

「あらあら、私の鞄の中は大混乱だわ。」

見れば、缶からこぼれ出した衛生ボールが粉々にこはれて、其の粉が鞄中一ぱいになつてある。蜂谷さんは顔をしかめてそれを松の根元にお捨てになつた。それであたりは黄色な粉だらけ。どなたか

「松の胞子も。」

とおつしやつたので大笑であつた。小泉さんは、御弁当を開きながら、

「此のお海苔巻には、御母様の真心がこもつてゐるのであります。」

などゝ言つて、又皆を笑はせる。楽しく話し合ひながら食べる御弁当のおいしさ。御腹がすいてゐた為もあつたらう。

それがすむと、今度は御菓子や果物が取り出された。蜂谷さんは、せつせとオレンヂの皮をむいていらつしやる。

「夏蜜柑のほしい人？」

「はい、頂戴！」

「あら、私、お砂糖を忘れて来てしまつた。」

「あら、お砂糖なしだつて食べられてよ。」

と、小泉さんや、山崎さんが、大きな声で話し合つていらつしやる。

「蒔田さん、乾葡萄あげませうか。」

「此のおせんべい、召上つてちやうだい。」

皆は、口々にお菓子を食べながら笑ひ興じてゐる。（以下略。四五〜四七頁）

無駄な説明を省いた生き生きとした会話の再現、映画の解説者気取りのユーモラスな表現など、見るべきところの多い作品である。このように金子は、初歩の段階では、自分の体験を元にして創作活動に進んでいくのが効果的だと考えていた。

（2）巻一第一九「六つの花散る」

この単元は、「六つの花」つまり「雪」を素材に文章を書いてみようというものであって、創作として独立したものではない。だが、作品例その一に「雪うさぎ」と題する文章を載せ、虚構の文体へ導いている点が注目される。雪の視点から描いた次のような作品である。


ちらり〱……私達は鬼ごつこをしながら、追ひつ追はれつ或家のきれいな広い庭へ降りた。

「あら、雪がこんなにつもつたわ、お母さん。」

がらりと障子が開いて、中から尋常一二年位の、洋服を着た、可愛らしい女の子が現れたと思ふと、さう言つた。

「さうお。」中から女の子の母さんらしい落着いた声が聞えた。

「ね、お母さん雪うさぎ作つてもいゝ？お母さん、いゝでせう。」

女の子は障子をあけて、庭をみつめたまゝ言つた。

「およしなさい、外は寒いから。かぜでも引くといけませんよ。それより火鉢にでもあたつて、又さつきの本のつゞきを聞かせてちやうだい。」

「いやよそんなこと。ね、いいでせう。」

いつか障子をあけたまゝ、中へかけて行つたと思ふと、中から女の子の茶目らしい声が聞えた。

「さう、そんなにこしらへたいのなら作りなさい。かぜをひかない様に早くしなければ駄目ですよ。」

「大丈夫よ、風なんかひかないわ。」

家の中でこんな問答があつてから、いつか女の子のにこ〳〵した顔が、お盆をもつて現れた。(以下略)

このような文体を、金子は「身の上話体」と呼んでいる。視点人物を自分以外の別のものに設定し、叙述していく方法は、想像力を豊かにするだけでなく、物事を多面的に捉えたり、自己を客観的に見つめたりすることにも役立つのである。金子の場合、一つの素材に対して、このように様々な表現形式を提示し、自由な表現を導き出そうとしている点に指導上の特色がある。

(3) 巻四第一一「本・書物・Book」

「本」や「書物」が作文課題として設定されると、大方は、読書感想文や読書論ということになっていく。だが、この課では、そういうことから離れて、本や書物そのものを材料として試作することをねらいとしている。即ち、①形状やスタイルの上から、和・漢・洋書や、古書と現代の出版書との比較考察、②綴じ方や装幀方面から見た本や書物、③視覚的・触覚的感じや、読書欲のそそられる本とそそられぬ本、④秘蔵する本の由来ばなし、⑤本の定価からの考察、⑥教科書の装幀の善し悪しなど、多様な方面から論評してみようというのである。

作品例としても、視点を転じて本の立場から語った作品例「本の呟き」を紹介して、伸びやかな発想をするように促している。その冒頭部を挙げておこう。

はゝ、又沈思默考（教科書脚注「沈思默考とは居眠の別名かね」）が始つた。「あゝ危い〳〵、もし〳〵眼を開けて下さい。」私は思はず叫んだ。けれど、刻々と、磐石の様な顔が、私の身体の上にのしかゝつて来る。噫！我に足を与へ給へ。さらば此の机上より逃れ出でん。（教科書脚注「しかつべらしい祈りの文句のをかしさ」）

「苦しい！。」到頭大きな頭が、うんと私の体の上にのさばつてしまつた。重くて動けない、五体が痺れてしまふ。あ痛い〳〵。身体がもみ苦茶になつてしまふ。もう常々から「犬の耳」（教科書脚注「折りたたまれた本の頁の綽名なのでせう」）と言ふ癇疾にさん〴〵悩みきつてゐるのに。

「ドシン！」おや何だらう、胸を圧れて苦しい息の下からそつと横目で見たら、大きな図体の字書が、机の断崖から疊の谷へ墜落して、のめつてゐる。ウン〳〵と顔をしかめて居る。

「字引さん！お気の毒ですな。」

「うゝん、あ、ありがたう。ひどい目に遭つた。俺は脳震盪でも起すかと思つたよ。でも腰骨ぐらゐで、まあよかつた。」

「まだ、その方がいゝ。私は誰か救手が来ないと、ウヽヽヽ死んぢまひさうです。あゝ、孫子の代まで本になんか生れるもんぢやない。」（教科書脚注「やれやれお気の毒な」）

「まあ、さう湿つぽいことを言ひなさるな。（教科書脚注「人間らしい、気の利いた口を利いているぞ」）でもなあ、前には、立派な書店に、堂々と他の本達と一緒に並んで、或時は、賢さうな優しいお方のお目に止つたこともあるが、何の因果やら、……えゝ、腰がズキ〳〵痛むわい。」

こんな会話をしてゐたら少しは気が晴れたが、どうも胸が苦しい。ヂン〳〵〳〵……おや十時だ――。

「おいおい、馬鹿に静かだねえ―。」

冷かし半分の声が、お隣の室から聞えて来た。(以下略。一〇二〜一〇四頁)

2 絵や写真を手がかりに文章を書く場合

金子は、絵や写真を用いた課題を、各学年にほぼ一題ずつ提示している。この課題は、低学年では写生の下稽古として意義づけられているが、高学年になると、絵を契機として想像の羽を広げ、新しい物語を創作することに重点が置かれるようになる。「創作」への一ステップとして、「絵から文へ」という「改作」を活用するのである。(1)

(1) 巻一第六「絵から文を」

この単元の文話では、写生文を書く際の心構えについて、次のように述べられている。

外界の景色や、生きてゐる禽獣や、人物などの状態や、動作の有りのまゝを写し取ることなどを写生といひます。写生といふのは、大体は写真のやうに実物や実景を写し取るといってよいが、併し、もう少しくはしくはつきりといふならば、写真はどこまでも写真であつて、写生ではありません。

写生の方は、写真でなくて絵の方です。写真では、其の区ぎつた画面に陳列されてあるものは、「これはない方がよい、この方をもつとはつきり出したい。」などと思つても、なかなか思ふやうにはなりません。

所が、写生――絵の方になると、其の辺は自由自在で、実際はあるものでも都合によつて省いてもよいし、小さいものでも釣合上大きくし、はつきり描き出しても差支ありません。いや差支ないどころぢやない、さうした方が却て、其の情景を明らかに印象させることが出来て、描き出した効果が多くなるのです。その都合のよい自由な方面を利用して、単なる実物実体以外に、其のものゝ活気や生気までも写し出して殆ど生命のあるものゝやうに思はしめねばならないのです。

さう考へると、写生文といふものは、一寸見た所ごくたやすいやうですが、実は中々むづかしいものなのです。本学年では、その写生の下稽古として、いつまで見てゐても変化しない、又すでにすぐれた頭の人たちによつて、最も趣のある場面だけを切り取つて、さうして絵として表はされてゐる情景を、おちついて写生的に記述して見る事にしませう。それもたゞ見たゞけの皮相《うはべ》に止らないで、前の頁のカット（引用者注―下図）に対する上欄の文の描写（引用者注―国木田独歩「泣き笑ひ」の一節）を読んでもわかるやうに、風景なら、季節は何時ごろか、花が咲いてゐるなら其の匂までもうつし出すがよからうし、人物ならば、其の顔形・年齢・動作から其の心持や性分などと見えてゐない部分までも推しはかつて、最も特徴のあるところに力をこめて書き出してごらんなさい。材料は、この本の口絵や挿絵でもよし、皆さんの机の上あたりや教室などに飾つてある絵でも何でもよろしい。（傍線引用者。五九～六一頁）

口笛を吹きながら

ここで紹介されている国木田独歩の文章は、次のようなものである。

うす白い夕闇があたりをたちこめて来たが、時之助はまだ帰つて来ない。母親は「もしか」といふ場合をいろ〳〵に想像して、胸の痛くなる程心配して居ると、間もなく蓮池の縁に小さな影が見え出した。だん〳〵近づいて来るのを見ると時之助らしい。けれども若しか又他家の子かも知れぬと、心も空に見つめて居ると、釣竿を肩にして右手に魚をさげ、小声で唱歌を歌ひながら来るのはまさしく時之助である。

「時ぢやありませんか。」

といふ刹那、今までの悲しみが変じて喜びとなる。

「やあ、お母さん其処で何をして居るのです。」

「まあ此の子は。何をして居るどころぢやありません。お前こそこんなにおそくまで何をして居たのです。」

と言ふ時、喜びが変じて怒となる。

「釣って居ました。今日は大きいのが釣れましたよ。」

「もうこれから決して魚釣にはやりません。」

「なぜ?」

「なぜもないもんです。さっさとお帰りなさい。」

と母は安心して先に立って歩くと、時之助は平気なもの、口笛を吹きながらついて行く。


この文章は、もともとこの絵によって作られたものではない。だが、絵と文章とがしっくり合っているので、初版にも参考文例として紹介されていたものである。修正再版では、頭注部の「暗示の鍵」として示されている。

さて、この単元で挙げられている作品例は三編である。その一「絵を描く少女」は、机に向かう少女の絵(左図)を見た印象や、描かれた少女に関して想像したことを述べた文章。その二「猫を抱ける少年」は、猫を抱きかかえた北国の少年の様子を生き生きと写し出した文章。その三「水いたづら──画中の幼児の姉となりて──」は、副題にもあるように、画中の幼児の姉になりきって、庭先で洗濯遊びをしている幼児(アリスちゃんと名付けている)の動作を描いたもの。刻々と変化していく夕焼け空の自然描写をも織り込んで、生気のある文章となっている。

(2) 巻二第一三「絵から文を」

巻一第六「絵から文を」と同趣旨の課題である。課題の趣旨を説明した「講話」部に提示される作品が、巻一では人物画(「口笛を吹きながら」「絵を描く少女」など)であったが、巻二の本単元では風景画(横山大観「山路」)となっている。風景画の方が中心点を定めにくいので、これを第二学年の課題

に据えたものと推測される。

金子はここに、次のような「心構え」を書き添えている。

この、画のおもてから声までも感じ取るといふぐらゐな心持で、本書の口絵の絵なり、諸子の好きな絵なりについて、必ずそのどこかに一つの中心点を求め、その中心点によつて、まとめられてゐる画面の事物に、それぞれ活気や生気を吹き込んで見るがよい。

即ち絵では動かぬ木の葉にも、実物・実景には当然あるべき筈の風のそよぎを与へてやつたり、同一な画面にも幾分なりと、時の経過を添へたり、人物なら現在の姿になるまでどういふことをして来たのか、これから何をするだらうなど〻、想像を生かして書き表はすがよい。それも余り突飛でなく、自然の景情や、成行としつくり合つたものでなければならぬ。（一一五頁）

この「心構え」に登場する「本書の口絵」というのは、着物姿の二人の少女が秋の野を歩む姿を描いた「秋晴」（伊東深水）と題する作品（右下図）である。生徒作品例四編は、いずれも「秋晴」を素材としたものであることとも重ね合わせて考えると、自然描写と人物描写とをいかに調和させるかということに気づかせようとした単元であると見なすことができる。

（3）巻四第七「画面を自由に解釈して」

巻一及び巻二の「絵から文を」と基本的には同じ趣向の課題である。これまでの課題が、写生文の練習を目的としていたのに比べ、この課題は、絵や写真を自由に解釈することによって、新たな物語を創作していくことに重点

秋晴　伊東深水筆

が置かれたものとなっている。

金子は、この課題の意図を次のように説明する。

> 画面の自由な解釈、又は新しい解釈、そこに動かない妥当性さへあるならば、原作画家の意図以外に脱線し、或は以上に深い、趣多い意味づけも企て得て、愉快な作業の一つと思ふ。世間百般の事、そこに定説などがあって「さうかなア」と思はせられ、又、思つてもゐるものゝ、其の源はつまり或個人の自由解釈であり、新解釈であつたわけである。此の種の試みは伝統のみに拝跪してゐず、独創を出すといふ心構へに対する一つの刺激ともならうかと思ふ。（六一～六二頁）

提案の大胆さに驚かされるが、「解釈の自由」の問題を明確に述べた文章として注目したい。金子は、実用性の高い手紙文の指導において「形式」の習得に力を注ぐ一方で、自由な表現の場を設けて、こうした独創性を引き出そうとしていた。そのバランス感覚が見事である。

教材として提示される写真や絵も、複数の人物が登場して、いかにも何か事件が起こりそうな構図のものが多い。本頁（下図）に挙げたものは、当時の新聞に掲載された写真だという。実は、パリからブラッセルへの飛行機で密輸を企てる者が現れたので、税関官吏が手荷物調べをしている光景なのであるが、それを知らなければ、ここからいくつでも話を作り出すことができそうである。

その他、古典的名画も教材化している。一つは、文覚上人が、頼朝の前で、平家の子孫である六代御前という少年の助命願いをしている場面を描いたも

彼等は何をしてゐるか？

の。また一つは、ミレーの「晩鐘」である。こうした絵を手がかりに、自由に想像の羽を広げ、ドラマを作り上げていくのである。

3　童謡・詩・短歌・俳句の創作――模倣から創作へ――

（1）巻一第八「童謡の作り方と習作」（文話）

童謡とは、元来「童心童語の歌謡」で、本来は節をつけて歌うものであるが、ここでは、黙して味わう童詩も含めて考えることにする。

金子は、「童謡や童詩」の作り方として、三つの手順を挙げている。最初は、他人の作の言葉遣いや着想の仕方を見習って書く。これで大体の見当がつくようになれば、次は、周囲の物事から最もよいと思われるものに心を集中させてまとめ上げる。木や石や獣や鳥を人間と見なし、そこに自分の心を移し入れて、自分の言葉で表現してみるのである。さらに、適度に擬声語や擬音語を取り入れて、リズミカルに仕上げていくと、いっそう生き生きとした感じを与えるものとなるという手順である。

生徒作品を一例だけ挙げておこう。西条八十の「カナリヤ」の影響を受けたものであるが、全体としては、模倣の域を超え、創作として評価してもよいレベルに達している。

「家をわすれた小雀」

おうちわすれた小雀が／赤い夕日の沈む頃、
裏のお庭でただ一人／母さん何処？とさがしてる。／さびしく〳〵呼んでゐる。
おゝ、かはいそな小雀と、／私はそつと手のひらに／のせて背の毛をなでました。

するとチユン〳〵親鳥が、／隣の屋根から呼んでゐる。（K生の作による）

（2）巻二第八「詩の作り方と習作」（文話）

巻一の「童謡」に続き、巻二では「詩」を書く単元を設けている。この文話でも、特徴的なのは、入門期は模倣であってもかまわないと述べていることである。

ところで、詩といふやうなものは、作り方をきいたからと言つて、すぐに立派な作が出来るものでなく、又理屈がわかつたからと言つて作れるものでもない。が、しかし、詩といふものが作れるやうに、詩といふものがわかるやうになるには、相当な道もある。それは外でもない。**摸倣**といふことである。

摸倣といふことは言ふまでもなく、他人の作つた詩を読んで、其の心持を汲んで、其の詩に似たものを作つて見ることである。どんなえらい詩人でも、はじめのうちは、摸倣といふことから出るわけには行かない。と言ふよりは、自分より前に生れ出た大詩人の摸倣といふことから、その人の詩を作り始めるのが、ごく自然なことなのである。だから摸倣といふと一寸聞えがわるいやうではあるが、決して恥づべきことではない。たゞ然し、一生の間、他人の摸倣ばかりやつてゐるのではいけない。

どんな短かいものでもよいから、他人には書けない、自分でなければ作ることの出来ない詩が作れてこそ、はじめて其の人に詩人としての価値が生じるわけである。いや、その人に、本当に個性があるならば、その人が本当に感じ、本当に考へ、本当の自分の声で歌つたならば、決して人真似にはならない筈である。（ゴチック体は原文のまま。六三〜六四頁）

このように、独創的表現を目指しながらも、詩の心持ちやリズムが分かってくるまでは模倣でよいというのが、金子の作文指導の基本スタイルである。誰でも取り組める方法を提示して、書けない生徒を少なくしようという意図であろう。

なお、童謡や詩などの韻文については、こうした文話の単元のみで扱われているわけではない。例えば、巻二・第九「橋」では、論説的文例、叙事的文例と並んで、「丸木橋」と「吊り橋」を素材にした童謡例を挙げている。巻二第一四「運動会雑感」でも、「うごく　をどる」と題する詩作例を挙げている。この後、学年が上がっても、詩や短歌の作品例は頻繁に取り上げられている。同じテーマでも多様な表現があり得ることを示して、個性的な自己表現を引き出そうとするのである。

（３）巻三第六「和歌の作り方と習作」（文話）

短歌の作り方においては、その韻律を身につけさせる必要があるので、まず多読することを勧める。できるだけ多くの歌を、声高く朗詠していくのである。そうして、「三十一文字」の詩形が身に付いたら、今まで見過ごしてきた自然なり人事なりをじっと深く見つめて、そこから何かをつかみ取れという。その何かに、作者の気分の動きを載せて、力ある表現にしていくのだという。

（４）巻四第六「俳句の作り方と習作」（文話）

俳句の場合でも、基本的手順はあまり変わらない。①俳句集から幾十幾百の句を選び、数多たび口吟することによって、句調を飲み込んでしまうようにする。②「や」「かな」「けり」など切れ字を一つ使って、「十七字」を並べてみる。③題に関する過去の経験を考えてみる。④推敲し、言葉を練り直す。――といった手順である。

オーソドックスな手順であり、手順そのものに特段の目新しさは無い。だが、韻文表現による創作活動を積極的に取り入れていった点に、当時の実践としての新しさを見ることができる。

三、「改作」の事例

金子は、既に存在する文章をある目的によって書き換える「改作」（現代のリライト作文）も積極的に取り入れている。また、お話の中間部を補わせたり、続き物語を書かせる課題もある。ここでは、原作を部分的に変形したり追補したりする課題も、「改作」に含めて取り上げていくことにする。

1　文種の変化による書き換え

（1）巻二第七「三十一文字を散文に」

巻一の最初の「改作」は、詩や童謡を散文に書き換える課題（巻一第一〇「詩や童謡を散文に」）である。これについては、本書第二章（五三〜五四頁）で既に論じたので、ここでは省略する。

ついで第二学年では、短歌を散文に改作する課題を提示している。「三十一文字」の中に練り込められた思想や感想や自然の景色や人間界の出来事を、言葉や文字に制限のない散文に書き改めることは、作文力の養成のみならず、短歌を解釈し鑑賞する上にも意義あることだとして位置づけられた単元である。

心構えとしては、①与えられた歌の主想の狙っているところは何か、その主想を力強くするためにどんな材料・季節・人物・風景・事件で表現しようとしているかということを読み取ること、②自分自身の経験や、本で読んだり話で聞いたりした事件や景色の中から、原歌の主想を色濃く描き出すのにふさわしい材料を引き出してきて取り合わせること、③主想さえ握ってしまったら、あとははじめから自分自身が創作する気持ちで、思うまま自由な想像力を働かせ、人の気のつかない方面からの記述や描写を試みること、を勧めている。

作品例と金子の評価言を一つだけ取り上げよう。

《美しき雀なるかも芍薬の真盛りの庭の砂にあそべる。（若山牧水）》

あの解けもやらぬうす紫の夢を地上にこめた晩春の午後である。

のどかなる陽よ、陽はうらうらと美しき花を照し、小さい雀の影を砂上に長く紫にひく。

春のしゞま。餌をあさるのでもなく、只この麗しい晩春に酔ふ美しき雀。チユンといつては小首をかたむける愛らしさ。

私はうつとりとこの場景にみとれた。絵である。大和絵である。

併し、この瞬間に栗色の小さい雀は驚いたやうに立ち去つた、後に咲乱れた花を残して。

うす紅にぱうつと豊かな頬をはぢらひで染めた処女《をとめ》のやうな花、――花は芍薬である。

〈評〉一　もう少し平易な言葉で表はしてほしい――といふ註文もあるが、併しまたこれには、この文としてぬきさしの出来ない味がこめられてある。
二　一字一句も粗末にしないと言ふやうな作者の態度に学ぶところがあつてよいと思ふ。
三　一番終りの句に至つて、はじめて花が芍薬の花であることを現はし、それが、一羽の雀の飛び去つたあと、庭の全部を領して咲きおごつてゐることを想はせる所もよい。

（2）巻二第二一「戯曲の作り方と習作」（文話）

他書には見られない珍しい課題が、「戯曲」の創作である。だが、他の文種以上に書き慣れないものであるから、ゼロから作り上げる課題として提示されることはない。これまで読んだ文章の中で面白いと感じたところを、戯曲に書き換えてみるという課題として示される。事例としては、女学校二学年用の読本に収録されている「蜀山人の盆燈籠」（饗庭篁村）を、五幕物の戯曲「儲けた庄助」に作りかえた生徒作品例が示されている。

戯曲に改作する意義について、金子は次のように述べる。

戯曲といふのは、舞台の上で、多くの見物人の前にそのまゝお芝居として実演されるやうに、文章で書いたものをいふ。文章を本当によく鑑賞する為に、其の読んだ文章の中で一番面白いと感じた処や、或は其の全文について、これを戯曲に書いて見るといふことは、大層有益な試みである。

なぜかと言ふと、第一に文の鑑賞殊に文学的な文章の鑑賞には、其の文章をとほして見る、其の場面や背景といふものが、非常に大切なものになつてゐる。ところで、戯曲に作るとなると、それが前に言つた通り、実演といふことを目的として考へなければならないから、どうしてもその背景といふものをはつきりと想像して書き表はさねばならないことになる。そのために、勢ひ幾度も幾度も読み返すことになる。

第二には、文章を戯曲に作りかへるにはそれを全部会話体に書きかへなければならない。さうする為には、やはり幾度も幾度も本文を読みかへして、それぞれの人物の個性や、職業や、男女や、年齢や、身分などについて、よく調べあげる必要がある。それだけでも大分よい仕事をしたことになるが、更に今調べた個性や、職業や、男女や、年齢や、身分などをそれぞれ其の会話の言葉の中にそれとなく含め匂はして語らせねばならない。これはなかなか骨の折れることではあるが、又それだけ文章表現の力が鍛へられることになる。

第三は、しつかりとまとまつたものとして文章を見る、即ち思想を統一づけるといふことである。一体、多くの場合では、文章を読んでも、どうも肝心なところがつかめずに、ばつとしてゐるものであるが、かうして戯曲に作りかへるとなると、どうしてもその作の一篇を貫く中心的な思想といふものを明かにしなければならない。この結果、この文章に対する統一された思想が、はつきりと頭に植ゑつけられる。

第四に、これを実演することが出来たら、そこから又大きな利益が生じる。すなはち実演することによつて、実演者はますます原文に対する印象を深くし、且その情味も生々と味ふことが出来る。観てゐる方のお仲間も、作者が同級生であり、自分たちも戯曲にする為に同じ苦労をして見て、その戯曲をよくよく理解してゐるから、一段と興味と印象とが深く

させられるのである。（傍線引用者。一九四〜一九六頁）

（3）巻三第四「俚謡の心を文にして」

これは、改作というよりも、俚謡を織り込んだ新たな文章を作り上げようという課題である。しかも、一首ではなく、二首以上を織り込むように求めているので、難度の高い課題となっている。挙げられている事例にも生徒作品はなく、新聞のコラム記事と金子自身の試作の各一編が示されているだけである。

具体的なイメージがつかみにくいと思われるので、金子自作の事例を挙げてみよう。指導のねらいは分かるが、異なる複数の俚謡にどのような関係性を持たせるかに苦心するし、配置も難しい。高等女学校二年生には手に余る課題のようである。

子ゆゑ泣くのか筍掘れば　笹の涙が雨と降る。

古来非情なものと言はれてゐる植物にもかうした親心があるとすれば、

山が焼けるが立たぬか雉子よ　これが立たりよか子を置いて。

「焼野の雉子《きゞす》、夜の鶴」よしや親を思はぬ不届な子女があらうとも、子を思はぬ親の無いかたじけなさ。

袷着た夜に蚊の声一つ　嫁が聞き出す坊の寝間。

この敏感さも、いとしい、かはいゝ嬰児《みどりご》のからだに、蚤の跡一つさへつけさせたくない心遣ひからで、優しい母親の心は、かうして四六時中どの一ときといつて、子供の上から離れる時はない。

了へぬ田打を残して戻る　こらへきれない乳の張り。

こんなに乳房が張るからには、さぞや坊やがひもじがつて泣いてゐるであらう――と思へば、もう矢も楯も堪らぬ。もう小半時《とき》で片づく仕事をも中止して、小走りに駆け戻る親心の有りがたさ。乳房の張るのが我慢出来ないのではさらくない。一分一秒も早く坊やの顔が見たいのである。

添乳離して寝顔を見れば　誰と遊ぶかにこ〳〵と。

誰かと遊び興じてゐる夢を見て、林檎のやうな片頬に無心な笑《ゑみ》を湛へる坊やの寝顔、それはもとよりほかでは見られぬ血の通つた傑作画であり、名彫刻である。が、その貴い寝顔にうつとりと見入つてにこ〳〵と微笑みつゝ、静かにはだけた襟を掻合せてゐる若き母の笑顔こそは、此の世の中での最も美しい、気高い神品で、よしやその靨《えくぼ》は浅くて小さくとも、其所には幾千万石、汲めども尽きない愛の泉がたゝへられてゐるのである。(三四〜三六頁)

(4) 巻四第一六「俳味から散文へ」

巻一では「詩や童謡」、巻二では「短歌」、巻三では「俚謡」をそれぞれ改作敷衍することを試みてきた。巻四では、俳句の創作にも手を染めてきたので、ここでは俳句の詩趣を基軸に、自由な連想と豊かな想像とを加えて、散文に改作してみようというのである。

だが、わずか「十七文字」に圧縮された詩情を、広げていくのはきわめて困難な課題である。そのためか、生徒作品例はなく、蕪村の句「飛び入りの力者怪しき角力かな」を正岡子規が敷衍評釈した文章や、佐藤紅緑の句「馬柄杓で馬の顔うつ清水かな」を矢田挿雲が評釈した文章などが紹介されている。したがって、高等女学校で実際に取り上げられたかどうかは、定かではない。「歌物語風」に書き換える課題として用いるならば取り組みやすいし、現代の高等学校でもしばしば実践されるようになっているが、ここに挙げられているのは評釈中心の事例なので、同一視するのは難しいかもしれない。

なお、文種の書き換え事例は、以上の他に、巻五に、第一五「古文に新しい持ち味を」、第一八「詩趣から文姿へ」の二課が設定されているが、初版本と同内容なので省略する。

2　縮約・敷衍・追補による書き換え

（1）巻二第一八「歌盗人――お話の筋書――」

筋書きを書く練習である。明治期に佐々木吉三郎『国語教授撮要』（育成会、一九〇二年）によって紹介された「縮約法」の一種であるが、金子の場合、相手意識を持たせてこの学習に取り組ませているところに、新しさがある。金子は次のような文話を残している。

長いお話の筋をきりつめて、手短に書き表はしたり、其の要領だけをわかりよく説明したりすることは、非常に大切なことである。

しかし、これにはなかなか頭の要ることで、やはりせいぜい練習の功をつまねば上手になれない。読本で「大意をとる。」と言ふことも、つまり此の練習なのである。

一体、あまり長いお話は、とかく興味をつなぎにくく、だれて来てしまつて、聞いたり読んだりしても、何のことかはつきりしたことが分らなくなつたり、飽いてしまつたりしがちなものである。そこで其の不必要な分子を取除くと共に、材料の並べ方にも工夫を凝らさねばならぬことになる。と、言つて、一、なになに、二、なになにといふやうに、箇條書きにしてしまつたのでは、要領は得られようが、文で表はすことの練習にはならない。

まづ第一に、其の話の中味がどういふ風に組立てられてあるかをよく読み味ふことです。それに続いては其の中味と組立とを細かに分析して見て、其のお話の一番肝心な所はどこか、又一番興味を覚える点は何処にひそんでゐるか――等の事柄を研究して見るがいゝ。それから

一　其のお話の筋から取り除いても大した差支の無い部分を全部省略する。

二　同じ体の小話が幾度も繰返されてゐたら、それらは一つにまとめてしまふ。

三　お話の筋に、それほど重要とも思はれない説明の部分があまり長すぎてゐる時には、せいぜいそれを端折つて主なる筋との関係をはつきりとさせる。

四　沢山の人物のある場合には主要な人物だけを残し、其の中でも殊に中心となる一人の人物を目に着け、そしてお話のすべての部分がみんなこれを中心として結びつかる《ママ》やうにする。

要するに、二時間もかゝつて聞いたお話を、通学の途上で十分間位でお友達に語つてやる其の心持できりつめればよい。そして此の筋書を読んだ人に、是非全部纏つたものが聞きたい、見たいといふやうな心持を起させたなら、よく出来た筋書である。（傍線引用者。一六〇～一六一頁）

（２）巻三第一〇「お話の中間を」

お話の「起り」と「結末」とを知って、その中間を創作してみる課題である。「続き物語」に比べると、束縛の多い課題であり、やや窮屈な感じがするかもしれない。しかし、「起り」を巧みに受けて、話を発展させ、人物を適当に活躍させ、文体や口調にも細心の注意を払い、磨きをかけた文章を書くならば、原作者にも追いついたような喜びが味わえるであろう。また、「続き物語」の場合は、話を展開させることなく、尻すぼみになってしまうことがよくあるが、そういうことが避けられるのである。

ここで取り上げられているのは、笑話の一つである。黒鶴を来客用の焼き肉として料理するように仰せつかった料理番は、つい片方の股の肉を食べてしまい、残る片方の肉しか食膳に供えられなくなる。それを主人にとがめられたので、「鶴の足は最初から一本しかなかった」と言い張ることにするという話だ。課題は、その料理番の主張を創作しなさいというものである。「結末」では、当然その嘘がばれてしまうのだが、料理番の言い訳があまりにも面白かったので、笑って許されるということになっている。この結びにつながるように、嘘の申し開きを考えなさいというのである。想像力を大いに刺激する課題として、生徒達も喜んだものと思われる。紹介されている生徒作品例（全文は一四〇〇字強）の一部を紹介しよう。のびのびと綴られた楽しい作品となっている。

丁度非番であつた主人は、五時が少し回つた頃帰つて来ました。そして早速出かける支度をしようと思ひましたが、ちよつと思ひ当る事もあつたので、わざと早めに夕食をすましました。そして二重に料理番を驚かす事の出来るのを微笑みながら、それでもわざと色に出さず（教科書脚注―このあたりの作者の頭のよさ、構想のうまさ。敬服々々）、その事にはちつとも触れないで、うまく料理番を連れ出しました。道々もさあらぬ体で、ゆる〳〵歩きながら、主人は今日の某の言葉を思ひ出してにや〳〵してゐました。それは黒鶴が眠る時は、必ず一本足で立つてゐるといふ新知識でした。

××卿の別邸には、今そこの主人は来てゐませんでしたが、自分の名前と共に用向を言ふと、不思議にも留守番は見知りの人であつたので、森林のやうな奥庭に通してくれました。

中に入つてから初めて主人は料理番に申渡しました。

「今夜こそ、二本足の黒鶴を見せてやるぞ！」

料理番は、初めて主人の腹の中のたくみ《ママ》(?)を知つて、今更おどろきました。

そして「はアーて、困つたぞ。」と、暫くは言葉も出ませんでした。さうした顔色を読んだ主人は、内心、してやつたりとばかりほくそゑんで居りました。

しかし料理番は、そこの池のほとりに眠つて居る黒鶴共の脚を見た時、我知らず、口尻の筋肉をゆがめて、ずるい笑顔をつくりました。

「旦那様、旦那様、そうーれ、御覧なさいませ。生きた奴でもやつぱりあの通り足は一本でございませうがな。」（教科書脚注―この「…がな」が素晴らしい効果をもつてゐる）

と一羽の黒鶴を指しながら申しました。（二〇一～二〇二頁）

(3) 巻三第一五「小話を引き伸して」

「敷衍法」と呼ばれた指導法の一種である。この単元の文話では、「舟に刻みて剣を求む」(『呂氏春秋』)を引き伸ばして、自分の創作として書き表した例が示されている。(本書五一～五二頁参照)

教材としては、このような古典の説話だけでなく、新聞記事を用いることもできる。新聞記事ならば、事件の大筋は報告されているので、それを手がかりに「好みの箇所に山を設け、場所や季節も都合よく変更し、主要人物等をうんと活躍させて、もっと長い、趣味あるものに改作」するのも容易である。ここでは、「警官の機智に恐れ入った賊――大岡裁判の『釜泥棒』を其のまゝの珍場面」という見出しの付けられた雑報記事(一九二八年六月、東京某新聞)が紹介されている。「自分は病気だから餅つき用の臼を盗めるはずがない」と言い張った男が、取り調べが終わって解放された途端に立ち上がり、自ら臼を運び出そうとして、嘘が露見してしまったという珍談(2)である。

この単元では、金子はことさらに滑稽談や失敗談を採用しているが、その理由は、前単元(巻三第一〇「お話の中間を」)とのバランスをとることにあるのだろう。前単元では束縛が大きかったので、この単元では自由自在に表現させようとしたのである。とはいえ、「何でもよいから書け」では途方に暮れることになる。そこで、生徒達が関心を持ちやすい珍事件を取り上げ、その筋書きだけを借りて書かせる。そうすることによって、おのずから構想力や描写力が身に付いていくのである。

四、創作指導のカリキュラム

以上、個別に取り上げてきた「創作」や「改作」の出現傾向は、左表のようにまとめられる。これまで述べてきた各課題と照らしていくと、本教科書における創作指導の位置づけについて、次のようにまとめることができる。

① 総単元数に占める割合は、どの学年においても二割程度となっている。無理のない割合である。

② 「視点の転換」や「絵の活用」など発想や着想を広げるトレーニングは、低学年の段階で重点的に取り組むようになっている。記事文や叙事文で利用しやすいからである。

③学年進行とともに、「創作」の割合が少なくなっている。高学年になるにつれて、意見文等を書く機会が増えてくるからである。

④「改作」は、どの学年においても積極的に取り入れられている。「無から有」を生み出させるのではなく、「有から、別の有」を生み出させる指導である。しかも、課題の配置について、童謡から詩へ、和歌（短歌）から俳句へと、次第に制約の多い表現形態に挑ませるように仕組んでいる。

このように、金子彦二郎は、創作活動を積極的に取り入れたが、その際、学習者の学びやすさや親しみやすさ、他の文書とのバランス等に十全な配慮を行ったのである。

巻	創作			改作	計	総単元数
	視点転換	絵の活用	文作韻創			
一	2	1	1	1	5	21
二		1	1	3	5	21
三			1	3	4	21
四	1	1	1	1	4	21
五				2	2	20
計	3	3	4	10	20	104

五、説明を文で書く

こうした創作指導とともに注目すべき課題に、説明文を書かせる単元がある。事物を言葉でスケッチ（巻一第一三「動物を文字でゑがく」）させたり、物事の手順を言葉で説明（巻三第一七「説明を文で書く」）させたりするのである。なかでも「説明を文で書く」では、「ツゥテンヂャックの仕方」（トランプの遊び方）や「コロッケの作り方」など、生活に密着したところに材料を求めながら、手順よく分かりやすく伝える練習をさせている。生活綴方に見られる「自己表現的文章」だけでなく、記録・説明・報告などの「学習的文章」（西尾実『書くことの教育』習文社、一九五二年）も巧みに取り入れられていることに注目したい。

ここでは、巻三第一七課「説明を文で書く」の文話と文例の一部を挙げてみよう。

> 実物や模型や図解などを利用してなら、甚だ小むづかしい「二等辺三角形の頂角の二等分線は、底線を垂直に二等分する。」と言つたやうな幾何学の定理を説明してやることにも、それ程骨の折れることはあるまいが、何もかも文章だけで説明して要領を得させるとなると、これ程むづかしい仕事はない。
>
> だがそれだけ、又かういふ文を作り試みることによつて、非常に行き届いた、ぬかりのない、整理した頭が養はれ、又非常に簡単かつ精確で、秩序立つた、而も分り易くて、紛はしくない発表力が鍛へられるものであるから、大いに苦心して作つて見るがよい。前にも述べたやうに、幾何の定理の証明などは、かういふ方面の文の最もよい範文である。あの抜目の無い、しかも正確・簡明な説明ぶりを、改めてよく読み味つ《ママ》て見るがよい。
>
> 説明本来の目的は、要するに複雑な事柄を出来るだけ簡明に発表するといふ点にあるのだから、どこまでも精確・明瞭といふことを第一義とせねばならない。

明確な文を書く心得については、巻二の「知の文と情の文」といふ章でいさゝか述べておいたが、尚一つ特に注意しておきたい事は、「階段的に順序を立て、説述せよ。」といふ事である。

すなはち初の段が次の段の説明を助け、次の段は前の段の説明や理論の上に立つて始めてよく了解が出来るといふ風に、難易の順序や、事の次第に従つて、前を受けさうして後を引起すといふやうに説明が進められて行く、といふ組立法をとることである。此の順序や次第を転倒してしまふと、説明する方も気骨が折れ、読む方も頭を悩ますばかりで、さつぱりそれだけの効果が上らなくなる。

尚かうした種類の知の文は、とかく文学的な習作に比べると、興味が乏しく、読者を飽かしめ易いものであるから、謂はゆる説明体ばかりに偏せず、時には対話体や対話挿入の説明体などを利用すると、案外面白くもあり、分り易くも書けるものである。一工夫して見てもよからうと思ふ。

その一　ツウテンヂヤックの仕方

皆様トランプつて御存じでせう？　札には、クラブとダイヤとハートとスペート（教科書脚注―普通スペートと言つてゐるが、スペードが正しい。）の四種が御座います。その他にヂョーカーといふ特別な役目をする、茶目の絵ふだが一枚ございます。クラブやダイヤなど四種類の札には、又それぞれ一から十三まで、十三枚づつになつてゐます。そして十一がジヤック、十二がクヰーン、十三がキングといふやうな絵ふだになつてゐるのです。

いま三人のお仲間でツウテンヂヤックといふ遊をすると致します。まづ札を配ったりする親がきまると、親は札四枚づつを三人に分けます。その前に（教科書脚注―その前にと断らなくともこの方から先に説明していつたらどうであらう。）切札といふのをきめますが、スペートだけは切札にはしません。

はじめは、普通クラブの十三枚を切札と致します。切札は名の通り切る札です。そしてそれは数の順に強いのです（教科書脚注―以下、各札の強弱の説明が少々ごたごたしてゐる。）これは、他のダイヤやハートにも共通なことです。しかし、この切札に指定されたクラブは、その一勝負のすむまでは、他のダイヤの一よりもハートの一よりも強いのです。しかしヂョーカーとスペートの一よりは弱いのです。そのヂョーカーと言ふのはその切札といふのを請求する事が出来ます、しかし、スペードの3は又このヂョーカーといふのを請求する事が出来るのです。スペートはヂョーカーよりは弱いが、他のどれよりも強いのです。(中略)

皆様、これでもしお分りになりましたら、一度試みて御覧なさいませ。それは大層面白い遊でございます。

一　これはトランプの遊び方のうちにも、比較的容易いといふツゥテンヂヤックの仕方の説明文であるが、正直のところ、此の遊を知らない著者には、大体の見当はつくが、すぐカードを手にとつて……言ふまでの理解はつかない。

二　これは、此の文が拙いといふよりは、図形や表や写真などと言ふ直観物の助をからずに、物事を文で説明することが、如何に困難であるかと言ふことを知る材料になります。

三　札の大体の説明がすんだら、**一**参加し得る人数。**二**使用する札のこと。**三**札の強弱、**四**特別な点数、**五**特別の役目札、**六**その遊戯法などと秩序的に考へて記述したら、もつと整つた精確な文になるだらうと思ふ。(一六一〜一六六頁)

慣れない課題なので、最初は苦労したようだが、楽しんで書いたものと思われる。金子は、「階段的に順序を立てて述べる」学習によって、「非常に行き届いた、ぬかりのない、整理した頭が養はれ、又非常に簡単かつ精確で、秩序立つた、而も分り易くて、紛はしくない発表力が鍛へられる」と、その意義を明確にして、創作的文章に偏らないように配慮する。

書き方についても、全体像（札の概要）から始めること、細部については項目立てることなど、分かりやすい説明文の構成法を明確にしている。また、「全然知らない人に分らせるといふ親切さと要領よさとで書くことが、この種の文を作るに最も大切な心掛けである。」（「コロッケの作り方」に対する助言）と、読者を想定して書くように求めている点に、金子の説明文指導の確かさと先進性が看て取れる。

六、二百字作文

金子の先進性は、「二百字作文」（短作文）を積極的に取り入れていたところからも窺われる。一九八〇年代から小・中学校で広く実践されるようになった「短作文」指導は、藤原与一『国語教育の技術と精神』（新光閣書店、一九六五年）によって提唱され、大西道雄『短作文指導の方法――作文の基礎力の完成』（明治図書、一九八〇年）等によって広められたと言われている。

だが、「短作文指導」の源は、もっと古くまで遡ることができる。野地潤家「旧制高等女学校の生徒作文」(3)によれば、一九一一（明治四四）年三月に刊行された広島県立広島高等女学校校友会誌「真己止能登久」第九号に、「百字文」が八編収められているという。そのころ、伊藤銀月『百字文選』（如山道書店、一九〇四年）が刊行され、随分評判になっていたので、それに触発されて、導入された実践例だと思われる。

滑川道夫『解説国語教育史研究』(4)によって補足説明しておくと、『萬朝報』という日刊新聞紙上で、伊藤銀月が「百字文」を懸賞募集したところ、一躍人気文芸欄として注目され、回を追って応募数を増やすようになったそうである。一九〇四年頃になると、応募数が二千通にも達したと記録されている。銀月はさらに、新聞に掲載しきれない優秀作品を集めて、月刊雑誌『百字文』を創刊するなど、この「百字文」運動に力を入れていった。これに刺激され、他の諸紙誌も、「短文」「はがき文」「小品文」といった名称で読者文芸欄を新設していったのである。

さて、金子彦二郎は、斬新な取組みを次々と試みていく意欲的な実践者であったから、こうした動きを見逃すはずがなかった。この『現代女子作文』巻四第三課にも、「十行二百字文」という単元を設けている。その文話と文例五編のなかの一編を挙げてみよう。

筆にまかせて、思想の流れるまゝにぐんぐん書き進めることはもとより大切であるが、又限られた行数乃至字数のうちに、人事や自然の光つた断片なり、所感の骨子なりを極めて圧縮して、又は要領よく書きこなすといふことも、忘れてはならぬ修行の一つである。

長文には長文に特有な味と姿とがあれば、短文にもまたそれに特有な姿があり、味もそなはる。短文は、俳句や俚諺などの味覚がこめられるやうに企てられねばならぬ。くだくだしい前置や、廻りくどい叙法を採ると、肝心な重点や、結論に到達せぬうちに行数が尽きてしまふ。だから一文の章旨とか結論とかに当るものを先づ提示して、次にその説明に入るといふ叙法や描写法が、比較的効果的であり、文の姿も出来るだけ短い句や文を畳みかけていくと言ふ行き方がよいやうである。さうしてどこの一句一語をつまんで見ても、ピチピチ跳ね躍るやうな潑剌味があつたら結構な文といへよう。

その一　傷ついた指

きく指は人差指と親指だけ。その二本で、私は筆をつまんでふらふらな字を書いた。箸を支へてそろそろと御飯を口の中へ運んだ。／私はぶらんこに乗つてゐた。綱が切れる。どしんと尻餅をつく。硬い綱ですれた指から血がしたゝる。お医者様へかけつけて石炭酸で洗つて貰つた時の痛さ…。／そんな事柄が走馬燈の様に頭を廻る。私はそつとグルグルに巻かれた右手を見た、恐しいものでも見るやうに…。／その時ほど手の存在を明かに感じた事はない。

一　短文の体を成した作である。冒頭も末尾もそれぞれに適当である。

二　「手の存在」この文を読まぬうちは、否読んでも、自分自身にさうした体験の持合せのない人々には、此の作者の心持に近似した共感さへも起し得ないであらう。一寸とした出来事もかうした素材となるものである。(二一一〜二一三頁)

金子は、これまで「筆にまかせて、思想の流れるまゝにぐんぐん書き進める」ことを奨励してきたが、ここに至って、凝縮した短文が書けるようになることを求めている。短文ならば書きやすいというのではなく、結論から始める文章構成法や洗練された言葉遣いを身につけるための高度な学習として位置づけているのである。

この「二百字作文」は、一面では窮屈さを感じさせる練習であるが、その反面、その制約があるが故に、題材の切り取り方を覚え、主想の明確化を体得していくのに役立つものである。短作文がインベンション指導に果たす役割を、金子は早い段階から見抜いていたのである。昭和前期の中等教育における短作文指導の実践例として、注目しておきたい。

【資料】『現代女子作文』（修正再版）における各課の作文課題と文例の題

《巻一》……………………………………………………………………

第一　我が校の校歌
その一　望みの校歌を／その二　真澄の鏡
その三　作者の立場から（著者）

第二　真実は動かす（文話）

第三　女学生初だより
その一　遠足のことを旧師に／その二　岐阜のいとこへ
その三　叔母様もきっと

第四　新緑の天地を行く（遠足の記）
その一　其の前夜／その二　映画脚本風に書いて
その三　この次、国分寺—

第五　真実味のあふれた名文（文話）

第六　絵から文を
その一　絵を描く少女／その二　猫を抱いた少年
その三　水いたづら

第七　我が家の人々
その一　蓄音機／その二　うちのお祖母さんたら
その三　秀ちゃん、ばーあ

第八　童謡の作り方と習作（文話）

第九　楽しい夏休
その一　大阪まで／その二　昼寝の後
その三　夏休中のお便り
1　金魚たちも／2　今年のお暑さは格別／
3　私を愛してくれた祖母が／4　朝昼海に
5　今日はもう葉月十五日

第一〇　詩や童謡を散文に
（もとの詩）たき火（国木田独歩）

その一　焚き火（国木田独歩）／
その二　童謡と詩二つ／一　アイヌの子（北原白秋）
　二　雪の夜がたり（西条八十）
第一一　句読法のお話（文話）
第一二　秋…秋…秋
その一　果物の魅惑／その二　名月の悲劇
その三　蚊帳と別れる言葉
第一三　動物を文字でゑがく
○小さな舌を出したなりで（長谷川二葉亭）
○逃げないでもない態度で（島村抱月）
○「鼠だな！」と思った時には（土屋長村）
第一四　素材が見当らない時には（文話）
その一　馬／その二　かはいい子牛
その三　愛犬エスへ
第一五　明治節頃のお便り
その一　豆菊も葉蔭から／その二　矢絣の袷が
その三　兄さん—
第一六　本を読んだ後で
その一　無限大な母性愛
その二　御話そのものについて
その三　唄—といふものが
第一七　歳末から新春へ
その一　暮の日記／その二　福引
その三　年賀状とりどり
○ハガキの書き方五種／○私もうれしい十五
○右の返し／○申し納候なんて
○悔のない一歩々々を
その四　先づ幸先よし！／その五　トランプの後
第一八　砂糖水のたとへ（文話）
第一九　六つの花散る
その一　雪うさぎ／その二　冬の朝
その三　雪（岡田哲蔵）
第二〇　身辺雑記
その一　お味噌汁／その二　新聞の文字
その三　此の頃の私
第二一　学年末頃のお便り
その一　寝たっきりの私は／その二　是非御一緒に
その三　先生は今頃何を／その四　もう一つお目出度う
附録　ペン字の手紙
その一　ヱハガキで年賀状／その二　年賀状
その三　カルタ会に招く／その四　お祭にお出で下さい
その五　箱根から／その六　表記に転居いたしました。

《巻二》
第一　母
その一　過ち／その二　母の入院
その三　若い母（木村恒）
第二　素描と精写（文話）

第三　ガラス
その一　夏とガラス／その二　コツツンコ
その三　南無三!!
第四　杜若咲く頃のお便り
その一　燕子花に添へて／その二　叔母上さま―
○燕子花（詩）（著者）／その三　息もつがずに一気に
第五　題のつけ方・文の書出しと結び（文話）
第六　履物のさまざま
その一　お玄関風景／その二　波打ちぎはの二の字
その三　下駄の音（露国文豪ボリス・ピリニヤク）
第七　三十一文字を散文に
その一　つつましさ／その二　雀の影
その三　ささやく小雨
第八　詩の作り方と習作（文話）
第九　橋
その一　橋…橋／その二　橋上の幻影
その三　「橋」の童謡二つ
第一〇　絵葉書便り
その一　京都より／その二　浅間山麓より
その三　大洗海岸にて／その四　万世橋畔より（著者）
その五　土牢を拝して／その六　中房温泉にて
その七　山から帰って／その八　厳島より
その九　松島にて
第一一　人物の描写について（文話）
第一二　クラスの人々
その一　クラスの人々／その二　岡沢さん
その三　種子屋さん（著者）
第一三　絵から文を
その一　おや！百舌の声が
その二　幸福なものは赤蜻蛉／その三　秋のピクニック
第一四　運動会雑観
その一　うごく　をどる／その二　腕鳴り肉をどる
その三　タイム一二秒七
第一五　作者の位置と文の四態（文話）
第一六　お便りさまざま
その一　菊の花に添へて／その二　みんな私に？
その三　二三日とおっしゃらず
その四　あのふとったお手々で
第一七　随意に題を求めて
その一　廃れ行く音／その二　忘れ得ぬ人
その三　障子のお化（著者）
第一八　歌盗人―お話の筋書―
○歌盗人（もとの話）
その一　醜（しこ）の浮草／その二　女の方がえらい
第一九　知の文と情の文（文話）
第二〇　三月のお便り
その一　初雛を贈る（樋口一葉）
その二　お姿を見出す日を／その三　志願者心得も
第二一　劇曲の作り方と習作（文話）
その一　儲けた庄助

附録　ペン字の手紙
その一　ノートを拝借／その二　ラケットの購入を頼む
その三　海幸をお贈りします
その四　残念ながらお供が／その五　女中のお世話を

《巻三》

第一　春たけなは
その一　「春」といふ字を舞台にして
その二　春の精／その三　信濃路にも（島崎藤村）
その四　ヱハガキ便り五つ
(1) 背中にブランコ／(2) 毛虫にさされ
(3) 詩的な別府より／(4) 落ちた新月の影を
(5) 北平から

第二　主想と副想（文話）

第三　転・退職せられし旧師へ
その一　お懐しい先生！／その二　矢張り野外の子供で
その三　その荒しやうと言ったら
その一　未来派の絵のやう／その二　お墓参り
その三　乗合馬車で

第四　俚謡の心を文にして
その一　金属の俚諺を連ねて（加瀬勉）
その二　誰と遊ぶかにこにこと（著者）

第五　雨…雨…雨
その一　四色の雨／その二　蛇の目傘
その三　同胞／その四　五月雨の興
その五　雨に歌がある（野口米次郎）

第六　和歌の作り方と習作（文話）

第七　官製ハガキの手紙
その一　一葉を風に托して／その二　チューリップが
その三　只今富士の頂上に
その四　取りいそぎハガキで／その五　暑さの御見舞
その六　雨と鬼ごっこをして

第八　四旬の夏休み

第九　表現の新味と適切（文話）

第一〇　お話の中間を
もとの話（出典不明）
その一　そうーれ御覧なさい

第一一　運動競技の快味
その一　棒高跳びーああ健康美し
その二　体験した人のみに／その三　運動競技の快味

第一二　写生文の話（文話）

第一三　文字でスケッチ
その一　大工さん／その二　おいしい匂
その三　いよいよ来たぜ（夏目漱石）

第一四　灯ともし頃から黎明まで
その一　灯ともし頃の衢／その二　霧の夜
その三　「お早う」と言ひたくなる（三木露風）

第一五　小話を引伸して

その一　もとの話―警官の機智に恐れ入った賊―
その二　こら、待てッ！
第一六　単純といふこと（文話）
第一七　説明を文で書く
その一　ツウテンチャックの仕方
その二　コロッケの作り方
第一八　睦月・如月頃のお便り
その一　この後姿は／その二　母を失ひし人に
その三　お母様！
その四　御本ありがたう（岡田八千代）
第一九　今は亡き、友の御霊に
その一　和子様の御霊に捧ぐ
その二　桃色の輪櫛の折れ（著者）
第二〇　自然と人事との配合（文話）
第二一　明治大帝・明治神宮
その一　明治神宮に詣でて／その二　明治大帝（著者）
その三　明治節にあたりて
附録　ペン字の手紙
その一　風害の御見舞／その二　類焼御見舞
その三　右の返事／その四　玉のやうなお男子と承り
その五　仕立物の註文

《巻四》

第一　昭和時代
その一　昭和時代／その二　昭和街頭風景
その三　昭和と少女
第二　文字級に進出した符号（文話）
第三　十行二百字文
その一　傷ついた指／その二　心なきわざ
その三　感謝／その四　火／その五　分らないこと
第四　旅…旅…旅
その一　をちこちの旅／その二　駒ケ岳！　駒ケ岳！
その三　京洛の思出
その四　おお、飛沫が頬に冷たい（著者）
第五　おれの手紙三つ
その一　鈴蘭の友へ／その二　此の黒い瞳を
その三　袖だたみの侭で（梶原緋佐子）
第六　俳句の作り方と習作（文話）
その一　かなのない俳句
第七　画面を自由に解釈して
その一　落人／その二　五銭白銅
その三　お父様のお帰り
第八　夏休雑題
その一　或日の午前／その二　女と言ふものは
その三　珍しい顔を学校へ
第九　余韻といふこと（文話）
第一〇　健康

その一　幸福そのもの／その二　健康なるが為に
その三　「健康」ってこんなもの
第一一　本・書物・Book
その一　かき色の本／その二　本の呟き
その三　書物（西条八十）
第一二　読後の所感
その一　和宮様／その二「無憂華」を読みて
第一三　主なる修辞法の知識（文話）
第一四　をさな児
その一　春雄ちゃん／その二　神の寵児
その三　お伽噺の夢でも
第一五　電文はかうして（文話と習作）
その一　お断りとお悔み
第一六　俳味から散文へ
その一　俳句／その二　飛入りの怪力士（正岡子規）
その三　馬の顔うつ（矢田挿雲）
第一七　言葉の魔性・神秘性（文話）

第一八　言葉
その一　私達の言葉／その二　お国言葉
その三　誤解／その四　言葉（柳沢健）
第一九　春さき
その一　春の土／その二　早春をうたふ
その三　蕗の薹
第二〇　巣立ちする前
その一　巣立つ者の声／その二　栄ある桂の枝を
その三　謝辞／その四　尚此の後も
その五　是非先生の御光来を
第二一　共同・社会連帯
その一　共同／その二　社会連帯とは（杉森孝次郎）
附録　ペン字の手紙
その一　結婚を祝ふ／その二　母の死を
その三　お悔み／その四　卒業後旧師へ
その五　同級会の催し／その六　外国郵便の宛名
その七　電報頼信紙数葉

《巻五》

第一　心
その一　神秘なものとして／その二　祈らず泣かず
その三　心と言葉（和辻哲郎）
第二　愛と感謝で物観る態度へ（文話）
第三　朧の美
その一　朧の美を論ず／その二　おぼろの美しさ
その三　沼の朝もや（中村春雨）
第四　伊勢路の初旅
その一　杉。杉。杉。／その二　一日一文
その三　飛び飛び日記／その四　留守中のん記
第五　葉
その一　葉五題／その二　菖蒲の葉っぱ

その三　私は寂しい気がする
その四　「葉」の詩二つ（千家元麿・北原白秋）
第六　文学とは何か（文話）
第七　「手紙」といふもの
その一　一字々々がにこにこ笑って
その二　手紙の文字／その三　「手紙」から手紙を
その四　古封筒よ！
第八　思ひのままに
その一　色で観る人／その二　サルビアを愛でて
その三　亜細亜は甦る／その四　日本（徳富健次郎）
第九　ラヂオ
その一　考へてみれば／その二　一ぺんでいいから
その三　四十八銭也
第一〇　文学の内容と形式（文話）
第一一　校風論
その一　転校者の手記／その二　校風は樹だ
その三　校風の同化力
第一二　果物
その一　林檎
その二　咽喉から仏になるやう（五十嵐力）
その三　西瓜…西瓜…西瓜（東京朝日新聞）
第一三　唇
その一　母の味／その二　富士山の形そっくり
その三　モナ・リサの唇
第一四　文学の実質的傾向について（文話）
第一五　古文に新しい持ち味を
原文　『源平盛衰記』の一節
その一　幻影／その二　芸術だけは不朽だ
第一六　くさぐさのお便り
その一　東京だより—祖母の許—
その二　節分—かうした懐しい言葉も
その三　善い事を喜ぶ心が／その四　流感の春に
第一七　昔の我
その一　紫の富士／その二　神は到る処に
その三　アルバムから見た私
第一八　詩趣から文姿へ
原詩　おもひで（薄田泣菫）
その一　旅路の思出／その二　箱馬車に揺られて
その三　メモリイを追うて（著者）
第一九　文学表現上の諸傾向について（文話）
第二〇　女性の立場から
その一　女子体育問題について
その二　婦人参政権問題是非
その三　経済国難と緊縮の必要
附録　儀礼文さまざま
その一　結婚披露の案内状
その二　結婚祝を贈られた礼状
その三　死亡の通知状／その四　告別式参会の御礼
その五　香奠返しに添へて／その六　謝恩会の案内状

注

（1）「絵や写真を手がかりに文章化」していく課題は、厳密には「創作」とは言い難い。そこで第二章では「改作」の一種として整理してきたが、修正再版本では、「創作」の課題が増え、その指導過程に位置づけられているとみなされるので、第三章では「創作」の一種として、整理することとした。

（2）同種の珍談は、佐々政一も教材として用いている。釜を盗んだ男が、自分は足が不自由だから盗めるはずがないと言い張ったのに対し、判事がその嘘を見抜いて取り押さえたという話である。佐々は、「叙事文の観察点」について学ばせるために、「この文を、釜を盗まれた人の書いた文に改作せよ」という課題を与えている。（佐々政一『中学作文講話』明治書院、一九一七年、一四二頁）

（3）野地潤家『野地潤家著作全集第八巻』明治図書、一九九八年、一七八～一九三頁

（4）滑川道夫『解説国語教育史研究—国語教育史の残響—』東洋館出版社、一九九三年、五九～六三頁

第四章　『新文話と文の教育』に見る作文教育理論

一、『新文話と文の教育』（一九二九年）刊行の目的と構成

『新文話と文の教育』（明治図書、一九二九年五月、Ｂ６判、全六〇二頁）は、金子の作文教育関係の論考及び文話（計四三編）を一冊にまとめたものである。

「序」には、『韓非子』の一節（本書一五～一六頁参照）を引用した後、次のように記されている。

本書は作文の教授又は学習に志す方々へ、さうした「駑馬の相術」の虎の巻としてお伝へしたいといふ下心から執筆したものであります。[1]

「新作文教授の主張」に於ては、禅の入門書「十牛の図」が辿るプロセスを引用して、本格な、定石的修行の必要と、正しく、よく物を観る態度や位置の新しき設定とに関する管見を述べてあり、「新文話」に於ては、文の創作に関する初発階梯から其の完成へまでの易行道を系統的秩序的に説いてあり。「幼き者への新文話」に於ては、前記「新

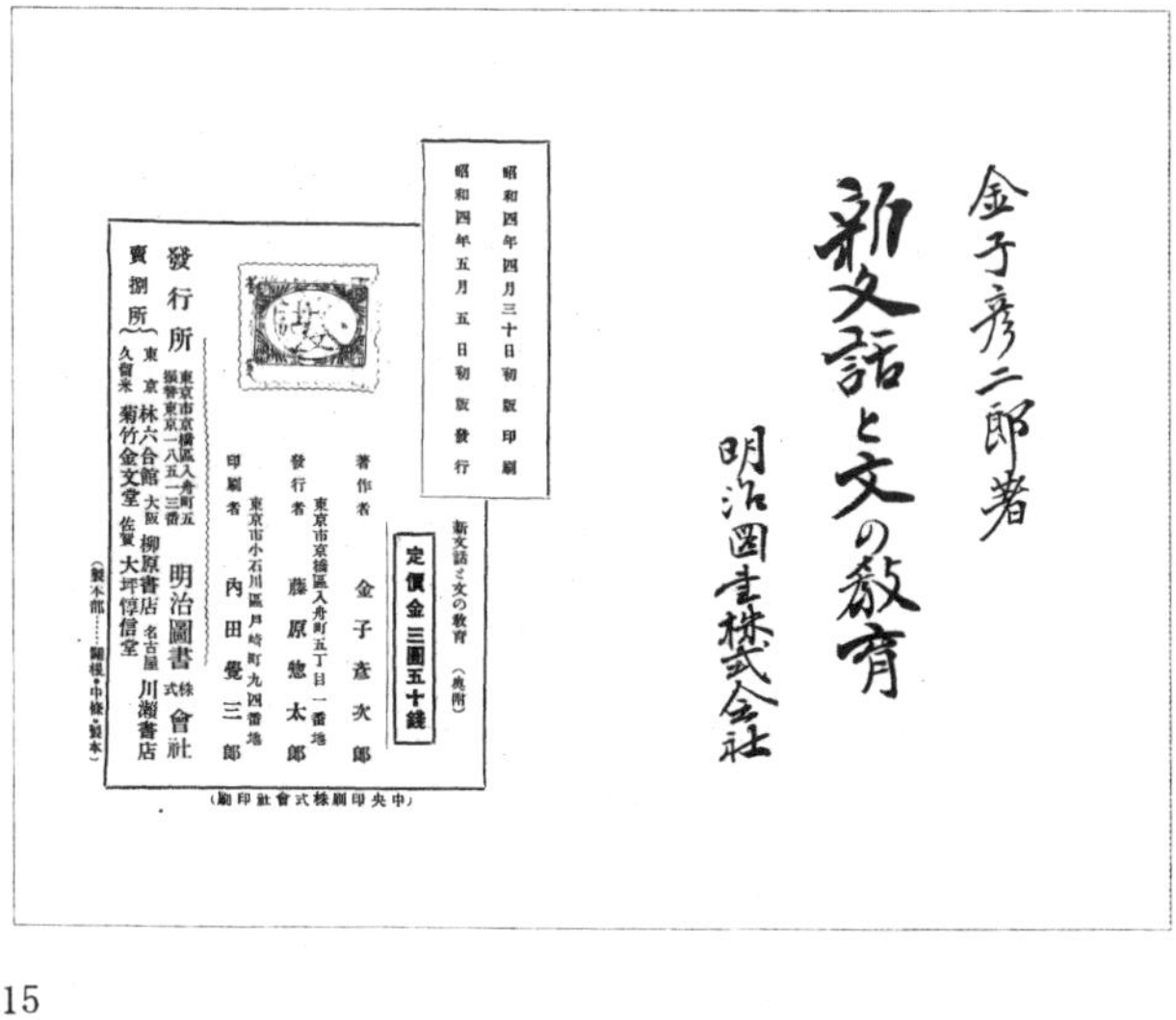

文話」の精粋をば、特に少年達の理会に応ぜしめる為に一オクターヴ下げて趣味的に記述してあり、最後の「文の教育」に於ては、約三百頁に亘つて、私の作文教授の体験を記録して、綴方や作文指導上の適切な指針たるべき幾多の新経験と実際例とを満載してあります。

かうした内容と組織とから成る本書が、もしも綴方や作文科の指導に当られる方々や、一般世人の為に、其の易行道を示唆し、駑馬の相術書として役立ち得ましたならば、誠に嬉しいことであります。

圖五第

十牛の図　第五図

この「序」に見られるように、本書は、名文を書き方を講じたものではない。誰にでもできる文章作成法を説くことを目的としたものである。

本書は、四部仕立てとなっている。第一部「新作文教授の主張」、第二部「新文話」、第三部「幼き者への新文話」、第四部「文の教育其の他」である。目次は、以下のとおりである。

新作文教授の主張

創作「雪といふ字」を読みて作文教授の真使命を思ふ

愛と感謝で物観る態度へ

新文話

「まこと」といふこと

「まごころ」の表はれた名文

主想を定めよ

砂糖水のたとへ

句読法の話

題のつけ方

文の書き出しと結び
人物の描写について
作者の位置と文の四態
知の文と情の文
表現の新味と適切さ
推敲といふこと
写生文の話
自然と人事との配合について
新しい文章の諸要素
主なる修辞法の知識
文学とは何か
文学の内容と形式
文学の実質的傾向について
文学表現上の諸傾向

幼き者への新文話

一、どんな文をよいと認めるか
二、綴方成績調べの実例
三、文の考へ方作り方及び文の姿の工夫

文の教育其の他

一、我が作文教授
二、絵から文を
三、詩を散文に
四、秋の歌を散文に
五、俳句の詩趣を散文に
六、山へ、野へ、海へ――（遠足の記）
七、お話の筋書
八、短文や小話の敷衍
九、お話の続きを
一〇、絵葉書便り
一一、気の利いたハガキ文を書くには
一二、生きた手紙三つ（転・退・休学せる友に）
一三、気の利いたペン字の書き方
一四、品位を持たせたレタアペエパーの書き方
一五、巻紙と封筒にも新生命を添えて
一六、電報文の書き方
一七、師範上級生に対する作文の一試み
一八、中学の作文に翻訳を
一九、作文科の虐待
二〇、作文科校長担任論
二一、知識の民衆化と口語文

これらの項目名で明らかなように、第二部「新文話」には『現代女子作文』(初版)所収の文話単元がほぼそのまま、第四部「文の教育其の他」には『国語教育』に掲載された実践報告「我が作文教授」や「中学の作文に翻訳を」等の論考及び(1)『現代女子作文』(初版)所収の作文課題がそれぞれ再録されている。したがってここでは、これまで言及してこなかった第一部「新作文教授の主張」及び第三部「幼き者への新文話」について検討する。(わかりやすさに配慮して、第三部から取り上げる。)

二、「幼き者への新文話」の構成と内容

「幼き者への新文話」の初出は、判然としない。「幼き者」というのが、何歳くらいの児童を指しているのかも明確ではない。しかし、文体例として小学国語読本巻四、巻五の教材(「すゝはき」「一本杉」「水のたび」「ヤクワンとテツビン」「西洋紙と日本紙」など)を挙げていることや、旧制中学校や高等女学校の入学試験答案例を紹介しているところから推定するに、尋常小学校五、六年生を対象として著述されたものと判断される。

「幼き者への新文話」は、「一、どんな文をよいと認めるか」「二、綴方成績調べの実例」「三、文の考へ方作り方及び文の姿の工夫」の三章で構成されている。

「一、どんな文をよいと認めるか」では、次の一九項目について、事例を挙げて説明している。

① 文を見わける標準は何か
② 文章の値打はまづ真偽如何できまる
③ 泣き男と湯浅入道の話
④ 入道はなぜ泣いたか

⑤ 真実をかいた名文の一例
⑥ 所で次の文はどうです
⑦ 「春の野遊び」といふ宿題を
⑧ 他人の作を盗んだ人の懺悔文
⑨ 有りのまゝを飾らずに書き現はすことについての注意
⑩ 第二の巧拙の標準
⑪ 正確な文をかけ

---

⑫ 明瞭な文を書け
⑬ 純粋な文をかけ
⑭ 穏当な文をかけ
⑮ 文字の書き方や語法の誤りも
⑯ 汚い答案ときれいな答案との写真
⑰ 文字の下手なのは
⑱ 多くの人がまちがへて書く文字
⑲ 多くの人のまちがふ仮名づかひや語法

「二、綴方成績調べの実例」では、六つの課題（「入学試験前の一日」「わが家庭」「春の野遊び」「今年のお正月」「私の親友」「ロ」）について、入学試験答案を紹介しながら、作文の注意事項を述べている。

「三、文の考へ方作り方及び文の姿の工夫」では、文章作成手順を、〈課題分析〉→〈取材・選材〉→〈構成〉→〈記述〉の四段階に細分化して、注意すべき事柄を解説している。各見出しは、次の通りである。

① まづ文題の意味を正しく解せよ
② 自分の経験したことや、教はつたことを
③ どういふ順序で書いてどうまとめるか
④ 文の姿に工夫を凝らすこと（その一、説明体 —— その二、身の上話体 —— その三、対話体）

三、金子彦二郎の文章観

1　真実を書きあらわす

金子が、「文のよしあし」を見分ける基準として挙げるのは、①真実か虚偽か（本当に作者の心から流れて出たものかどうか）、②巧妙か拙劣か（分かり易く、読んで気持ちのよいように上手に書いてあるかどうか）の二点である。なかでも優先されるのは、内容の「真偽如何」である。

金子は、このことを、「泣き男と湯浅入道」の逸話によって説明する。これは、「何時如何なる場合でも人を泣かせることができる」という「泣き男」の作り話には全く涙を流さなかった楠木正成が、「泣き男」の「実は親の仇を討つために正成の力を借りたかったのだ」という正直な話には、思わず落涙し、約束通り刀を与えた、という話である。

このように、たとえ表現は拙くても「物事を有りのまゝに飾らずに書き表はしたもの」であれば感動させられるものだということを、次の手紙を引用してさらに強調している。一生徒から届いた一通の手紙である。

(ア)　先生、私の父は遂に逝きました、今日午後一時二十分に、安らけき笑顔を以て……私はたった一人の父を失ひました。やはり悲しうございます。私は泣きました、母も兄も。先生お察し下さいませ。これから私は淋しい子でございます。

一方、「虚偽を構えた文」や「美文例をまねた文」については、厳しく批判する。二例挙げよう。

(イ)　「落第か、及第か。」私は不安な胸をいだいて校門をくゞつた。多くの学友も皆何事かささやき合つてゐる。間もなく式が始つた……。

やがて校長先生のお話がすむと、証書の授与が行はれた。私の胸は早鐘の様に烈しくうつた。と思ふと突然、卒業生総代山野一郎と呼ばれてどぎまぎしてゐると、杉本君が横を向いて意味ありげに微笑してゐた……。

式の一番最後に、私は校長先生の前に出て答辞を読んだ。あゝ、僕は及第したのである。


卒業式に参列している生徒が、「落第か、及第か」と不安がるはずもないし、ましてや卒業の危ぶまれる生徒が総代として答辞を読むはずもない。緊張感をことさらに誇張しようとして作り上げた嘘だと、金子は喝破する。

(ウ)　是日天気清麗、乃ち芝蘭の友数輩を誘ひて行く。路傍の柳條は淡煙を籠め、水を隔てる梅花は時に暗香を送る。胡蝶紛々菜花に舞ひ、竹籬・茅屋・翠樹・紅花の間に雑植す。渓声潺々として野靄淡々、恰も画裏にあるが如く、愈々進めば愈々佳なり。女児三五、群をなし、歌を謳ひ翠を拾ふ。既にして暮色蒼然、嵐光漸く暗し。寺鐘沈々、前の淡煙なる者漸く濃く、帰帆山樹に映射し、縹沙画の如し。終に友人を促し家に帰れば、灯火耿々、夜色将に酣なり。即ち聊か見る所の景を記す。

当時、『作文一千題』と題する模範文例集が発刊されていたらしい。この作文は、そこからの盗用である。一二、三歳の少年がこのような文章を書けるはずもなく、本人に音読させたら、ちょっと読みかけたまま、赤い顔をして立ちすくんでしまったということである。

こうした事例によって、金子が強調するのは、「穏かな人の心持の正しい表はれを、無理に抑へつけたり、又は飾り立てたりするな」ということである。きわめて穏当な結論であって、目新しさはないが、この穏当さこそ金子の文章観の確かさを物語るものであると言えよう。

2　正確・明瞭・純粋・穏当

ではこの真実を、読者にもっと力強く、もっと面白く美しく感じさせるように書くにはどうすればよいか。その基本的注意事項として、金子彦二郎が挙げるのは、「正確」「明瞭」「純粋」「穏当」の四点である[(2)]。この四項目を、金子彦二郎は次のように平易に説明している。

○正確といふのは、文を綴った人の思った通りのことが、誤解されないで読む人の心に伝へられるといふ意味である。
○明瞭といふのは、分りやすいこと、即ち頭を痛めずに読み解くことができるといふ意味で、つまり、誰も知ってゐる言葉を用ひ、素直に、自然的に、あまり語句を省いたり、ごたごたさせたりせずに書いて、読者に無駄な骨折をさせないやうにせよ、といふことである。
○純粋といふのは、我が国の今の世の中に、あまねく行はれている品のよい語を使へといふことで、いひかへれば、無暗に英語や、古くさい語や、自分が製造した語や、方言などを用ひないやうにせよ、といふことである。
○穏当な文を書け。これは、何事でも、その物事に最も適当した穏やかな語で言ひ表すやうにせよ、といふ事で、即ち男は男らしい語で表はし、女なら如何にも女らしい語で表はし、春の景色は春の景色らしく、秋の景色なら秋の景色らしく、凡て物事を写すのにかっきりと当嵌まった、落ちついた語で表はすといふ事である。
（二五九〜二六三頁）

以上の他、文字の書き方や語法の誤りについても十分に配慮せよと注意を喚起している。これまでの実践経験をふまえて、「多くの人がまちがへて書く文字」三二一例や「多くの人のまちがふ仮名づかひや語法」五六例を列挙し、児童の理解に供しているのである。

四、文章評価の規準

文章評価の観点から、金子が特に注意を促すのは、「題意をとらえること」と「着眼点を定めること」である。当時は、入学試験の際にも、題意を取り違える生徒が非常に多かったらしい。例えば、「入学試験前の一日」という題に対して過去一年間の生活をだらだらと述べたり、「わが家庭」という題に対して「我が家のお庭」とか「我が国の家庭」の意味に勘違いしたりする者が毎年数十名はいたという。また、「今年のお正月」とあっても「来年のお正月」の予想を書いたり、「私の親友」という題なのに「私の親とそれからお友達」とか「私の親のお友達」と勘違いしたりする者さえ現れたという。六つの事例中、五つはこうした勘違いについて注意を喚起したものであるから、よほど目に余る状態だったのであろう。

また、焦点の絞られていない作文もきわめて多かったという。「わが家庭」なのに、どこの家庭にもあるありふれたことを書いてしまう。あるいは、「春の野遊び」という課題に、「春といふ時節にある好い景物」を陳列するだけの文章を書いてしまう。こういう文題には、「自分の家庭の、他の家とはどこか変わった特色」や、「自分が最も面白いと感じた野遊びの経験」を素直に書くとよいのだが、題意を取り損ねた上に、中心点が曖昧だからよい評価がもらえないのだというのである。

こうした注意点を与えながら、それぞれの文題について、良文と悪文をあわせて五、六例ずつ挙げてある。ここでは、「ロ（文体随意）」という課題に関する金子の解説に注目しよう。

ここでもまず問題にされるのは、題意の見損ねと取り違えである。「文体随意」を「文題随意」と勘違いして、試験準備として予め暗記してきた文章をそのまま書き付けたりする生徒さえいたらしい。現代にもありそうな話だが、それはさておき、ここで興味深いのは、理科の答案のような説明的文章に対する評価である。

(ェ)　口は消化器となつて居ります。
食物は口の中へ入ると、先づ歯でかみくだかれ、唾液の為にでんぷんが少しばかり砂糖となります。

口の中には舌があります。舌には神経が通つて居りますから、口の中へ入れた食物の味がよくわかります。

口には舌の外に歯があつて、犬歯と門歯と旧《ママ》（臼の誤り）歯とがあります。門歯は一番前に上下各々四枚あつて、犬歯も門歯に続いて上下各々三枚あります。旧《ママ》歯は一番奥に上下各各五枚あつて皆合せて、三十二枚あります。けれどもこれは大人の歯であつて、子供の歯は皆合せて二十八枚のもあります。

あごは上あごは動きませんが、下あごは動いて食物をかみくだきます。

門歯は平たくのみのやうな形をして居て、犬歯は先がとがつて居て鋭く、旧《ママ》歯はうすのやうな形をして居て食物をすりくだきます。

（三一〇～三一一頁）


このような「定義風の説明文体」に対して、金子は次のように評価する。

この文は、専ら知的に取扱つたもので、理科の答案としては立派なものでせう。又作文としても、知識が整頓されて、分り易く書くはつきりとかくことが名文の大切な要素の一つですから、其の方面から見るとたしかによい文です。しかし作文には其の人の文を作り出す能力といふもの及び、どの位人を引きつける力を表はし得るかといふ方面からも品定めしますから、さういふ点から見る時には、此の文には果してどれだけ其の作つた人の頭の働きが表はれてゐるかが疑はれるのです。いひかへれば先生から教はつた知識そのままを、べろ暗記してゐて吐き出したのでないかと思はれる《ママ》です。ナゼかといへば、ちやうどこれと同じやうな中味の、同じやうな書き表はしがしてある文が四百幾十もあるのですから。そこで、ほんたうの作文能力といふものが見あらはせないのです。だからこの程度に書いた文には、もとより及第点には入りませうが、甲乙丙と段わけするならば、乙の部すなはち中等の点がつけられるのです、優等を得るには、此の上にもう一つ磨きがかゝつて居らねばならぬのです。（三一一〜三一二頁）

では、この「磨き」とは何か。次の文章と比較してみよう。

(オ)　涼しい唱歌の音はあの赤いばらのつぼみの様な唇を通つて流れ出るのです。人の心を動かす説教も、悲しいお話も、面白いお話も、皆口を通つて出るのです。若し人に口といふものがなかつたなら、どんなに不便を感じるでせう。物を言ふことも出来ません。食物をいたゞくことも出来ません。おいしい蜜柑や林檎の味も口の中の舌が知るのです。

引きしまつた唇、美しく揃つた真珠の様な歯は顔が自ら気高く見えます。口をぼんやり開けて居る人は愚な者と思はれます。

けれども昔から「病は口より入る」「口は禍のもと」等と言ひます。いくら口が必要であると言つても亦相応の注意が要《い》るのです。食物は口から入るのですから、食物に附着してゐる病きん《ママ》も毒も一しょになつて入ります。ですからよく食物に注意しなければなりません。

又口は人と話をする要具です。其の時余り大きいことを言つたり、うそをついたりして禍を招くことがあります。世にいふをしの人は物は言へませんから不自由でせうが、忍耐といふ心が強く、口からおこる大きい禍を招くことのない点はよいことゝ思ひます。

この文章も、口に関する知識をもとに述べたものであるが、先ほどの作文例(エ)と明らかに異なる点が三つある。一つは、既有の知識をふまえて自分の意見や感想を明確に述べていることである。二つめに、単調な文章構成にならないように工夫している点である。一般論を紹介した後、「けれども」で転じ、二つの諺を生かして、結論に導いていく。三つめに、具体的に事物を描写する力であろう。比喩を用いたり、漸層法を用いたりしてイメージ豊かに語っている点が、特徴として挙げられる。すなわち、このように「面白みのある、ありふれた書きぶりでない」着想や表現を、「磨き」のかかった状態として評価したのである。

五、文章作成手順の解説と文体の工夫

こうした分析を踏まえて、試験問題に臨む際の文章作成手順を、金子は次のように説明する。（要約して示す）

①まず文題の意味を正しく解せよ。問題をよく読み直し、真意を了解すること。（題意の把握）

②文題に関係のある事柄・素材を探せ。自分の経験したことや、教わったことを思い出し、その中から与えられた文題に最もよく適合した事柄を捉えよ。（中心点の明確化）

③どういう順序で書いてどうまとめるかを考える。ごく大体でよい。「初めに書くこと」「次に書くこと」「打留めにすること」を考える。複雑な場合は、用紙の端に、「一、何々」「二、何々」「三、何々」と簡単に箇条書きしておく。（構想）

④文章は、長ければよいというものではない。「砂糖水を作る心持ち」で書け。すなわち、自分が最もよいと思える材料（砂糖にあたるもの）を詳しく書き、その前後（水にあたるもの）は自然的にぼかして書くのである。（精叙と略叙）

⑤文の姿（説明体、身の上話体、対話体）に工夫を凝らすこと。（文体の工夫）

現代の作文教育の水準から見ても、押さえるべき処はきちんと押さえた適切な助言である。

ところで、この文体については、少し補足説明をする必要があろう。金子は、これまで文のスタイルを四つ（説

明体、身の上話体、対話体、折衷体）に分ける考え方を提唱してきたが、ここでは三つに分けている。児童・生徒の実態に鑑みて、折衷体は対話体に含まれるものとして説明するのである。

「説明体」とは、先生が教壇に立って「これは筆です。筆は字を書くものです」というふうに生徒に説明して聞かせるような態度で書いたものである。「身の上話体」とは、人間以外の生物や無生物を人間のやうに取り扱って、それが身の上話をするという姿の文である。「対話体」とは、二人或いは数人の者によって対話させているように書いて、作者も読者と一緒にこれを傾聴しているという姿をとる文である。

これらの使い分けについて、金子は、次のように説明する。——知識に訴える文では、「説明体」が最も適当であるが、同じ姿だけでは飽きるおそれがある。感情に訴える文では、擬人法を用いた「身の上話体」（独語体）が有効である。「対話体」は、その場の光景が浮かびやすく、まるで芝居を見ているような印象を与えることができる。これらは、書こうとする材料の種類によって決定すればよいので、一つに決めることはできない。入学試験の際には、特別な注文のない限りは、この三種の文体を利用してみるとよい。——

以上、小学生を対象として書かれた「幼き者への新文話」から、金子の指導内容を摘出した。

「幼き者への新文話」は、「真実重視」「正確な文」「明瞭な文」「純粋な文」「穏当な文」など、五十嵐力が説いていた修辞学の伝統を踏まえつつ、児童・生徒向きに着眼点の重要性を説いたり、実際的答案例をもとに具体的な助言を行ったりした点において、貴重な参考書であったと思われる。金子は、作文教育に関して、高邁な思想を難解な語句で語るのではなく、最も本質的な留意点を読み手の理解しやすい平易な言葉で伝えていったのである。

六、金子彦二郎の作文指導理念

さて、以上の解説を貫く金子の作文指導理念はどのようなものであったのか。第一部「新作文教授の主張」の二編の論文に、その考え方を見ることができる。

1 「創作「雪といふ字」を読みて作文教授の真使命を思ふ」

これは、坪田譲治の創作「雪といふ字」に触発されて生まれた論文である。

「雪といふ字」は、幼児の直観と表現力を話題にした童話である。学齢前の善太が、まだ習っていないはずの「雪」という漢字を知っていると言う。二階の窓から見ていると、外の原っぱに「雪」という字が書いてあったというのである。だが、「では書いてみろ」といわれると、うまく書けない。確かに直観的に感じ取ったはずなのだが、横に一本筋しか書くことができない。それでとうとう、姉と兄から信じてもらえなかったという話である。

この話を受けて、金子は次のように述べる。

善太が書いた一といふ字、それは直観からの絵画的活字――薄ずみ色の夜霧の中に死んだやうな雪の野原と陰鬧な空との接線と見立てるなら、この善太の表現は不十分ながらまことに要を得た表現であらう。言葉や文字で表し得る私どもの思想や感情などは、頗る単純且つ不完全なもので、言ひ得たりと鼻をうごめかしてゐるやうな好表現といっても、到底実相実念の半分にも達してゐないのだから。

併しながら、如何にせん、一線のみの禅的表現では自己以外の者へ、的確に自己の思想感情等の如き内的生活の繊細な波長を伝達させるわけには行かぬ。どうしてもこれを外部に導き、万人共通の記号によって衆人に知悉させる為の或形式を与へてやらねばならぬ。形式――即ち言葉・文字・文章……段落・構想・脚色法等を知らしめることの重要さが、つくづくと思はれるのである。幼児善太はこれを知らなかった為に、実物本体と合一してゐる最も適した知識を、情調を、兄姉に伝達することが出来なかったのである。愛と感謝で物観る態度の教養によって得たものに、進んで正しい、自由なさうして力強い表現のしかたを与へてやることを、作文科の本質的問題として改めて提出する微意は実にこゝに在るのである。（傍線引用者。一五～一六頁）

金子は、本人の直観を尊重しつつ、それを人に伝えうる表現法を身につけさせる重要性を説く。これこそ教師のなすべき仕事であると考えるのである。したがって金子は、いわゆる「自由作文主義」には与しない。「正確な自由なさうして力ある表現をなすべく当面して悶えてゐるものには、出来るだけ私どもの持合せてゐる解決の捷径妙案を伝授して、私達同様な文化の水平面まで出頭させ、さてその後に至って始めて自由な学風に棹さして、現代文化の最前線から一寸一分でも進歩の足跡を踏み出さすべきものと思ふ。」と主張する。

しかし、形を学ばせるに当たって深甚なる注意を要するのは、「型に入って、型を破らしめよ」ということである。形を学ばせるのは、「型を脱して十方無礙、自在未曾有の境地に向はせ、到達させんが為の手段」であると強調していることに注意しておく必要があろう。「直観の尊重」と「形を修めること」との両方を見据えたところに、金子の作文指導理念の確かさがある。

2　「愛と感謝で物観る態度へ」

この論文は、観察の重要性と観察認識の立脚点の在り方を問題にしたものである。

金子がまず強調するのは、「対象を最も精細にかつ最も正しく観察認識すること」である。しかし、我々は日常的に生起している「親しみある奇蹟」を奇蹟とも思はず、「尽きざる暗示を暗示として受け止めること」が出来ないでいる。したがって、スマイルスが「よく物を見るのは眼ばかりではない。魂も亦よく物を見るのである。だから考のない人が、一物をも認め得ない所で、智者は其の前に現はれるものを観察し、根柢に徹し、子細に分別比較して新意を発するのである。」と言ったように、我々も智者のように真善美を発見享楽する生活態度を持つことが必要だ、と強調するのである。

これと同様に、いやそれ以上に意を用いねばならぬのが、「観察認識のスタンド・ポイント（立脚点）を正しく設定する態度を養成すること」だと、金子は言う。名画を鑑賞する際に、画面に顔を摺りつけるようにして、拡大鏡を用いて、隅々まで熱心に見たとしても、全体が見えていないのでは意味がない。ピントのきちんとあった、遠からず、近からぬ微妙な距離の程合いをつかむことがいかに重要かということを、自覚すべきだというのである。

この二要件が整備されたら、さらに「観察思考者の好意的熱情」を求めたいとして、金子は次のように述べる。

> レオナルド・ダ・ビンチは其の門人にむかって『あの鐘の音を聞け。鐘は一つだが、音はいろいろに聞かれる。』と教へたとか。観察するもの、思考するものの心内に、苟も対象を真化し、美化し、善化しようといふ好意的熱情さへあるならば、真なるもの、美なるものが、真化され、善化され、美化されることは勿論、更に積極的に、凡なるもの、醜なるものゝうちにも、雅を見出し、美を見出し、而して又これを優化し、美化し得る筈である。いや筈であるのみならず、当然さうするやうに努力すべきである。（四七頁）

別のたとえを用いるならば、「皺ばめる老いたる母の顔も、愛と感謝で見上げる子どもの瞳には、仏菩薩の慈顔よりも更に美しく気高く見える」ように、「純一無雑な美化・善化・真化の心構」を以て、すべての事象に対していくことこそ、「文章の精進道」だと言うのである。

金子の作文指導理念は、端的に言えば、「内容の充実」と「自由で力ある表現の探究」の二つだということになる。前掲論文では、「自由で力ある表現」への導きとして「型に入って型を破らしめよ」と訴え、後掲論文において、「内容の充実」の基礎となるべき三つの態度、即ち「精密な描写」「立脚点の設定」「好意的熱情」を強調したのである。

注

（1）「十牛図」は、一〇枚の牛の絵を用いて、禅における修行の道程を説明したもの。中国・北宋時代に廓庵という禅師が描いたと伝えられている。
（2）「中学の作文に翻訳を」等の論考は、『国語教育』に掲載された後、『三元的国語教授へ』（明治図書、一九二七年）に再録され、『修訂三元的国語教授へ』（一九二九年）を刊行する際に、『新文話と文の教育』に移されたものである。
（3）これは、五十嵐力が『新文章講話』（一九〇九年）で指摘した項目と同じである。五十嵐の影響力の強さが看て取れる。

第五章　文章批正指導の実際

金子は、『現代女子作文』を活用して、どのような授業を展開していたのであろうか。旧制高等女学校で行った模範授業の記録から、その実際を検討してみよう。

金子の授業記録は、『智目と行足の新国語教授』（培風館、一九三六年）に収められている。①「漢詩「花一枝・櫻花詞」を教へて」、②「自他共に度する国語教授例──伊勢物語の文──」、③「韻文「雲雀の巣」を私はかう教へた」、④「一葉女史作「この子」の教授案」、⑤「作文科教授記録の全面的公開」、⑥「大町桂月の名書翰を教授して」の六編である。そのなかから、「作文科教授記録の全面的公開」（四五五～五〇六頁）を取り上げる。この記録の初出は、野地潤家によって、『考へるよりも歩め』第四輯（光風館、一九三五年一一月）と確認されている。(1)

一、授業「作文科の成績処理」（一九二九年）の概要

この授業は、『現代女子作文』と『女子現代文学新鈔』を使用している茨城県立土浦高等女学校からの依頼を受けて、金子彦二郎自身が行ったものである。一九二九（昭和四）年一月二二日（火）、同校の担任教員によって第一次指導（事前指導と執筆）が行われ、翌月二二日、金子によって第二次指導（生徒作文の鑑賞）が行われている。対象は、同校第二学年「は」組の女子五〇名である。金子にとっては、飛び入りの形で行う授業である。

授業記録は、三部で構成されている。
○第一次　事前指導と執筆記述、作品の受理と調査
○第二次　成績物処理――作文科教授（成績処理）略案、授業記録
○自己批評其の他

1　第一次　事前指導と教材

第一次は、「暗示的指導」と「記述」である。金子からの申し送りとして、「当時同校で採用中であった『現代女子作文』（改訂前の初版）巻二第一八課の「音」という題を指定し、これが暗示的指導として、同課に掲げてある前文を読み味へさせ、然る後即題（教室作文）として記述させて貰ひたい」（『智目と行足との新国語教授』四五六頁）と依頼されていた。文体は指定していない。「議論文よし、記事文よし、叙事文よし、抒情文よし、或は詩や童謡や和歌や戯曲などの姿態を以てするもよし、口語体よし、文語体よし思ふがまゝの文の態様で書き認めて見るがよい」と自由に選択させている。なお、題については、「音」を丸写しにせず、作品に最もふさわしい題を付けるように条件を課している。

ただし実際には、金子の依頼に反し、「即題」ではなく「宿題」として書かれたもののようである。草稿を精査すると、一月二二日以前の日付の記入されているものが五編（本書第六章参照）ある。また、生徒作文（第六章掲載の23番・43番の作文。本書一七五～一七六頁、一八七頁参照）の文面からも、宿題として課されていた経緯を読み取ることが出来る。一方、当日の日付を書き込んでいる生徒も少なくないので、下書きをしてくるように指示され、当日清書することになっていたと推察される。

さて、教科書に記載された「暗示的指導」と「文例」を挙げておこう。

第一八　音

音と色、これが私達に私達の世界を感じさせてくれる最も大切な媒介物である。其の音について色々な方面から考察して見るも面白いことであり、且有益なことであらう。一、音の発生原因。二、音を発する物体（楽器や、鐘鈴や鳥獣や自然界の音）。三、同じ音が、四季や朝夕や、群居や孤独などといふ事情の変化によつて異る感情が呼び起されること。四、人事に関係したいろいろな場合の音についての思ひ出など、いくらもあらう。其の中なるべく他人と同一経験でない、自己独特な材料と思はれるものを捉へて来つて書いて見るがよい。

《その一》　おいしさうな音

遠くにはゆたり〳〵と波の音、近くには夏の夕べにふさはしい涼風が庭の梢に当つて、さら〳〵と気持よい音をたててゐる。前も後も田圃にかこまれた我が家では、黄色い電気の下で、ほんとにおいしさうな音がして居る。お母様をとりかこんで、幾つ(1)もの眼が一様に音のする方へと注がれて居る。「さく〳〵〳〵」と研ぎすました庖丁が大きな大きな西瓜の中に、淡い音を立て乍ら入つて行く。「や(2)あ。」ぱつと二つに割られた時頓狂な声で弟がさけんだ。「おゝ、これはいゝ西瓜だ。」いつの間にかそばにいらしたお父様は、かう仰しやりながら皆の間からのぞき込んでいらつしやる。

やがて二つに割られた一方を脇におき、お母様が片方を三角形に切り始められた。外のやかましい蛙の声も耳につかない。皆(3)一心に見つめて体を動かす人もない。町から大分離れ、又隣の家ともかなり離れて居る我が家には、何の音もしない。時計も口をつぐんだのか、振子の音も分らない。たゞたゞ此処に居並んだ八人の耳には目の前に起る、おいしさうな音さ(4)く〳〵庖丁の切込む音が聞えるのみ。「やれ〳〵。随分沢山あつた事。」かう仰しやり乍ら、お母様は庖丁を置かれた。見て居る一同もほつとして頭を上げる。咽喉から手がもう半分出かゝつて居たけれど、じつ

（1）一座の光景が目に見えるやう。
（2）小さな、楓のやうな手で拍手もしたでせう。
（3）えらい御熱心だこと。
（4）聞いただけでも小気味のよい音。況や目に見、鼻にかいでゐては。

と我慢して、分けて下さるのを待つてゐる。

　この時皆の膝の間から、大きな手が一つ二ユツと出て、大きな西瓜の一片をとつてすつと引込んだ。「あら。」皆一様に手の出た方を見れば、お父様。赤いおいしさう(5)な山の上の所を「さくつ」と一かじりして、にこにこしていらつしやる。やがて私の分がお盆に盛られて私の手に渡された。大きなのが五つ。本当においしさう。どれから食べ(6)ようかと迷つてゐる中、もう向ふの方ではさく〳〵と食べる音、それにつづいて、種子(7)が金盥に当つてかちん〳〵と小さい音を立てゝ居る。

　「うまいなあ。」とお兄様。「淡路にしちや、めづらしくおいしいなあ。」とお父様。縁に腰掛けてゐる弟は、先程から物も言はずに、一生懸命食べてゐる。あ、今お山の頂上にかじりついた。と急に泣き出しさうな顔をしながら「あつ、」と大きな声を出した。皆の目は弟の方へ向けられる。「どうしたの」と聞くと、「僕種子(8)をのんぢやつた。」と心配さうに一同を見廻す。「あゝ、そりや大変だ。おなかから西瓜の木が生えるよ。」茶目兄様が横から口を出す。にぎやかな笑ひ声がしばらくは止まうともしなかつた。隅の方の従弟は、大切さうに後の一きれを手に取つて先の方を手で折つて、ちよびり(9)〳〵食べてゐる。さく〳〵とかむ音、かち〳〵とたねの音、それにまじつて笑ひ声がしばらくの間は続いた。

　鳴山《なりやま》の向ふに現はれた大きなお月様も此の楽しさうな様子に、にこ〳〵なさり乍ら、しづ〳〵と歩みをつゞけられて居る。前の田圃の蛙は、家の中にも負けじと、があ〳〵なき立てる。遠くの波の音は、前と少しも変りなく、のどかな音を立てゝゐる。ゆたり、ゆつたりと。


　夏の夕の団欒が、西瓜を中心として面白く描かれてゐる。写生文として上乗なものであらう。甘い香をぷんと漂はして西瓜が真二つに割られた時から、それが家族の誰や彼のお腹にをさめられるまでの経過、それはどこの家庭にもありふれたことながら、まだ誰も書いてはなかつたやうだ。その喜劇じみた一幕が実に鮮かに描かれてある。種子までたべた弟の顔つきや、真先に二ユツと大きな手をお出しになつたお父様の滑稽的な仕草も今そこに見えるやう。「おいしさうな音」の

(5)「おいしそう」とかくな。
(6)「食べ様」「食べやう」とかいてはならぬ。
(7)いい所を捉へたものだ。
(8)弟さんらしい失策。あまりあわてて飲込んだのですね。
(9)西瓜の食べぶりでも人柄が分る。
*いろいろの音。しかし「さくり」といふ西瓜を立割る音が最も耳に快い。

題もよい。

《その二》　カツチリ〳〵

カツチリ〳〵
振子《ふりこ》の＊王子。
昨日落した片方の靴を
金《きん》の草鞋でカツチリコ、
右に左に探して見たが
時計のお国はまつくらで、
カツチリ〳〵音ばかり。

チンカラ、チン〳〵
時計の小人《こびと》。
昨日拾つた黄金《こがね》の靴を
銀の小槌でチンカラチン。
面白半分叩いて見たら
金《きん》のお靴が泣き出した。
チンカラチン〳〵泣き出した。

時計の振子の音と、時報の音とを巧みな童謡で示したもの。想といひ言葉といひ、口調といひ、まことに申分ない出来栄である。節をつけて歌つて見たい気がするではないか。

＊振子も出世したものだ。

うまい処を詩化したものだ。

《その三》　あさましい響

人の足音、車の響。昼の名残はすべて暗黒の底にはうむられて、夜は無言の行進を続けてゐる。だが私は尚も興奮しきつてゐた。

「御姉様昨夜直ぐ寝つかれて？　あのたつが…。(1)」と言つた妹の言葉が幾度も〱私の頭を揺り動かして…。「まあ、あのたつが、おとなしさうなたつが…。」私の心には驚きと憤怒の焔が燃えたつてゐる。そして私の尖つた神経はどんな微かな響をも聞き洩さじと…。柱時計の微かなつぶやきのみが静まりかへつた室内に響いて、物皆は深い眠りの国へと急いでゐる。

やがて女中部屋の唐紙(2)がすうつと音もなくあいた。けれども私の尖つた耳は「又今夜もか」とそれを聞きもらさなかつた。其の中御菓子戸棚を開ける音が静かに〱春風(3)の袂を払ふが如くひびいた。けれども私にとつては大風の響ともいふべきものであつた。今日口を開けた許りの御菓子折の開く音、御煎餅の鑵の転げる音、次の間でたつが夜業(4)してゐる音！　あゝ、その音は極微かなものであつた。けれども私の研ぎすまされた耳には、真黒な空に鳴りわたる雷の響の様に恐しく、夕暮のなぎさにすゝり泣く波の様に物悲しかつた。

あゝあの響！あの音！何と浅ましい響だらう。何と恐しい響だらう。人を気づかつた様なそのおびえた響。

私は、胸の中を掻きむしられる様な苦しさを覚えた。そして悪と知りつゝ恐しい罪を犯してゐる彼女が、かはいさうでならなかつた。お母様は女中も私達も差別なく三時の御菓子も、御食後の果物もすべて平等にお分け下さるのに…。尚もその微かな罪の響(5)は、低く〱暗い〱海底へでも運ばれるかの如く響いて来る。

折から十一時を告ぐる時計の音が、汚れた女中の胸の中に、酔ひしれたやうに眠つてゐる心の眼を呼びさますが如く、清く清くひびいて来た。その時計の情(7)もてめざます様な声と共に、私は胸に手を組んで、あの浅ましい心を持つたあはれ(6)な女中の為に祈つた。

---

(1)「あのたつが…」そこに無限の意味がこもる。
(2) ハテ、何が飛び出して来るかな。
(3) よつぽど気をつけてあけてゐると見える。
(4) 強い現はし方。
(5) 罪の響、そうです、罪のひびきとは新しいね。
(6)「あわれ」とかくな。
(7) 清い心持だ。

家族が寝しづまった後で、ひそかに戸棚からお菓子を取り出して意地きたなさを満足させてゐる女中の、醜悪な心に対する敵愾心やら憤怒やらが遺憾なく表はされてゐる。与へられぬものを掠め取る、而もそれは、自分の家の物とは言ひながら、母から分け与へられる以外は自分達でも決して手をつけようともせずに仕舞ひ込んで置く物を、一時の雇人である女中の癖に……といふ憤懣は、如何にも正直な心の動きである。取り出す刹那の物音を聞き洩らさぬ神経の鋭さが、紙面にをどつてゐる。多感な少女ならでは感じ得ぬ心境、写し出せぬ場面。

1　作品の受理と調査

金子は、届けられた生徒五〇名の作品を検閲し、「文題」「記述の対象」「文の生活背景」「記述態度」「素材」「評点」「生徒の姓」の七項目について整理した一覧表を作成した。（本書一五九～一六一頁参照）

生徒作品の全体的傾向は、次のようであったという。

○怖いといふ物怖ぢする生活が多く書かれてゐること。
○昼間の記事よりも夜更けの物音を主想とした作品が多い事。
○純主観的描写は殆ど無く、客観的描写が主で、主観的描写の随順してゐるものが、殆ど其の全部を占めてゐる。

さらに、観点別に次のような整理をしている。

第一は、「題の付け方」である。「…の音」「…の響」形式のものが、五〇編中四〇題（「…の音」三五編「…の響」五編）となっている。これは、おそらく教科書所載文例の題（「おいしさうな音」「カツチリ〱」「あさましい響」）の影響であろうと金子は分析している。

第二に、「文の種類」については、口語体の普通文四九編。童謡風の試作は一編のみにとどまっている。

第三に、「記述の対象」は、「事件」二〇編。「景」一九編。「感想」一編。

第四に、文に描かれている「生活背景」では、家庭が圧倒的に多く、学校がこれに次いでいる。

第五に、「文の素材」から見ると、「深夜の物音」一三編。「夜回りの拍子木の音」九編。「半鐘の音」三編。「風の音」三編。「鐘の音」「鋏の音」「下駄の音」「起床のベルの音」「チャラメラ《ママ》の音」各二編。「機の音」「桑摘みの音」「動物の相争ふ音」「鉛筆の走る音」「お蕎麦をよそふ音」「プロペラの音」「雷鳴」「おりんの音」「さゞ波の音」「羽根つきの音」「竹刀の音」「銀笛」各一編であった。

こうした分析を踏まえて、金子は次のような指摘をしている。発想・着想指導として傾聴すべき指摘である。

> 同一着想の多いもの程、凡作駄作が多く、独自的なもの程概して優秀作が多い。（中略）いゝ素材は、それ自身が已にすぐれてゐるから、素材の生地のまゝで、何ら表現上に妙案や新工夫を加へなくても、相当なものになつてゐるのに反し、ありふれた即ち多くの人から目ざされる素材は、余程構想や表現の上に新味を出すか、新工夫を凝らすかせぬ限り、見るべきものとならないからである。（傍点原文。四六八頁）

この他、「構想」や「段落」についても、次のような分析を行っている。

> 一文の中にいろいろな音を書き込まうとする者が大部あつたが、これは、初心な者としては、とかく「纏らない」・「散漫で印象力の弱いもの」にしてしまひ勝ちなものであるから、一事一物精写細叙の方へと仕向けて、力を乱費させぬやうに指導すべきであると思つた。

最後に草稿を通覧して、段落毎に改行すると言ふ用意を欠いてゐるものが多いことに気づかされた。思想を整理して表彰することの能を養ふためにも、文の流動・構想・脚色等の可否が、時には其の作品の活殺をさへ左右すること、それ迄は少なくとも印象力の上に至大な関係を有するものであることを思ふ時、この方面の指導にも大いに留意せねばならぬと感じた。（傍点原文。四六九頁）

2　第二次　成績物処理（学習指導案）

以上のような綿密な分析を踏まえて、金子は次のような指導案を立てる。（★印部は、引用者による補い）

作文科教授（成績処理）略案

要旨　「音」といふ課題で記述させた生徒の成績物及び作文教科書の文中、其の素材、構想並に表現上に於いて特色ある数篇（主として優秀篇）を鑑賞・批評せしめることによつて、素材の選び方や、よき構想への指導や、正しく、力ある表現能力養成や、題のつけ方の練習などに資せしめようとするのである。

準備一、生徒成績物中の優秀篇一文の謄写刷（後に掲げる）
二、生徒各自　作文教科書持参

方法一、目的指示
二、成績物につき素材・文題及び表現に関する概評
イ（★材料に関して）
ロ（★文の題について）
ハ（★文体について）
ニ（★段落について。素材を絞り、精叙すること。）
三、成績物其の他の鑑賞・批評

甲　主として聴き方によるもの
イ　失敗の音――（生活のありのまゝを記述した文例として）――
ロ　たのしい響――（一事一景細写の文例として）――
ハ　大空の響――（地方色の出てゐる文例として）――
ニ　廃れ行く音――（一事一物細写且つ文学的記述文の例として）――（★題名を伏せて。）
ホ　恐しかつた音――（明るいユーモラスな文で、又時事問題をこめた例として）――
ヘ　さゞ波（自由詩）――（表現法の新奇な一例として）
乙　主として印刷物によるもの
イ　教科書中の文例「カツチリ〳〵」――（童謡の名作として）――
ロ　恐しい爪音――（事件描写の妙例として）――（★題を考案させる。）
右イロの取扱
1　各自小音読一回
2　生徒通読一回
3　鑑賞・批評
4　範読又は斉読一回
四、前記に洩れた優秀篇の作者及び文題の紹介。
「清い音」――小林。　「竹刀の響」――平沼。

「銀笛」――山田。　「鋏の昔」――中村。

備考一、時間の節約と朗読の徹底とを期するため、甲の文例の朗読は教授者に於いてこれをなす。
二、生徒の鑑賞・批評の反応や意見発表の遅速により、適宜前記文例中省略することあるべし。
三、印刷物は時間の始に配布して置くこと。

略案と言いながら、周到に計画された案である。重点目標が明確に示されており、授業展開についても、題名を伏せて考案させたりするなど、変化を持たせ、生徒作文の選択とその扱いにもきめ細やかな心配りが窺える。作文の授業は、生徒の活動を中心にして展開する必要があり、指導案が作成しにくいものであるが、この指導案ならば、見学者にも読者にもよく理解できる。ここにも、金子彦二郎の実践力の高さが表れている。

二、授業の実際

上記の学習指導案に従って行われた授業内容も克明に記録されている。次に、その各場面を取り上げてみよう。「一、目的指示」及び「二、成績物につき素材・文題及び表現に関する概評」では、これまでの分析内容を、生徒向けにやさしく語り聞かせている。ここでは、「三、成績物其の他の鑑賞・批評」を取り上げる。

1　主として聴き方による鑑賞・批評（最初に提示した作品例）

金子は、生徒作品を朗読するにあたって、次の四観点を提示している。

①「何を種にして何を書かうとしているか。」
②「それがどんなに書き了せてあるか。」
③「何処の辺に一番心を惹かれたか。」
④「何故感心させられたであらうか。」

すなわち、「素材と主題」「表現」「読者としての評価」「評価の理由」の四つに注目させるのである。

最初は、「生活のありのままを記述した文例」として「失敗の音」という文例を取り上げる。金子が八五点とい

う評点を付けていた上位の作品である。（傍点は原文のまま）

○ 失敗の音

今まで私のお室で編物をしてゐた姉の姿がいつのまにか見えなくなつて、おふとんの上には幽ないびきをたてながら玉がのんびりと寝てゐた。姉が猫に化けた。まさか……読みさしの本を「パラ〳〵」と今のか気味悪い考をうちけす為にいくども〳〵ぐつた。

突然、隣の室から「チョキン〳〵」ときような鋏の音がきこえて来た。「あゝわかつた。お花の先生がおいでになつたのだな。それで姉はあちらへいつたのだな。」鋏の音によつて、姉の行方はやつとわかつた。

取り残された編物の上には日が強く照りつけてゐる。

今度は「ザイク〳〵」と鋸の音。今日は私も活ける日なんだ。静かに襖を開けて中に入つて行つた。姉は今しんをたててゐる所であつた。私はまづおじぎをして自分の座についた。先生はなほも鋸で、もすこしで切りつくせる所を「ザイク〳〵」と切つていらつしやる。小さなうすい鋸がしなをづくりながら太い枝をえんりよゑしやくなく切つてゆく。やう〳〵切りつくした枝は、先生が私の為にしんにせよと切つて下さつたのだ。

先生から受取つて、いろ〳〵じやまな枝を切り払ひ、まづざつと出来たしんをはちにたててみようとして、片手に鋏をもちわうちやくして片手でたてたので、鋏をガチヤンと下におとしてしまつた。「アッ」ひくい声ではあるが、心のそこから出た声である。先生は「おや」とおやさしい顔に笑をおうかべになられた。姉は「そそつかしやだね。」とでもいふやうな眼をして、私をじつと見た。おもはぬ失策をしてしまつたと思ふと同時に、いそいで鋏を取上げようとして手をだすと、今度はしんの方を「バサ」とござの上におとしてしまつた。一度ならず二度までの失敗。

先生も姉も今度は声をだして笑つてしまつた。私は自分でもをかしくなつて、一緒に笑つてしまつた。「今日のお花はきつとよく出来ないにちがひない。」と思ひながらも又勇気をふるつて又活けはじめた。

玉が一人ぼつちになつて淋しくなつたのか、「ニヤーン」、となきながら入つて来た。

□この文は、何で音を書かうとしてゐますか。
△活花の時に落した「鋏の音」を示さうとしてゐます。
□「音」を題とした文としては、どう思ひますか。
△何だか、活花のことばかりが多すぎるやうに思ひます。
□さう、「活花」といふやうな題の文としても間に合ふやうで、「音」の文としては少々物足りませんね。だが、此の文として、よいと思ふところはありませんか。
△思ふことがすら〳〵と書けてゐる所がよい。賛成。
□まだ外に？
△猫のことが前と後に出してあるのも面白い。
□皆さんの思ひつきは、皆私も賛成です。実は、私も此の文の終りにかういふ評語を書いて置いたのです。読んで見ませう。

評　「鋏の音」よりは、むしろ活花の時のしくじりといふ事を主想とした文だといった方がより適切なのであるが、気取らずに素直に筆がのび〳〵とかけてゐる所がよい。猫の玉も前後に巧に照応して点出されてゐる。「題」はもう一工夫ありたい。

このように、最初に示していた四観点について、生徒とともに鑑賞批評を行い、主として美点を称揚しつつ、改めるべき点にも言及する。

同様に、さらに二編の作品「たのしい響」「大空の響」（本書一六三〜一六四頁参照）について鑑賞批評を行っている。その二編については次のような評言を与えている。

①「たのしい響」――「羽根突きの音をきいて、幼時を思ひ、又再び眼前の写生にうつってゐる所、大いによし。

簡潔な中に頗る味がある。よく纏つた文です。」（素材のとらえ方、構想、巧みな描写を評価している。）
②「大空の響」――「作者のいふ通り、この土地の者でなくては、かういふ材料のあざやかな観察が遂げられないであらう。記述の順序のよく整つた名文の一つといつてよからう。」（材料の良さ、描写と感想の織り込み方、飛行機の動きをとらえた文章の展開、精密な観察と正しく力強い描写を、高く評価している。）

さて、この後は、授業展開に変化を持たせていく。わざと題を伏せて、全文の吟味がすんでから、題を当てようというのである。文の内容にふさわしい題の選定の学習を加味していくのである。

2　主として聴き方による鑑賞・批評（題名を伏せて提示した作品例）

これは、金子が最も高い評点九五点を与えた生徒の作品である。（なお、この文章は後に、『現代女子作文』修正再版本の巻二第一七課に収載される。）

○「?・?・?・?」

数学の時間を前に控へて、私はそろばんをいぢつてゐた。小さい子供たちのよくする様に、がら〱音をさせて喜んでゐた。が、ふと

「おや、何だか聞きおぼえのある……あつ、さう〱、機《はた》を織る時のあの音にそつくりだ。」

かうして、そろばんをがら〱させたことから、私はあの機を織る音をなつかしく思ひ出した。

小さい時から好きだつたあの音、どちらかといへば落着いたのどかな感じのする……平凡ではあるが、人の心をとらへる何ものかをあの音はもつてゐる。ごく〱の田舎で、今もチンカラ〱手織木綿を織つて自家用に役立てるところでは、機織も女の出来なくてはならない技芸の一つらしい。調子よく織つてゐる機の音を聞くと、姉さんかぶりの、頬をぽーつと上気させて、赤いたすきもかひ〲しく、手を動かし足をふんでゐる若い娘の姿がすぐ頭に浮ぶ。

だが、昨今ではもう殆ど機を織つてゐる音など、聞きたくとも聞かれなくなつてしまつた。忙がしい文明の世の中は、大へんな時間のかかるああした悠長なものの存在することをゆるさないらしい。だからもう遠からぬうちに、自動車で逐はれた人力車のやうに、こんな幼稚な機械なんかは、日本のどこからも姿を消していくことであらう。
文明の利器に逐はれて廃れ行くものの、寂しさ痛ましさが其処にある。けれど私はせめて自分の耳にだけにでも、何時までもあの原始的な日本の音を残しておかう。今も今とて、うつとりと記憶をたどる私の耳にひゞいて来るあの調子のよいのどかな音を。

しづかに、私が此の文を読み終ると、生徒一同の口からは期せずして、深い感歎の吐息が洩らされ、「うまいはねえ。」などと言ふ囁きさへ聞えた。つまり此の文の鑑賞は、一遍の朗読だけで略々完成された訳なのである。だから、この感歎、詠歎の玉手函は、このまゝにそつと放置しておくのがよいのであるが、今日の所は、どうしてもその蓋を開けたり、縦から横からためつすがめつして見直し調べ直さねばならぬ役目が与へられてゐるので、因業ながら例によつてこづき廻しを始める。
□どうです、うまいでせう。あなた方のお仲間の一人が作つたのですよ。何の音が主題となつてゐましたか。
△チンカラチンカラ機織る音――それがだんだん聞かれなくなつていくことを惜しみ悲しむ心持が痛切に書かれてゐます。
□さう、機織る音をきいたことのある方。(三分の一ばかり挙手)。で、どんな構想(組立)から此の文は成立つてゐましたか。
△算盤をガチヤガチヤさせた音から、ふと機織る音を連想し、それがだんだん聞かれなくなつたことを悲しみ、せめて自分の耳にだけでも、あの調子のよい日本的な音を残しておきたい。――と結んであります。
□心の自然的な運びに従つた文で、誰にも共鳴出来るのは、先づその心の展開のままに自然的に叙せられてゐるからですね。所で皆さんの記憶に特に強く残つてゐる「うまいなあ」と思つた節々はありませんでしたか。
△調子よく織つてゐる機の音をきいてゐると、姉さんかぶりの赤い襷の若い娘の姿が頭に浮ぶといふあたり。(「賛成」と呼ぶ生徒数名)

□同感です。それから？

△自動車に逐はれてだんく〱姿を隠してしまつた人力車のやうに――といふ譬が巧い。賛成。

□さうです。あのあたりにも感心させられますね。では私の評を一つ読んで見ませう。

一、天照大神このかた、女芸のうちでも最も大切なものの一つに思はれ、七夕まつりさへ行つて其の上達を祈つて来た、其の日本的な懐かしい機織る音が、だんだん私どもの耳元から遠ざかつて行くことが、言はうやうもない素直な、こまやかな情で描かれてゐる。

二、私なんかも、あの水車のギーコトン、下駄のカラコロなどいふ懐かしい音楽と共に、この音の廃れ行くことをば、この文の作者以上に――と言ひたい位寂しく思ふ一人であることを告白したい。

三、題も気が利いてゐるし構想もよし、文も亦この内容を語るに、誠にふさはしく出来てゐる佳作です。

□さて、今私の評語にも「題も気が利いてゐるし、」と申しましたが、さつきのお約束通り、原作には何といふ題がついてゐるでせう？　いや、何といふ題をつけたら、いいでせうか。もう一遍私が此の文を朗読しますから、それを聞きながら、皆さんで考へ当てるなり、工夫考案するなりして下さい。

（再度の朗読一回）

□さあ、此の文の作者以外の方に伺ひませう。どんな題がついてゐるでせう。或はどうつけてやつたらよいでせう？

△なつかしい機の音。

△算盤の音から思ひづいて。

△せめて自分の耳にだけ。等々。

□今皆さんの答へてくれたものにもそれぞれ味がありますが、この作者が与へてある題は「廃れ行く音」といふのです。言葉えらび、言葉の長さ、そして内容にもふさはしく、含蓄のある点から見て、どうです？　いゝ題ではありませんか。今まで題なんかどうでもよいと思つてゐた方は、此の次から、これに負けないよい題を工夫するやうに心掛けて下さいね。

最も上手な作品を四番目に提示して感心させ、なおかつ題のうまさにも気づかせている。的確な分析とあいまって、見事な授業の展開ぶりである。

この後、さらに二編を紹介している。「恐しかつた音」（本書一六四～一六五頁）という作品と、「さゞ波（自由詩）」（本書一七一頁）という作品である。

前者は、時事問題を明るくユーモラスに描き上げた例として取り上げている。「達文達筆、文中にみなぎる滑稽味に、思はず明るい朗らかさも感じさせられる作。まるでお芝居でも見てゐるやうに、気持ちよく読まれる文です。」という評言を与えている。対話を多用して脚本風に書いている点や、時事問題から導き込んでいるところを高く評価しているのである。一方、題が不似合いであることも指摘している。

後者は、表現法の新奇な一例として取り上げられている。「時折、かういふ形をとつて表はして見る事も、よいでせう。変つた面白いものが出来るものです。素材がよしや有りふれたものでも、かう言ふ形の、新奇なリズムのある言葉にのせると、相応によみごたへがして来るものですから。」という評言を与えている。多様な文体を試みることを推奨しているのである。

このように金子は、内容と表現の両面から、今後の学習に生かせる作品を選んでいくのである。

3　主として印刷物による鑑賞・批評（授業の最後に提示した作品例）

金子は、本時の最後の学習として、印刷物による鑑賞批評を行っている。これまでは、〈聞く〉－〈話し合う〉という学習形態であったのを、今度は、〈読む〉－〈書く〉－〈話し合う〉という学習形態に変えていくのである。

まず、教科書掲載の「カツチリ〳〵」（お茶の水女学校の生徒作品）を音読し、振子を王子に見立てた擬人法や、黄金の靴と銀の小槌との対比などに注目させた後、金子は生徒作品の鑑賞・批評に進めていく。

□さて最後にもう一文、皆さんのお仲間の作つたよい文を鑑賞しておしまひにすることにしませう。では本をしまってさつき渡しておいた謄写刷を出して、前のやうに、先づ皆さんめいめいで小音読をして読み味つて頂くのですが、その前に三つの註文を出しておきます。

(1) わざと題を書かずにおきました。全文をよく読み味つた後で、めいめいが最もふさはしいと思ふ題をつけて見ること。
(2) 文中、大層うまく言ひ表はしてあると思ふところに、、、をつけること。
(3) 私が、さきに文例のおしまひ毎に読んであげましたああ言つた評語――批評の言葉を、この刷物の最後の余白の評とあるところに書き添へること。

さあ、それが分りましたら、皆さんで、めいめいよく読み味つて見て下さい。(各自黙読又は小音読一二回)

○「題（考案させる）」

もう何時かしら？　私は編物に疲れた手を止めて、あのたゆまずカツチリ〳〵とタイムを刻み行く時計を見つめた。妹はもう楽しい夢を結んだのか、すう〳〵と微かな寝息が聞えてくる。

と縁側の方で、ばさばさといふ翼の音、それに引続いてカリ〳〵といふ猫の恐しい爪音。しばらくしてはたと止んだと思ふと、又しても聞える恐しい爪音。こんなふうにして数回カリ〳〵が繰返された。

一体何だらう？　私はそつと立上つて、障子を静かに静かに明けた。淡い電灯の光をたよりに縁側を見渡すと、窓口のさんにすがりついてゐる小雀が一羽、それをねらつて居る猫。私はあわててかけよつたが、もうすでに遅く、猫の爪は小雀にとゞいて居つた。猫は小雀をくはへるなり、素早く何処かに姿を消してしまつた。

あゝ、あの恐しい爪音、私の耳にはさほどでもない響に過ぎなかつたが、あの小雀にとつてはどんなに恐しい響に聞えたことだらう。私はあの小雀がたまらなく可愛さうになり、再びそつと其の後を追つて見たが、あはれな犠牲者の姿はもうどこにも見出せなかつた。私は小雀に対して、心から死後の幸福を祈らずには居られなかつた。

折からお茶の間の柱時計が十時を報じた。外では秋雨がしとしとと降り続いて居る。

評　（生徒各自に書かせる。）

□では一度どなたかに読んで頂きませう。（一生徒指名、通読一回）

□「音」といふ課題の文として、この文の狙ひ所は？

△小雀を狙ふ猫の爪をとぐ音です。

□その音が十分効果的に書き示されてあるでせうか。あらばどの辺に？

△あたりの静けさの中に殊更物恐しげに聞えて来るカリ〱の繰返し――小雀にとゞいて――小雀に取ってはどんなに恐しい響だつたらう――などのあたりに。

□文の組立てから見て気のつくことは？

△静（平和――微かな寝息）――小動（ばさ〱。カリ〱の点出）で、大動乱の序曲が描かれてある。――大動（文の山（作者の駈け出し。猫の小雀虐殺の場面に展開）――再び静に立帰る。（柱時景《ママ》が十時。秋雨がしと〱などの点出で。）

□「文は人なり、人は文なり。」と言はれ、濃淡と多少との差はあるが、必ずそこに人柄の反映が明らかに匂ひ出てゐるものでありますが、此の文を通して見た作者の人柄は？　さうしてどの辺にどう表はれてゐますか。

△非常に同情心が厚くて、優しい心の持主と思はれます。「私はあわててかけよつた。」（小雀を猫の兇手から救はうため）のあたりに。

△小雀には、どんなに恐しい響だつたらう。

△あの小雀がたまらなく可愛さうになり、再びそつと其の後を追つて見た。

△私は小雀に対して、心から死後の幸福を祈らずには居られなかつた。

□よく気がつきました。では、今度は皆さんが丶丶を附けて下さつた此の文の妙所を伺つて見ませう。

△かやうにして数回のカリ〱が繰返された。

△もうすでに遅く、猫の爪は小雀にとゞいてゐた。

△あゝ、あの恐しい爪音、私の耳にはさほどでもないゝ響に過ぎなかつたが、あの小雀にとつてはどんなに恐しいゝ響に聞え

たことだらう。
△あはれな犠牲者の姿は、もうどこにも見出せなかつた。
□大体私の考と一致してゐます。さて「題」は何とつけたらよいでせう?
△「深夜の出来事」――、「かはいさうな小雀」――。「あはれな犠牲者」――。「にくらしい猫」――。「猫の恐しい爪音」等々。
□此の時間の中に、「題のつけ方」についていろいろお話ししましたら、皆さんがすつかり上手になりました。今答へてくれた題などは、何れもみんな相当によいと思ふ。原作には今誰かさんの言つたのによく似た「恐しい爪音」と附いてゐるのです。
□さて皆さんの評語は?（教授者申す。これは一々に書きとめてなかつたから、遺憾ながら茲にこれを記録することが出来ない。生徒相応な適切な評も一二あつたやうに記憶してゐる。）
□さて、それではどなたかに、もう一度此の文を読んで頂きませう。ようく心持や文勢の表はせるやうに、上手に読んで下さい。（全員挙手中、一生指名、美読一回）
□よく読めました。（以上の外の優秀文作者及び文題――教授案所掲――を紹介した後、）今日は大変御苦労でした。これでおしまひにしませう。

「文の狙いどころ」「効果的表現」にとどまらず、「組み立て」「筆者の人柄」にまで言及している。印刷物がある場合は、生徒とともにここまで詳細に鋭く分析することができるのである。教材の扱い方、授業の展開の仕方など、いずれにおいても要を得た心くばりのなされた優れた授業である。野地潤家は前掲論文(1)で、金子の「授業構想力」を絶賛しているが、まさにこうした点を指しているのであろう。

三、金子彦二郎の自己批評

金子は、この授業を終えて、次のような自己批評を書き残している。作文教育における教科書の活用方法、成績処理及び共同批正における配慮事項など、現代にも生きる提言である。（以下の施線は引用者による。）

□どうやら、教授案の要旨に書きあげた目的の一部は達し得たかと思ふ。題のつけ方など、時間の始と終りとの僅か四五十分のうちに、直ちに応用が出来るまでになつたやうである。

□文の形態や内容即ち素材の把捉や構想の上にも、相応に示唆を与へ得たかと思ふ。これは次回以後の成績を見なければ、本当の所はわからないが。

□表現上の新工夫などについても、童謡「カツチリ〳〵」の鑑賞批評から、特に得るところが多かつたのではなからうか。

□拙著「現代女子作文」は、この実際例で扱つたやうに、

(1)　創作の始めに、創作欲を刺激し、いかなる生徒にも、素材把捉をして可能ならしめる為の暗示的指導を与へる資料乃至点火用として先づ利用し、

(2)　成績処理の際には、生徒の作品に最も欠如した方面、又は生徒の作品に同類同型のものがある場合、それと比較吟味する為の優秀文例として再びこれを利用するのです。「子を持つて知る親の恩」、の譬の通り同じ文題で同じ苦労を体験した後に、もう一度同年輩の少女の書いた同類同趣の優秀文を読み直すと、そこではつきりと其の優秀性のすみずみまでが感知し得られるもので、他人の作品に対する尊敬の心がわくと同時に、自分の心境の進展、作文能力の向上にも裨益するところが少なくないもののやうであります。

□鑑賞批評の文例の排列は、前記実例で御気づきの如く、上の下位のものから提示し、次第に最優篇とクライマックス的

にするがよいやうです。最初に最優篇を提示してしまふと、次々の文が拙劣に見え過ぎて、鑑賞批評する者の心に惰気を生じて来ますから。

□尚ほ其の排列について内容上から申すなら、大体能狂言や芝居などの番組の趣意などを加味して、だんだん疲労して行く時間の終りの方には、明るいユーモラスな、何れかといへば軽い方の喜劇的な興味本位なものや新奇なものを排置するがよいやうです。今回の実際教授例中「主として聴き方による鑑賞批評」の方は、唯聴いてゐる一方で、動もすれば退屈し易いから、大体此の定石を踏んで立案実施してあります。

□此の教授に、私自身の作例を示さなかつたのは、一人でも多くの生徒の作品を文例として挙げて奨励に資したい底意であつたからで、必ずしも最も傑れた模範文でなくても、教師の自作を示してやらうと言ふのが、私の方針なのであります。

□くれぐれも、作文科の成績処理は、所謂泥縄式に行はるべきで、その時その時の作品を通観した上で、何れの方面の指導を目標とするか、それにはどの種の文例が最も適切であるか、幾篇位の文例を以てするか、等を見定めてから、それの実施に最も適合した教授案が立てらるべきでありますから、決して此の拙い実際教授例を以て、直ちに何れの場合にも適用せられるものと思つて下さいませんやうに、他事ながら念の為一言申添へておきます。

□終りに、この拙劣な作文教授実際例が、全国多数にご愛用を蒙つて居ります拙著『現代女子作文』御教授の上に、責任ある著者の一報告として、多少なりとも御役にたちますやうでしたら、誠に望外の欣幸と存ずる次第であります。

四、金子彦二郎の作文教授の特徴

以上の授業例から窺える金子彦二郎の作文教授の特徴は、次の九項目に整理できよう。

①「書く素材」を発見させ、「テーマ」の狙いをつけさせるために、着眼事例を多面的かつ具体的に提示している。（これを「暗示的指導」と呼んでいる。）

②「着眼点」を絞り込んだ例として、詩や和歌や俳句の類も提示している。（修正再版以降）

③「文体」については、記述描写の方法例を示しながらも、その選択は書き手に任せている。

④「題」に工夫を凝らすように導いている。

⑤「生徒作品」を尊重し、生徒の表現実態をもとにして授業を組み立てている。

⑥「生徒作品」を分析する際は、「文題」「記述の対象と文の生活背景」「記述態度（文体）」「素材」「構想」「構成（段落）」の六観点に重点を置いている。

⑦「相互批評」させる時の観点が明確である。

⑧「評語」において、簡潔に鑑賞や批評の要領を示している。

⑨時間の配分、教材提示の仕方（提示の順序、聴く教材と読む教材との組み合わせ、空所の設定）、学習活動形態の多様化（話し合うことと、書くことの組み合わせ）、発問の明確さなど、「指導技術」にも長けている。

この他、金子自身が「自己批評其の他」で述べているように、教科書の活用方法（創作意欲の喚起、比較吟味による作文能力の向上）、学習者の心理に配慮した指導上の留意点（文例のクライマックス的な配列）など、学ぶべき点が多い。

金子彦二郎の作文教授は、「作文科の成績処理は、所謂泥縄式に行はるべき」という言葉に端的に表われているように、まさに生徒の実態と反応を基点として、自在に対応していく「生きた授業」であった。

注

（1）野地潤家「旧制中等学校の作文教育―昭和一〇年代の授業を中心に―」『野地潤家著作選集第九巻』明治図書、一九九八年、一七二～二〇六頁

（2）注1に同じ。二〇四頁

第六章　昭和前期高等女学校における生徒作文の実際

本章で取り上げる生徒作文は、前章の「作文科の成績処理の実地授業」で生まれたものである。この授業の質の高さは、野地潤家によって既に指摘されていた。だが、五〇名の生徒作文の全貌は明らかでなく、作文例の水準を客観的に判断することが困難であった。

ところが、この度の調査で、当時の生徒作文四三編が金子家に保存されていることが判明した。『智目と行足との新国語教授』に取り上げられた作品七編と合わせて計五〇編（四九名分）を確認することが出来るようになったのである。この未公開作品は、いずれも学校名（茨城県立土浦高等女学校）入りの原稿用紙に清書され、金子彦二郎によって圏点と評とが書き加えられている。

本章では、全作品を資料として提示するとともに、金子の作文評価について考察する。

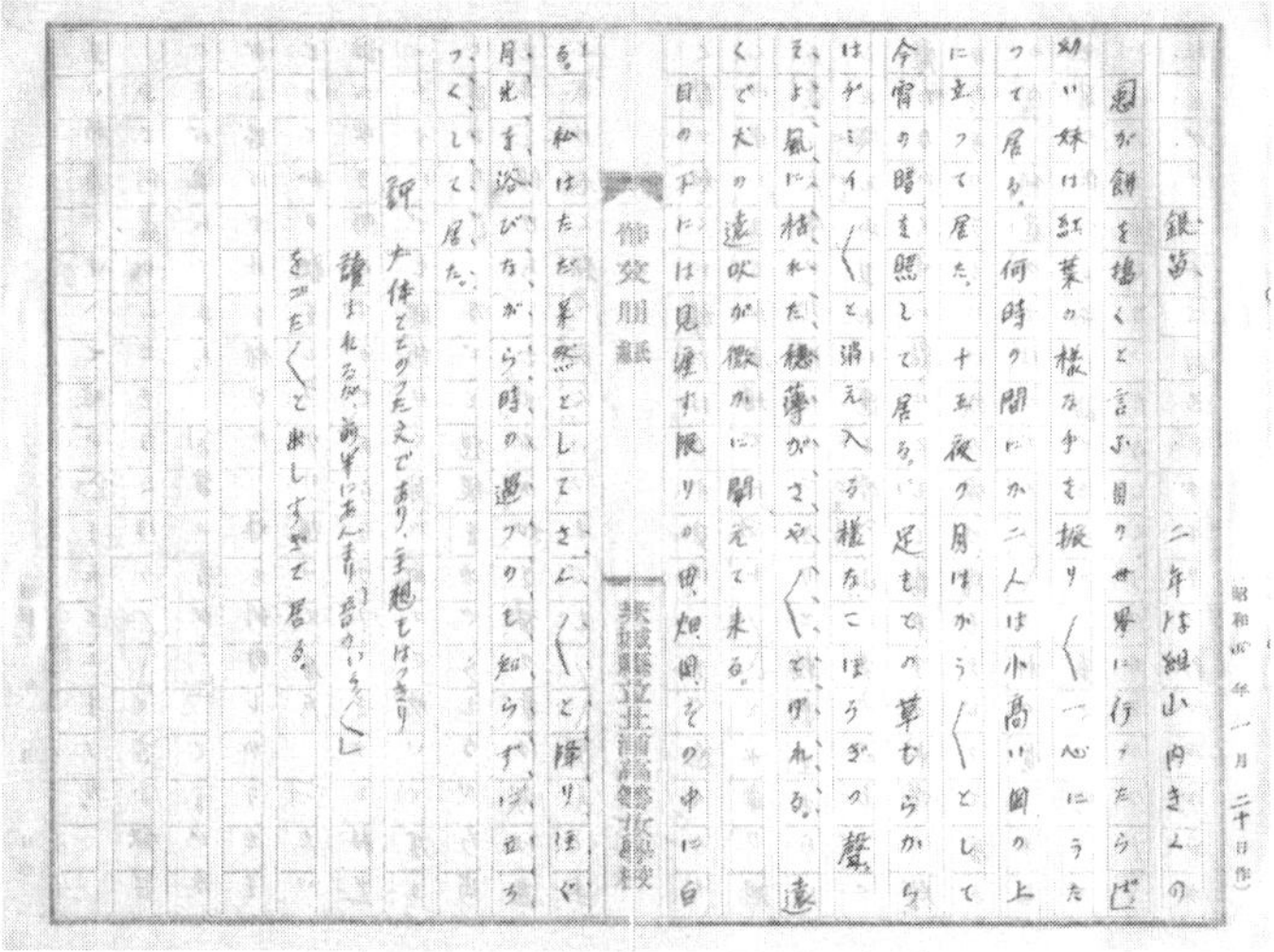

生徒作品「銀笛」の冒頭と末尾

一、生徒作文の傾向

金子は、作文調査にあたり、「文題」「記述の対象」「文の生活背景」「記述態度」「素材」の五観点を挙げている。

（1）文題

「暗示的指導」として提示した文例の題（「おいしさうな音」「あさましい響」）に影響されたのか、提出作品の八割にあたる四〇題が「…の音」（三五編）もしくは「…の響」（五編）という形式を採っている。

その内容を検討すると、主想と関連づけた題をつけている作品（「廃れ行く音」「恐しい爪音」「たのしい響」など）が二二編、素材をそのまま文題とした作品（「時計の音」「チャラメラ《ママ》の音」「夜回りの音」など）が二一編と、ほぼ同数である。

さらに、成績面から見ると、主想と関連づけた題をつけた作品は、比較的よい評点を収め、素材をそのまま文題とした作品は、ふるわない結果となっていることが多い。

（2）記述の対象と素材、記述態度

記述の対象の重点の置き方から分類してみると、「事件」を取り上げたものが二〇編、「景」を取り上げたものが一九編となっている。「事件」を取り扱う作品が多いのは、文題の性質がもたらしたものであろう。金子は、「年頃の女性は一般にロマンスに興味を持つ」からだろうと推察している。一方、「叙景」を取り扱う作品も決して少なくない。これは、写生を重んじる時代的傾向を反映しているのだと考えられる。

生活背景、つまり「文に描かれている舞台」としては、家庭と学校とが圧倒的に多い。寮生達は寄宿舎を舞台にした作文を書いている。当時は、生活に取材する傾向が強かったことを物語るものである。

素材としては、前述（本書一四〇頁）したように、「深夜の物音」一三編、「夜回りの拍子木の音」九編、「半鐘の音」「風の音」各三編、「鐘の音」「鋏の音」「下駄の音」「起床のベルの音」「チャラメラの音」各二編等、同じ着想のものが多い。その他、「機の音」「桑摘みの音」「動物の相争ふ音」「鉛筆の走る音」「お蕎麦をよそふ音」「プロペラの音」「雷鳴」「おりんの音」「さざ波の音」「羽根つきの音」「竹刀の音」「銀笛」等が各一編である。

記述態度としては、「純主観的描写」はほとんど無く、「客観的描写が主で、主観的描写の随従しているもの」が、ほとんど全部を占めている。

構想の面からは、「一文の中にいろ〳〵な音を書き込もうとする者」が多い。金子はこうした傾向に対して、「一事・一物精写細叙」の方へと進める必要があると指摘している。この他、「段落毎に改行する」という基本的事項が身に付いていない生徒も存在する。特に低位の生徒ほどその傾向が強い。

No.	文題	記述対象	文の生活背景	記述態度	素材	評点	姓
①	廃れ行く音	景	家庭内	客－主	機織る音	95	NG
②	恐しい爪音	事件	家庭内	客観	小雀を捕つた猫	90	ON
③	大空の響	景	社会	客－主	飛行機のプロペラーの音	90	KB
④	たのしい響	景	家庭外	客－主	羽根突きする音	90	SK
⑤	失敗の音	事件	家庭内	客観	活花の時の粗忽	85	TK
⑥	恐しかつた音	事件	家庭内	主－客	兄のおどかし	85	EB
7	竹刀の響	事件	社会	客－主	寒稽古の竹刀の音	85	HR
8	銀笛	景	家庭外	客－主	銀笛の音	85	YM
9	鋏の音	事件	学校	主－客	縫ひ直しの為に糸を解く時の鋏の音	85	NK
10	思出の音	事件	家庭外	客観	夕暮れの桑摘みの音	80	UE
11	清い音	景	家庭外	客－主	雪道を行く下駄の音	80	KN

12	恐ろしかつた音	事件	家庭内	客―主	床下に入つて動く犬の音	80	KT
13	おりんの音	事件	家庭内	主観	仏壇のおりんの音	80	NS
14 a	さざ波	景	社会	客―主	さゞ波の音	80	OK
⑭ b	さざ波（詩）	景			さゞ波の音		OK
15	音によつて	事件	家庭外	主観	半鐘の音	80	IK
16	心地よき音（未見）	事件	学校	客―主	考査時間の物音	80	MY
17	物凄き音	事件	社会	客―主	火事を知らせる半鐘の音	75	FK
18	夕をつぐる音	景	学校帰途	客―主	鐘の音について思ふ	70	SS
19	恐しかつた音	事件	学校内	客―主	深夜のこはさ	70	SN
20	こはかつた音	事件	寄宿舎	客―主	冬、寄宿舎の夜半にきいた風の音	70	AD
21	夜回りの音	事件	寄宿舎	客―主	寄宿舎で眠られぬ夜の夜回りの音	70	NN
22	起床のベル	事件	寄宿舎	主観	起床のベルで元気よく起きた朝	70	EH
23	音によつて	感想	家庭内	主観	「音」といふ文の出来るまでの心理経過	70	SZ
24	すさまじい響	事件	家庭内	主観	雷鳴	70	YB
25	時計の音	事件	家庭内	客観	夜きく時計の音	70	IS
26	拍子木の音	景	家庭外	客観	拍子木の音	70	KS
27	うれしい音	事件	家庭内	客―主	父の下駄の音	70	KR
28	さびしい音	景	寄宿舎	客―主	拍子木の音と時計の音	70	FJ
29	待遠しかつた音	事件	家庭内	主―客	鼠・猫・母の窓繰る音	70	MH
30	淋しい音	事件	家庭内	主―客	鼠の騒ぐ音と三毛猫	70	IW
31	夜半の響	事件	家庭外	客―主	気味わるき物音	70	MN
32	冬の夜のチヤラメラ	景	家庭外	客―主	チヤルメラの感傷	70	SJ
33	なつかしき夜の響	景	家庭外	客―主	拍子木の響	65	IN

34	チヤラメラの音	景・情	家庭外	客-主	亡友の追懐とチヤルメラの音	65	NM
35	恐しき物音	事件	寄宿舎	客-主	鼠と猫と拍子木の音	65	OI
36	寒き夜の音	事件	家庭内	客-主	天井裏の鼠のあばれる音	65	II
37	静かな音	事件	学校	客観	考査時間に鉛筆の走る音	60	KD
38	おいしさうな音	事件	家庭	客観	寒夜の戸外にお蕎麦をよそふ音	60	YS
39	淋しき音	景	社会	客-主	夜回りの音	60	WT
40	おそろしい音	事件	寄宿舎	客-主	深夜の風の音	60	TN
41	夕暮の音	景	学校帰途	客観	学校より帰宅途上に聞いた色々の音	60	NJ
42	こがらし	景	家庭外	客観	こがらしの音	60	MR
43	恐しい音	景	家庭外	客-主	鼠・拍子木	60	YY
44	除夜の鐘	景	家庭内	客-主	除夜の鐘の音	60	MT
45	けたゝましい音	事件	家庭外	客-主	サイレンの音	60	MU
46	拍子木の音	景	家庭外	主-客	夜回りの音	55	NU
47	暁の朝	事件	家庭	客観	目覚より離床までに聞いた物音	50	FT
48	夜中	事件	家庭内	客観	夜回りの音	50	KW
49	寒さうな音	景	家庭外	客観	夜回りの音	50	NR
50	起床のお鐘	事件	寄宿舎	主観	起床の鐘について思ふこと	50	SI

（引用者注）『智目と行足との新国語教授』に収載された一覧表を元に、明らかな誤植を訂正した上で、評点順に並べ替えた。作品番号を○数字で示したのは、授業で紹介された作品である。また、姓はイニシアルに改めた。

二、生徒作文の実際

以下、未見の一編を除く全五〇編を、評点順に掲げる。（評点の平均は、72点である。評点の後の※印は、実地授業で紹介された作品である。仮名遣い、原稿用紙の使い方、及び圏点については原文のままとしたが、漢字は新字体に改めた。）

《評点九五点》

1　廃れ行く音（NG）95点※

数学の時間を前に控へて、私はそろばんをいぢつてゐた。小さい子供たちのよくする様に、がら〳〵音をさせて喜んでゐた。が、ふと

「おや、何だか聞きおぼえのある……あつ、さう〳〵、機《はた》を織る時のあの音にそつくりだ。」

かうして、そろばんをがら〳〵させたことから、私はあの機を織る音をなつかしく思ひ出した。（以下略。本書第五章一四六～一四七頁参照）

【評】一、天照大神このかた、女芸のうちでも最も大切なものの一つに思はれ、七夕まつりさへ行つて其の上達を祈つて来た、其の日本的な懐かしい機織る音が、だんだん私どもの耳元から遠ざかつて行くことが、言はうやうもない素直な、こまやかな情で描かれてゐる。

二、私なんかも、あの水車のギーコトン、下駄のカラコロなどいふ懐かしい音楽と共に、この音の廃れ行くことをば、この文の作者以上に——と言ひたい位寂しく思ふ一人であることを告白したい。

三、題も気が利いてゐるし構想もよし、文も亦この内容を語るに、誠にふさはしく出来てゐる佳作です。

《評点九〇点》

2　恐しい爪音（ON）90点※

もう何時かしら？　私は編物に疲れた手を止めて、あのたゆまずカツチリ〳〵とタイムを刻み行く時計を見つめた。妹

はもう楽しい夢を結んだのか、すう〳〵と微かな寝息が聞えてくる。

と縁側の方で、ばさばさといふ翼の音、それに引続いてカリ〳〵といふ猫の恐しい爪音。しばらくしてはたと止んだと思ふと、又しても聞える恐しい爪音。こんなふうにして数回カリ〳〵が繰返された。（以下略。本書一五〇頁参照）

【評】（引用者注―原文不明。授業記録から「小雀を狙う猫の爪を研ぐ音が効果的に書き記されている。静―小動―大動―静という組立てもよく考へられている。作者の優しい心根の窺える文章である。」という趣旨の評と推定される。）

3　大空の響（ＫＢ）90点※

じつと見つめてゐると、ぐら〳〵と目まひのしさうな程、空のよくすみ渡つてゐる日だつた。空には何物も見えない。校舎の黒い屋根と青い空がくづきりと区別されてゐる。

ふと屋根のかげから一つ小さな姿があらはれた。飛行機だ。プロペラが日光にきら〳〵とかゞやく。爆音をたてながら飛行機は徐々として空の中央に進んで来る。プロペラの響が晩秋の空をふるはせつゝ、何一つとして障碍物のない青空を、空の征服者の如く軽やかに進行する。

私は考へた。「こんなに自由にみえる飛行機でも、毎日今日のやうにおだやかな日ばかりでなからうから、時には雨にもあふだらう。筑波おろしと戦ふこともあらう。」と。飛行機が一つ宙がへりを打つた。日光に銀のつばさがきらめく。急にあたりがひつそりしたかと思ふと、又忽ちがう〳〵といふ響に変つた。

私はまた思ふ。「他の地ではめつたに見ることの出来ぬこの飛行機、聞くことの出来ぬこの響を、常々耳にし見ることが出来るこの地方は、何と恵まれた所であらう。同時に、この地に住む私達は、何と幸福なことであらう。」と。

飛行機は次第に彼方の空へと消えて行く、あの愉快な響を残して。

【評】作者のいふ通り、この土地の者でなくては、かういふ材料のあざやかな観察が遂げられないであらう。記述の順序のよく整つた名文の一つといつてよからう。

4　たのしい響（ＳＫ）90点※

「かちーん、かちーん」麗らかに晴れた日曜の午後、表の庭には、小さな子供達が四五人で面白さうに笑ひさゞめきながら、羽根突きをしてゐる。

空にはちぎれ雲があつちに一ひら、こつちに一ひらと他愛なささうに、ゆら〳〵と漂つてゐる。午後の日和はいかにも楽しさう。

「正月門松、二月がはつ午、三月おひな……」とうたひながら、かちーん〳〵といふ愛らしい響に合せて突いてゐるのは富美ちやんだらう。

この和やかな日和に響く羽根の音のかちーん〳〵といふ羽根の音を聞くと、すぐ幼時の思ひ出が私の心の中にわき起つてきた。あの頃私もたま〳〵売りにくる大黒様のやうなおぢいさんから、母にねだつて買つて貰つたものだつた。そして「出来もしないのに」と笑はれながら、散々いぢくり廻して突いてゐるうちに、どうかして羽根が羽子板の上に当るのが、たまらなく〳〵うれしかつた。

しばらくして、私は外へ出て見た。案の定そこには富美ちやんが居た。押絵の羽子板が、羽根の宙に浮ぶ毎にちらり〳〵と見える。

「かちーん〳〵」といふ羽根の音は、平凡な午後の空気を振はして、いつまでもつゞいてゐる。

【評】羽根突きの音をきいて、幼時を思ひ、又再び眼前の写生にうつつてゐる所、大いによし。簡潔な中に頗る味がある。よく纏つた文です。

《評点八五点》

5　失敗の音（ＴＫ）85点※

今まで私のお室で編物をしてゐた姉の姿がいつのまにか見えなくなつて、おふとんの上には幽ないびきをたてながら玉がのんびりと寝てゐた。姉が猫に化けた。まさか……読みさしの本を「パラ〳〵」と今の気味悪い考をうちけす為にいく度も〳〵くつた。（以下略。本書一四四頁参照）
【評】「鋏の音」よりは、むしろ活花の時のしくじりといふ事を主想とした文だといつた方がより適切なのであるが、気取らずに素直に筆がのび〳〵とかけてゐる所がよい。猫の玉も前後に巧に照応して点出されてゐる。「題」はもう一工夫ありたい。

6　恐しかつた音（ＥＢ）85点※

寒い〳〵冬の夜、戸外には木枯が落葉をさら〳〵と弄んでゐる頃、内ではこたつのまはりを囲んで、一心にお父さんのお顔を見つめてゐる。こたつの中の火はしきりにぱち〳〵と音をたててゐる。

「……といふわけで、あまりに可愛さうなので其のまゝにしてやつたとの新聞である。こんな田舎家でも余り安心は出来ないな。お前の後の戸が開いて、すうつと入つて来ないとも限らないからな。」とからかふやうにお父さんがおつしやる

と、

「わあー、いやだい〳〵、そんなお話もうやめ〳〵。」

と弟がどなつた。

するると、丁度其の時雨戸がごとんがた〳〵といふ。「おや、今のお話がすぐ事実に表はれるのかしら。」

と思つてゐると、変な含み声で、

「こら、こゝをすこし開けろ〳〵。」

と来た。「それー」と皆一様に顔を見合せる。今にもとぎ〳〵した刀をずぶりと畳につき立てて脅かし文句かな――あ、こはい〳〵。まるで頭から冷水をかけられた様だ。

がら〳〵と玄関の開いた音に、こたつに伏せてゐた青ざめた顔をあげてこはぐ〳〵ふり返つたら、何のことだ、兄さんが、にこ〳〵笑ひながら入つて来るではないか。「まあ、お前は〳〵。人をおどかす悪ふざけはもうおやめ。」とは、むきになつてたしなめる母の声。

「おや〳〵、これは失敬。来る早々お目玉か。」と頭をかく兄さん。

「おどかしたかはりにお土産おくれ。」と弟にいはれて、「ほーら、おどかし賃」と言つて、どたりと風呂敷包を投げ出した。

お母さんが包をほどきかけると、すみの方から、ころ〳〵と赤いおいしさうな林檎が一つころげ出す、つゞいて幾つも〳〵……。

「これはおいしさうだ、どれ一つ先陣をうけたまはらうかな。」と言つたが早いか、お父さんは、中でもおいしさうなのを一つ大きな掌でつかみ上げ、次の瞬間にはもう赤いところを一口がぶり。

つい今しがたの恐しさや腹立たしさのすつかりなほつた皆は、にこ〳〵しながらそれ〴〵口を動かしてゐる。

戸外では、またも一しきりさら〳〵と木枯が吹きまくつて行く。


【評】達文達筆、文中にみなぎる滑稽味に、思はず明るい朗らかさも感じさせられる作。まるでお芝居でも見てゐるやうに、気持ちよく読まれる文です。

7　竹刀の響（ＨＲ）85点

「行つて参ります。」「お体に気をつけて行つてらつしやい。」といふいつもながらの慈母の声を後に、門の外に出た。筑波山は雪をいたゞいて吹く風も氷の様に寒い。近辺は静かである――何の音もしない。先に二三人の人が足駄の音高く通つたきり、人一人通らない。凍つた土の上には自転車の跡荷車の跡や下駄の跡が昨日の活動の跡を残してゐる。

コツ〳〵と靴の音を立てながら、からたちの荊の生えてゐる土手を左へ曲る。と鶏がコケコツコと鳴く、声が微かに聞えた。何処の家かで雨戸を開ける音が重さうに聞える。今まで奥山の様に静かであつた此の平和な村も、今は眠りより覚めようとして居る。朝起きの駄菓子屋の家ではガダ〳〵と、立てつけの悪い戸を開《ママ》る音がしたと、太つたをばさんが半分白鬚の混つた頭を出した。私の姿を見ると眠むさうな目をパチ〳〵させながら「早いね！」と言つて真黒の歯を出してニツコリと笑つた。私も大きな声で「をばさんお早う。」と言つた。しばらく行くと野原路へ出た。寒い風が一層ひどく吹く。私は帽子を深く被り、オーバに身を包んで下を向いて歩く。霜柱が歩く度にサクリ〳〵と淡い音を立てゝゐる。私は其の音を面白さうに聞きながら行くと、突然「エーオー」といふ声と共に何かをはたき合ふ音がする。私は何んだらうと立ち止つた。大穂村から常《ママ》も来る郵便屋さんが折好く通りかゝつたので、「あの音、何んの音だか知つて居ります?」と聞くと、親切に「あーあの音ですか、寒稽古の音ですよ。」とお教へ下さる。寒稽古〳〵、此の寒い日に襦袢一枚になつて体をきたへてゐる有様が目にうかぶ。又「エーオー」と腹の底からしみ渡る様な其の掛声竹刀の音はつゞけ様に聞える。

　と私の頭をさつと通り過ぎた言葉がある。「鍛錬せよ〳〵、寒さに負けるな。」と今度聞えて来るのはあの勇ましい掛声でなく、厳かな神の御教の様に「鍛錬せよ〳〵」とのみ。

　一歩進めば尚大きく、二歩進めば尚々大きくおごそかに聞えて来る。病弱の私にはどの位此の無言の御教えが心の底にしみ渡つた事でせう。

××

白々と明け離れたさわやかな朝。強き太陽の日を全身に浴びて、心行くばかり両手を広げて深呼吸をしたならば、何んなによい気持だらう。早くやつて見たい！

又もおごそかに鍛錬せよと。

【評】非常にとゝのつた文である。後半はない方が却つてさつぱりとしていい。作者が何処へ行かうとしてゐるかゞ不明なので、何だか物足りない気がする。

8　銀笛（YM）85点（一月二〇日作）

「兎が餅を搗くと言ふ月の世界に行つたらば。」幼い妹は紅葉の様な手を振り〳〵一心にうたつてゐる。何時の間にか二人は小高い岡の上に立つて居た。十五夜の月はかう〳〵として今宵の暗を照して居る。足下の草むらからはヂミイ〳〵と消え入る様なこほろぎの声。そよ風に枯れた穂薄がさや〳〵とゆれる。遠くで犬の遠吠えが微かに聞えてくる。

目の下には見渡す限りの田、畑、岡、その中に白く帯の如くに横たはる小貝川、すぐ近くのたんぼ中にある水車場では「ゴトヽヽ。」と水車の回る音。大空の北隅にくつきりと輪画《ママ》をあらはした浅元山《せんげん》、其れに連る雪入山《ゆきいり》。其のふもとの霞たなびく中に点々として散在する村落の灯。ああ、あのうちには我が家の灯もまじつて居るのだ。何処かでぼつたんヽヽと杵の音。あれも月へ供へる為の餅であらう。遠くの町へでも行つて遅くなつたらしくすぐ下のだらヽヽ坂をガタゴトと荷馬車が下りて行つたが、やがて黒い杉森の中へと吸ひ込まれてしまつた。

ふと何処からともなくほろヽヽと言ふ銀笛の音が流れて来た。「あ、銀笛の音が…。」と言ひながら思はず耳を傾けた。妹も何時しかうたを已めて私の袂をしつかり握つて居た。「一たい誰が吹き鳴らすのであらうか？　きつと枯芝の土手にでも腰掛けて月に向つて吹いて居るに違ひない。」などと想像をめぐらしながら尚も耳を傾けた。むせぶが如き笛の音は或は高く或は低く強く弱くいつまでもヽヽ聞えて来る。私はただ呆然としてさんヽヽと降り注ぐ月光を浴びながら時の過《ママ》つのも知らずに立ちづくしで居た。

【評】大体とととのつた文であり、主想もはつきり読まれるが、前半にあんまり「音のいろヽヽ」をごたヽヽと出しすぎて居る。

9　鋏の音（ＮＫ）85点

「何処までやったの」

といふ声にはつとして手早く、裁縫物を取りだした。

「袖付をへたところよ。見て戴かない。でも……」

といつたきりそれ以上には、何も発しなかつた。今日も又か……と思へば、あのいやな鋏の音を連想する。

今日も又赤茶色にさびた鋏のごやつかいに。いつの間にか袖のとめは可愛さうに、ちぎられてしまつた。チヨキンといふ一瞬間のいやな音のために。あの音はどんなに、私にとつてはこはいのであるか、自分でも知らない。其れもみな自分の下手のために、ちぎられてしまつたのだと思へば、どうしてあの音を……。

第三時間目の終りを知らせるベルの音は、八百余の生徒の耳にひびき渡つた。運動場の方からは皆の口から連発する寒さの批評。木枯の盛んに吹きすさぶ音、電線のうなる音。それらが一緒になつて前よりか更に強く私のすざましい心を、笑ふかのやうに。強く強く吹きすさぶ。

【評】短い小品であるが、少女でなくては、否この苦しい体験の持主である人でなくては書けぬ文。その点がうれしい。

《評点八〇点》

10　思出の音（ＵＥ）80点

真赤な太陽はいつの間にか筑波山の後に姿をかくしてしまつた。家々より立上る煙はゆるやかに、白い一筋を画いで空の彼方に消えて行つた。烏がカア〳〵鳴きながら、ねぐらをさして飛んで行く。無邪気な子供等は、「夕焼小焼、あした天気になあれ」と歌ひながら、母様の待つてゐるであらう楽しい我が家へと帰つていつてしまつた。私とお母さんは一生懸命に摘み続けた。大きなざるも早半分以上になつた。あたりはひつそりしてゐて、ポチポチと云ふ桑摘む音ばかりが、あたりの薄暗い空気をやぶつて聞こえる。

お隣りのお婆さんは、曲がつた腰に籠を背負つて、先程帰つて行つた。

彼方の家々には赤い灯火がついた。暮色は静かな山村を黒いとばりで刻一刻と掩ひ始めた。と急に賑かな笑ひ声が起つた。私もお母さんも同時に其の方を向いた。其処には、鍬をかついだ二三人の男の人と、籠を背負つた三四人の女の人とが、面白さうに語ひながら家路にと帰つて行くのであつた。私とお母さんは顔を見合せて、何とはなしに微笑し合つた。

「もうそろ〳〵帰らうよ、ざるも一ぱいになつたから……。」「えゝ……。でももう少し……。」「おや、今日は馬鹿に熱心だこと。いつもこんなだといいんだがね。」とお母様はおつしやつてお笑ひになつた。あたりはみんな薄墨色、其の中に桑摘む音ばかりがポチ〳〵〳〵と……。

或る夏の一日の桑つみ。あの音！　思出の音！　又今年も夏になつたら桑摘みをしよう。あのポチ〳〵と云ふ音には、何となくなつかしい、そして淋しい響きがこもつてゐるやうに感じられてならない。

【評】平和に暮れ行く桑畑に立つ母子。其の手の先から囁き出るポチ〳〵と云ふさゝ音、田園文学の一つとして興味深いもの。時間の推移が大体よく進んでゐる。

11　清い音（ＫＮ）80点

月が美しい光で、あらゆる物を照し、やさしい静かな歩みを続け、雪が見渡す限り白砂のやうに光つてゐる夜、私はお母様と一緒に、お使いから帰つて来た。

静かな夜に下駄の音だけが、つめたい雪の上に、さくつ、さくつと、清らかな気持のよい音を、ひゞかせてゐる。

「お母様。此の雪何尺位あるでせうか。」「さうね。八尺位でせう。」お母様はしんみりと話された。

下駄の音は相かはらず、さくつ、さくつと、ひゞき、此の清らかな音は、私の全身にしみ込み、心まで清らかに、いれかへられたやうな気がした。それとも此の音で、よい方にみちびかれるのではないか。私は急にうれしくなつた。

森の彼方には、寒むさうなふくろふの鳴き声が聞える。

【評】「途上所感」といつたやうな断片的叙景抒情であるが、引きしまつてゐてよい。中心がはつきりしてゐる。

12　恐ろしかつた音（KT）80点（一月二二日作）

不図目が覚めた。辺は物凄いばかり静で、たゞ寝息のみ辺の沈黙を破つて聞えるだけである。あまりの静けさに私は恐ろしくなつてしまつて、すつぽり頭から夜具をかぶつてしまつた。

もし泥棒が入つたらどう仕様《ママ》などと考へ出して、尚恐ろしくなつてしまつた。そいして新聞にあつた強盗の記事を思ひ出したりした。

すると突然縁側の下辺でごそ〳〵と音がした。私は頭から冷水をかけられた様にぞつとした。いよ〳〵泥棒が入つたに違ひないと一人ぎめしてしまつた。

私の胸は恐ろしさの為、早鐘を打ち、手足はぶる〳〵ふるへた。傍の母を起そうと思つて居ると、まもなく止んでしまつたのでまづ少し安心して居た。すると又音がし始めた。しばらく経つと又止み、そん事《ママ》が数回あつた。終ひには馴れてしまつてそんなに恐ろしくもなくなつた。しばらく経つと今度は床下へ入つて来る様な気配である。さつきの安心なんか何処へか飛び去つてしまつた。私は息を殺してぢいつと耳をそばだてゝ居た。すると何んだか私の寝て居るすぐ下に来た様な気がする。私は家の人を起すのも忘れて、神に念じながら、ぶる〳〵ふるへて居た。床板をたゝく様な音がする。きつと床板を破つて畳を上げ覆面した頭でも出るのだらうと、さう思ひながら夢中でふるへて居た。

もう畳を上げる頃だと思ふ時分に、突然畳を上げる音とは違つた犬の首輪の音がした。あゝ、其の時の嬉しさ………。

【評】だん〳〵と事件の頂点へ引つぱつて行く手腕は、なか〳〵にすぐれたものだ。「何かしら〳〵」と思はせられながら、読者は固唾をのみつつ、読み進ませられて行く。

13　おりんの音（NS）80点

目覚し時計の響に楽しき夢は破られ、私は登校の支度にと急いだ。世は未だ夜のとばりに包まれ、人々は安らかなる夢を貪り、辺はしーんとして時々彼方にて鶏の時を告ぐるのと、女中の食事の用意をする音のみが聞えて来るばかりである。

やがて登校の支度は出来、御仏前へ初穂を上げるのに、其の前へ立ち、小石川に住める祖母より戴いた、二寸程の可愛いゝ蝋燭にお灯明をともし、亡き兄の友より贈られた香よきお線香を上げ、私はおりんを叩いた。『チーン』何と清き音なのだらう。

兄様はきつと楽い《ママ》く〵地下にて、毎日兄様の亡くなつてからは淋《ママ》く過す私の叩くおりんを、故郷からのお便として、喜んで聞いて下さるだらう。それから私の生れない時分に永久に帰りまさぬ途につかれた姉、又私の七才の時地下に旅立つた婆や、皆誰もが喜んで聞いて下さるだらうきつとく〵。

私はお祈りをして亦一つ『チーン』。本当に何と清らかな音なのだらう。おりんは極楽浄土へでも響いて行くかの如く、長くそして静に静に消えていく。

【評】これは珍しい題だ。まだく〵十分練るところはあるが、とにかくまとまつて居る点がよい。「チーン」たしかに清さがこもつてゐるやうだ。

14a　さざ波（OK）80点（一月二二日作）

ひたひたく〵と囁くやうに、さざ波が寄せては返してゐる。静かに寄せてくる波に送られてそよ風がさあつ、と、二人の黒髪をなぶる。はるか海の彼方は真赤な夕日に色彩られて、あたり一面ぼうつ、と、淡桃色に、恥ぢらひし乙女の頬の様に。

「たあちゃん、もう少し居ませうよ。」「ええ、では夕日が沈むまでね。」私はうなづいた。そして、貪る様に夕日を眺めた。銀色のさざ波が真赤な夕日を受けて金色に銀色にきらきら光つて見えた。

私はいつか波打際まで来て居た事に気づいた。遠くにぼんやりと松林が見える。今迄砂浜に遊んで居た二三人は今はもう影も見えない。「帆かけに乗つて美しい夕日の側まで行つてみたい。」私は心でこんな事を思つて居た。

時折ひたく〵と寄せて来る波の音は、浜の子供達にとつて、よき子守歌であらう。又、日に歩み夕べに宿を訪ねてさすらひ歩いてゐた人が秋の夕べに砂浜を訪れて、あの波の音を聞いたならば、あてもない身の便な《ママ》さが一層強く心を打つであらう。一家族して海辺に避暑に来た人等には、人の心を淋しくさせるあの音もどんなに楽しく聞える事であらう。

時々つめたい風が私共の上気した頬をなでる。あゝ、あの小さい波の音も人々の心に様々な思を運ぶものだなあと、私はしみじみ考へ込んでしまつた。

【評】これは他の人の見つけない世界を描いてある。文もかなりに練られてある。「さざ波」のさらりく〵の清くしめやかな音にふさはしいよい文。

14ｂ　さざ波（ＯＫ）※（実地授業では、この詩が紹介された。）

ひたひた〳〵と　さざ波が
寄せては返す　さつさらり。
はるか彼方を眺むれば
夕日の色も映え映えと
銀の波間に黄金色。
さびしく楽しくさゝやくやうに
ひたひた〳〵と　さざ波が
寄せては返す　さつさらり。

【評】（引用者注―この原稿には、評が記入されていない。『智目と行足との新国語教授』には、授業時に添えた次のようなコメントが記録されている。「時折、かういふ形をとつて表はして見る事もよいでせう。変つた面白いものが出来るものです。素材がよしや有りふれたものでも、かう言ふ形の、新奇なリズムのある言葉にのせると、相応によみごたへがして来るものですから。」）

15　音によつて（ＩＫ）80点

チヤキン〳〵夜の静けさを破つて聞えて来た。時計を見ると未だ九時一寸過ぎ。

「今晩は随分早いのね。」と傍に縫物をしてゐた母に言つた、と月出里が火事だ、月出里が火事だ、といふ力一つぱいの叫。

「そら。」と言ふので裏にかけ出した。すると燃え盛り、ポーン〳〵と言ふ枯竹のわれる音。村中を真赤にうす気味悪くそめた。私はぶる〳〵つと身ぶるいした。ヂヤン〳〵〳〵、おどけたやうなはんしやうの響。尚々ひざつこの所が上下々々と動いて来た。心を落着かせふるへを止めようとしたが、あのむごたらしい悪魔の仕業に対しては止めることが出来なかつた。腰の重い祖父も出て来て、この風では何処まで燃えるか分らないと言つた。

父は早速支度した。

はんしやうは尚も私共の注意をうながすかのやうに激しく鳴つてゐた。木枯しは尚もがたんごとんと鳴らした。

父は急ぎ足に出て行つた。

はんしやうの響をまぎらすために、ラヂヲを耳に当てた。前にはたのしく聞えた唱歌も今はおびえた声のやうにかすかに聞えた。

はんしようの恐ろしい響はうすらがうともしなかつた。

同じ音を聞くのでありながら聞く人の心によつて違ふと言ふことを感じさせられた。

ふと何時か学校で習つた、心此処にあらざれば見て見えず聞いて聞えずと言ふことを思へ心の中で二三度くり返した。さうして少しですむやうにと祈つた。

【評】半鐘の音でおびえてゐる心持がはつきりと読める。所々にひりつとする語句がひそめられてゐる。

16　心地よき音（ＭＹ）80点

＊作品不明（現存せず）。

《評点七五点》

17　物凄き音（ＦＫ）75点

たしか四年前の二月十日の夜だつたと記憶して居る。私は半鐘の音にふと目をさました。そして起きる事も出来ず、がた〱ふるへながら、夜の静さをやぶつて物凄く聞えてくる半鐘の音をきいて居るほかはなかつた。

すると母様が来て私の目をさましてゐるのを見て、火事は遠いのですから安心しておねなさい、と言つたのでおもはず、「どこ火事はどこなど」と言ふと、さあ多分富多でしようよ、すこしも火が見えないのですからと言つたまゝ部屋を出て行つてしまいました。

しかしいくらねようとしてもねつかれなかつた。其の中に火も消えたのだらう、半鐘の音も聞えなくなつた。その時のおそろしさとあの物凄い半鐘の響とはいつになつたら私の心からきえさる事であらう。

【評】おびえてゐる其の夜の気持がはつきりと描き出されてゐる。

《評点七〇点》

18　夕をつぐる音（ＳＳ）70点（一月二三日作）

学校の帰途のことである。西の空は真赤となり、明日の幸福を知らせるが如く。

利根川のきてきの音。鳥の巣にとびかへる羽ばたきの音のみが、ひびきわたり、あたりは静かである。

すると、いつしか、四方の森々からは、さびしい鐘の音がひびいて来る。その鐘はきつと、おぼうさんが、つくのであらう。あの鐘楼にさがつてゐる、大きな黒い鐘。音は鐘楼にもれ、森にひゞきて、だん〱とひびき、やがて、私共の耳に、きこえる、あの鐘は、なんとさびしさ、あはれさを、感じさせるものであらう。

鐘の音と共に、広大なる田畑で、一日たんせいに、働いて、家にかへる、人々は、鍬を持ち、或は、かごをおほひ、夕やけを、浴びながら、細い野道を、しょぼ〱と帰へるにふさわしき音である。私には、あの鐘の音が、にぎやかな都会に、もれるよりは、静かな農村に響き渡るのは、なんと心の、おちつきを、よくすることで、あらうと、思はれる。

私には四季の鐘のうちで、秋の鐘は、最も味ひ深く聞れ《ママ》る。

【評】一貫した筋もなく中心もはつきりしてゐないし印象力がうすい。

19　恐しかつた音（SN）70点

悪者に追ひつめられ、千丈の谷底へ、危く落ちる瞬間、はつとして目がさめる。胸がどき〱と、波を打つ。体には汗びつしょり。あゝよかつた。今のは夢だつたのか、本当に恐ろしかつた、等と考へて居ると、突然私の耳に、異様な物音が聞えた。はつとして耳をすますと、何処かで、コトン〱と言ふ、ただならぬ音、私は聞くやいなや、もう無我夢中で蒲団の中へ、もぐり込んだ。前よりも、もつと〱十倍も二十倍もの鼓動が加はつて、まるでお部屋が上つたり下つたりする様に感じた。息を殺して、じーとして居る事、五分位、苦しいの、苦しくないのつて話にならない。静に心を落着けて見ると、何の音もしない。耳のせゐだつたかも知れない。恐る〱頭を出して、目を開いて見ると、ガラス窓が、ほんのりと明るい。何時だろう。まだ夜明ではないらしい。しーんとした中に、唯、かすかに、かすかに、お友達の寝息のみが聞えるばかりと、カタン〱チュウ〱と言ふ天井を走るねずみの音、なあーんださつきのはねずみのいたづらする音だつたのだ。馬鹿〱しい。つまんない事に、大事な睡眠時を費やしてしまつた。なんて臆病なんだらう、もつと〱大きな心を持たねばならない。

今までした事がをかしくなつた。静けさを破つて、ヂン〱と二時を打つた。おや二時、急に淋しくなつた。眠らう〱とあせつたがなか〱眠れない。皮肉にも天井で、ねずみマラソンの音のみが、眠を妨げる。何時の間にかそれもやんで、再び深い眠に入つた。

【評】中々達者な筆だが、まだ〱才に任せて書きぱなしただけで推敲が加つてないので、もう一息といふ所でつかへてゐる。

20　こはかつた音（AD）70点（一月二〇日作）

冬の夜はしん〱と更けて行く。何所のお部屋もひつそりと静まりかへつて、聞えるものはかすかないびきだけ。

何時だらう、早く眠らなければ……

あせればあせる程目が冴えて、なか〱寝つかれない。遠くの方から、ヂヤリン〱といふ音が聞えて来る、多分夜回りであらう。この夜中ずゐ分寒いことであらう。然しこれは誰もがしなければならないことで、町の為否、自分の為になるのだ。ヂヤリン、おゝ夜回りはすぐ近くまで来たのか、然し間もなく遠い暗《ママ》に消えてしまつた。

　家では父母は今頃眠りに就かれたであらうか、それとも今の自分のやうに、目をさまして居られるであらうか。家に居たならば、今頃は暖かい両親の側で、安らかな夢を続けてゐたかもしれない。あゝ、家がこひしい。父母のそばがなつかしい。家へ帰りたい。いゝやいけない、これが修養なのだ。誰の為でもない、皆自分の為なのだ。そんな心を起してはいけない。二つの心は互に相争ひながら、今や関が原となりかゝつた。

　「ガタン」音と一緒に、私の体は床の中にもぐり込んで、蒲団をかたく〳〵にぎりしめた。誰でもよいから、早く目を覚ましてくれればよい。それにしても今の音は一体なんだらう。しばらく耳をかたむけてゐたが、何の音も聞えて来ない。又ガタン、なんだ風の音だ、なんといふ自分はおくびよう者なのだらう。後はなんの音も聞えて来ない。

　寮舎の夜は静かに更けて行く。私も漸くまどろんで来て、僅かのうちに眠りの国へ入つた。

【評】眠れぬ夜の風の音、学校は単独であるが、「父母こひし、我が家なつかし」の一節に、寄宿生らしさが色濃く匂つてゐる。

21　夜回りの音（ＮＮ）70点

　眠らう〳〵とあせればあせるほど、目は冴えてしまひます。どうしてこんなだらう。昨夜はあんなに早く眠つてしまつたのに……。自分を叱りつけながら、だん〳〵いら〳〵してしまひます。お友達はあんなにすや〳〵と眠つてゐるのに、私だけはと思ふと悲しくなつて、遠く離れた故郷のことなどを思ひだし、父母は今頃安らかに夢路を訪《ママ》つてゐるだらう。可愛いい妹は今頃どうしてゐるだらうなどと想像してゐますと、ガヂヤン〳〵と云ふ音が夜の空気をふるはせて、さびしく聞えて参ります。何かしら、今まで私の胸は早鐘をうつやうにいら〳〵してゐた心は、恐怖心に変つてしまひました。

　次の瞬間、あ、あれは夜回りの音だと気付いた時、ホツト安心しました。あのガヂヤン〳〵と云ふ音は、何か私の心をいろいろの思ひにふけらせるのであります。先刻より冴えてゐた目は一層冴えて、どうしても眠ることが出来ません。夜回りをする人はさぞ寒いことでせう。あれは私達のために犠牲になつてしてくださるのだと思ふと、感謝の念を表さずにはゐられなくなります。夜回りの音は次第々々にうすらいで、いつしか闇の中へと消え失せてしまいひました。

やがて時計は十一時を報じました。窓の方を見ると月光が曇ガラスより射し込んで、部屋は薄明くなつてゐます。何んだか気味悪くなつて床の中へ身をかがめ、何時しか眠りについてしまひました。

【評】よくある材料である。大体無難ではあるが、これぞといふ新味はない。

22　起床のベル（ＥＨ）70点

ギリ〳〵〳〵、私がハツと目を覚した時、盛に起床のベルがなつてゐる。私はその前から、かすかに、ベルがなつてゐるなと思つてゐた。ギリ〳〵〳〵それだのにまだなつてゐる。私はそれを聞いてゐる中に、心の中でかうさけんだ。おゝベルがなつてゐる。私達は今、修養の身であることを忘れてはならない。あのベルは、私達が今日一日、その修養の道に向つて進んで行くやうにと、さとしてゐるのだ。と、同時に私の胸は、よろこびで一ぱいになつた。ギリ〳〵ギリ――余韻はまさに、消えようとしてゐる。私はそれが消えない中にと思つて、飛び起きた。そして、手早くふとんをたゝんだ。いままでなら、「寒くていやだなー。」などと思つて、半分だけ起き、ふとんの中に手を入れて、あたゝめたりしてゐるのだが、今朝に限つて、そんなことをするのは、時が惜しくてやれなかつた。髪を結つて、着物を着た。それも、今までのやうに、ひまどつてはゐなかつた。

顔を洗つて、お部屋に帰つてきた時は、皆洗面所に行つた後で、しんとしてゐた。開け放された窓から、冷たい風が流れて来て、頬をなでた。私の心は、一層ひきしまつてゐつた。私は机に向つた。これまでにない、勇みたつた、晴々とした心で。

【評】殊勝な心掛が、いつもはいやなベルの音を進軍喇叭の音をきいたといふところ。心の持ちやうといふものが、如何に私どもの生活に関係するかを語る作。

23　音によつて（ＳＺ）70点（一月二一日作）

「カツチン〳〵」時計のセコンドの音が、静かに家の中に淋しげにひびいてゐる。

火曜日までに書いて行かなければならない。

さうだこれを題にして書いてやらう。私は机にしがみついて、しばらくは紙とにらめつこをしてゐた。中々浮び出ない。音なんて先生はなんてくどい題をお出しになるのだろう。

私はあせるばかりである。

「時計の音じやだめだ。」別の音にしよう。とした時、天井裏でねづ《ママ》みの走る音。おゝさうだ。あの音がいい。私は一人胸に問ひ胸に答へて、じつと天井裏の音に聞耳をそばたてたが、いくらまつても何の音もしない。五分。十分。十五分。何の音も聞えない。

　私は持前の気短さが、むら〱と燃え上つて来さうなのをじつとこらへて、天井裏の音の起るのを、今やおそしと待つてゐた。

　やがて天井裏が急にさわがしくなつた。私は飛立つ嬉しさを、じつとこらへて、天井裏の音に聞きいつた。

「ガタ〱チウ〱チウ〱ガタ〱。」とつづけざまにないたが、又もとの静けさにかへつた。

「まあ馬鹿らしい。」私は持前の気短さがそろ〱尾を持ち上げて来た。

「エゝ面倒くさい。」私は机の上にあつたインキ瓶や、本や、今まで使つてゐたペンまでもかたづけてしまつた。

　家の中はひつそりとしてゐる。かすかに犬の遠吠が聞える。一人しく〱泣きながら床に入つたが、いつしか楽しい夢路をたどつた。

【評】この文が出来るまでの苦心談であるが、作者の性質だけはよく出てゐるが、材料があまりよくこなせてない。読み直しが大切。

24　すさまじい響（YB）70点

　今までのからりと晴れ渡つて居た大空が、俄に曇つて来た。と同時に車軸を流すやうな大雨が、ざつと降つて来た。電《ママ》はピカ〱と閃き、雷はゴロ〱ズドーンとすさまじい響を立てゝ鳴り出した。私は恐しくて〱たまらないので、前の畑へ一目散に走つて行つて、桑枝を一枝折つて来て、柱にさした。

　そして皆して、寝床に蚊帳をつゝて入り込んだ。老人達は一生懸命お線香を上げたり、火をたいたりする等、上を下への大騒である。私が一番家中での恐ろしがりやである。蚊帳の中から外を見て居るとピカ〱と光る。光つたかと思ふと間もなく、ゴロ〱ズドーンと大きな音を立てゝ鳴り響いた。あゝ何とすざまじい響きだらう………。忠男は耳を押へ妹も耳を押へ、私は蚊帳の隅の方にじつと座つて居た。間もなく家の中がまつ光りになつたと思ふと、地震の如く天地もとゞろくばかりの大きい〱音を立てゝ鳴り出した。まあ何と恐ろしい音だろう。側に居つた父が「今はきつと落ちたに違ひない。もう直に雷様もお通りになるだろう」と仰やつた。やがて電《ママ》も通り過ぎ、雨も止んで、大空には美しい虹があらはれた。雨に洗はれた庭木には、処々銀のやうな玉が光り、裏山では蝉がやかましく鳴き出した。

【評】雷鳴を描いたのは、この級では珍しいが、何だかもう一いき深く考へて、この人ならではかけないやうな方面もさし加へてほしいと思ふ。大体無難であるが、しかしまだ印象力はうすい。

25　時計の音（IS）70点（一月二〇日作）

あたり一面は、夜の眠りについてしまひ、今まできら〳〵と光り輝いてゐた太陽は、いつしか西の山に入つてしまつた。空にはぼんやりと星がきらめいてゐる。弟達も昼の遊びにつかれてぐつすりと寝こんでゐる。あたりは物凄い程しーんと静まりかへつてゐて、時計の音だけがカツケン〳〵と時をしらせてゐる。私には其の時計の音が大きな〳〵嵐かのやうに頭にひゞく。表を通る人の足音が時々からころ〳〵と夜の静けさを破る。

ふと、時計を見るといまや十時を報ぜんとしてゐる所。近所では云ひあはせたやうに雨戸を閉る音が、がたん〳〵と聞えて来る。遠くの方では、わんたん屋の笛の音がヒューヒューと、とぎれ〳〵にきこえる。其の笛の音がだん〳〵近に聞えて来る。がら〳〵、がら〳〵と車の音がすると、又ヒューヒューと淋しげに吹きながら遠くへと行つてしまつた。時計はなを《ママ》もカツチンカツチン眠さをも忘れて一心に働いてゐる。寝ようとしても、あたりの静けさに目はいよ〳〵冴えて来てなか〳〵ねむれない。いつしか深いねむりに入い《ママ》つてしまつた。又もや時計の音は、私の耳にカツチン〳〵とかすかに聞えて来る。その時、私は、私も時計のやうに勤勉家であるやうに祈つた。

【評】所々に新鮮な描写があるが、全体としてあまりごた〳〵並べすぎてゐるやうに思はれる。

26　拍子木の音（KS）70点（二月二四日作）

あたりはすべてのものが、深いやすらかなねむりに就いた静かな夜、物事《ママ》は何にも聞えず只部屋の置時計だけが、忠実に「カチカチ〳〵」と、時をきざんで行く。……

折しも、辻角の方でかすかな、拍子木の音が、「チョキチョキ〳〵〳〵」と聞える。よく耳を澄まして聞いて居ると、自分の家の方へ近づいて来る。静かな〳〵夜に一種言ひやうのない、きりつとした拍子木の音を、私はなつかしさを、持つて毎晩迎へた。そしてその音を聞いて、安心して寝るのでした。拍子木の音は、だん〳〵はつきりと、強く響いて来た。よく数へて見ると、十二打つた。あつもう十二時になつたのかしら、時のたつのは、早いものだと、わずかな間に、私は痛切に感じた。この「チヨキチヨキ〳〵」といふ拍子木の音によつて、町内全体の人々が、高い枕をして、毎晩ゆつくり寝る事が出来るのである。この小さな拍子木の音によつて、毎晩無事に過して行くのだ。さう思ふと、有難さが、身にしみて聞えて来る。音は益々はつきり、冴え渡つて来る。私はもしか神様が、おならしになつていらつしやるのかと、思ふ程神々しく聞いた。その音は、だん〳〵小さくなつて、何処ともなく消えさつて終つた。けれど私の頭には、「チヨキチヨキ〳〵」といふ拍子木の音がはつきり浮んで居る。

あたりは、前より一層静かになり、部屋では皆が気持よささうに、ぐう〳〵と寝て居る。相変らず置時計の「カチカチ」が止まなかつた。

【評】数多い拍子木の文の中では、まづ良い方の作であらう。

「消え去つてしまつた」あとの余韻が耳について居るところが面白い。

27　うれしい音（ＫＲ）70点

今まで、まばゆい程輝《ママ》てゐた秋の日も、つかれを覚えたらしくぼつしようとする時、突然空が曇つて来て瞬く間にものすごい形そうになつて来た。「嵐かしら」と思つてぎよつとした。と見る間にゴーツと風がうなつて来たかと思ふとザアーツと大粒の雨が降つて来た。

夕飯をすました頃はもう本当の嵐になつてしまつて、ゴーツと吹いて来ると家がミシ〳〵する。側を見ると、弟は何もしらないかのやうにすや〳〵ねむつて居る。其の側には姉が心配そうな顔をしてやはり弟の顔を見て居る。今頃母は自分の里で、何にも知らずに母と共にいろ〳〵の世間話をして居るであらう。父は先程用事があつて外出したが、何んでも仕事が忙しいやうな話をして居たから多分今晩は帰らぬかも知れぬ。ああせめて母なりともゐて下さつたら。私は此の時始めて親の有難さを感じた。

「姉さん。お父さん帰つて来るでせうか。」「さあ此の嵐だからね。」しばらく沈黙が続いた。ただ聞えるのは風の音と、其れにまじつて降る雨の音と、木のすれ合ふ音ばかりである。

それから何時間たつたらう。門の方で雨の音にさへぎられてよく聞えないが、たしかに人の歩く足駄の音がする。普通の私であつたら聞えなかつたらうが、父を待ちこがれて居る私の耳には強く響いた。玄関に行くと、びしよぬれになつたまぎれもない父の姿であつた。「あらお父さん。」姉さへ来ないであらうと思つたのに。此の時私の耳には何物も聞えなくただうれしさで心がいつぱいであつた。今までの恐ろしさなど忘れてしまつて。

【評】「足駄の音」をこれほどなつかしんだ心持がうれしい。

28　さびしい音（FJ）70点

気味悪い夢にふと目をさました。時計は間もなくチーンと一つ打つた。そうして又カツチン〱と動いて居る音が聞える。四辺は薄暗く、中廊下には電灯が白く黄色くかすんだ中に、鈍い光を放つて居る。時々誰のだかわからない寝息がすう〱と聞える。鼠が裏板の上を走り回る。静まり返つた夜半には、その音が物すごい程大きく聞えた。

私はあまりの淋しさに、お友達を呼び起さうと思つたけれども、あまりよく眠つて居るらしいので起すのも気の毒と思ひ、こらへて居た。ガラス戸が時々がたん〱といふ音を立てる。チヤキ〱といふ拍子木の音が聞えて来た。その音が如何にも寒さうに聞える。

淋しい……淋しい……私の心はこの言葉にみたされた。

外は今夜は寒いだらう。木枯の吹く音がピュウ〱ととぎれ〱に聞えて来る。夜回りの爺さんは眠れるだらうか。こんな寒い夜を歩いて………。

チヤキ〱またしても拍子木の音が聞える。何といふ静かな寂しい音だらう。

【評】平凡な題材、平凡な叙述だが、素直なところがよい。

29　待遠しかつた音（MH）70点

冬の夜は静に〱更けて行きます。あたりはひつそりとしてたまに聞えるのは、ごうごうと言ふ音ばつかりである。今ばんは一人ぼつちで留守居番をしなければならない。それでなくても淋しい冬の夜の二時頃、ねむらう〱と思つてもねむられない。折しも、ガツタリ、すはともぐり込でしばらくたつてからそつくりのぞいてみて、それが、徒《ママ》らなねずみの仕業と知つた時、ああよかつたと、思つたが、なんとなく恐して《ママ》しやうがない。来まいか〱と考へる時はよけいに、恐しい事が次から次へと思ひ出されてもうかなしくて泣きたくなつた程であつた。

恐しき二番目の音は又も、家のすみ〲までひびき渡つた。「今度こそ。」と力いつぱい臭《ママ》をこらしてゐる。其の時心は例えようとしたとて、とても〱上げる事は出来ない。すると、「ニヤーニヤー」と、うす気味悪い猫の声。

「まあ。」今度もか。私の心はどうしてこんなにいぢけてゐるのだらう。どうしたらのんびりするのか。自分で自分の心が自由にならない。ほんたうにどうして居るのかしら……。

しらず〱うつとりとした時、「ガタガタガタ」雨戸を操《ママ》る音。いつも〱だまされてにくらしい一つ運だめしだ。見張りをしてゐようと、まくらをとれば、それは、待ち遠しかつた母の開けた音であつたのだ。恐しさの中へ迷ひ込んだ魂は、此の時の歎息と共に夕立の後の様に、其のいやなく、空は、見知らぬはるか彼方へと、いつの間にか消え失せた。

【評】鼠や猫なども馬鹿には出来ないといふことがしみ〴〵思はれるでせう。夜の世界が来るとすべてが人間をおびやかす。

30　淋しい音（ＩＷ）70点

月は凄い程冴え渡つてゐる。星も寒さうにあたかも月の従者の如く瞬いてゐる。寂しく墓所のやうな冬の夜半で、私は寂しさをこらへながら読書してゐた。この世にたゞ一人残されたやうな淋しさは時がたてばたつ程私の身にせまつて来る。オゝ何といふ淋しい晩であらう。私は今までこんなにおそくまで起きてゐた事は、稀であるのでうしみつ時の淋しさを、しみ〴〵と、味はされた。丁度その時である。私が寂しさに涙ぐみながら、机にうつむいた。戸がガタ〳〵とした。その瞬間私の体は冷水を浴びせられたやうにわなゝいた。淋しい上になほ淋しさがました。きつとその時私の顔は色がなかつたでせう。それでもなほ私は淋しさをこらへながらじつとしてゐた。やがて音のした方で、三毛の啼声がした。私の顔はよろこびに満ちた。それは三毛がねずみを追つて来たから、あんな音がしたのであらう、とわかつたからである。「ホツと安心した。」それから一しきり勉強して床に着《ママ》いた。室内は静まりかへつてゐて何の音もしない。たゞ時計の音が、カチ〳〵と聞えるのみ。

【評】深夜のさまがよくかけてゐる。前半がことによい。

31　夜半の響（ＭＮ）70点（二月二二日作）

私はふと目が覚めた。時計は十二時を指してゐる。あたりは水を打つたやうに静まり返つてゐる。唯静けさを破つてセカンドの響のみが、耳の奥までもしみ込むやうに、淋しくも正しい時を刻んでゐる。

私はぼんやりと天井のふし穴の一所をぢつと見つめてゐた。と急に「がた〳〵ん」といふ、かなり大きな何か落ちたやうな音、其の瞬間ぐぎつと心臓に針でもさされたやうな気がした。何だらうと思つてぢつと耳を澄ましてゐると、又「がた〳〵」と何者かが戸を押したやうな音に、私は再びぞつとした。もうぢつとしてゐられなくなつて、頭からふとんをかぶつてしまつた。誰かを起さうかしらと思ひながらぢつと苦しい息をこらへてゐた。一分……二分……もう何の音もしない。唯心臓のこどうのみが、荒い波を打つてゐる。やがてそつと首を出して様子を見ると、妹のかすかな寝息の外に何事もない。あたりは元の無気味な静けさに帰つてゐる。やう〳〵胸をなで下ろして、自分も眠らうと静かに目をつむつた。冷たい夜の空気は静寂と共にしん〳〵と更けて行く、やがて目覚めてゐるものは時計ばかり、あらゆる生物、無心の草木も深い〳〵ねむりの底に落ちて行つた。

【評】一瞬のおどろきぶりがはつきり出てゐる。たゞ少し事件が単純すぎるといふうらみはあるが。

32　冬夜のチヤラ《ママ》メラ（ＳＪ）70点（一月二一日作）

ぴう〳〵と木枯の吹きすさぶ夜。一人私は炬燵の中にて凍つた路行く人のせはしげな足を《ママ》とを耳にしながらうと〳〵と今しもどんと一発ピストルを合図に漕ぎ出すところだつた。と、ぴゅう〳〵〳〵車の音を伴つた支那蕎麦売のチヤラメラー。私ははつとして目をこすりながら柱時計を見た。勤勉家の時計さん平気な顔してカツチリ〳〵十一時を越してゐた。驚いて床にもぐりこみ支那蕎麦屋のごとごとやつてゐるのを聞きながらあのぽつぽと上る湯気。お腹の底から温りさうな支那蕎麦を想像しながら又もとろとろしはじめた。ごとごといふ音ははたと止んだ。とがら〳〵といふ車の音。しばらくして淋しきチヤラメラーの音。車の音チヤラメラーの音は刻一刻とうすれ行き遠ざかつて行く。と供《ママ》に私は安らかな夢路へとたどり着いた。支那蕎麦売の吹き鳴らすチヤラメラーの音。寒き淋しき冬の夜には一そう私等の胸に深く〳〵響き渡るのだつた。

【評】大分くひ意地がはつてゐると見える。十一時でお夜食がほしくなつたのか。前半に文語体のまじつたところのあるのは、読み直しの足りないことを示してゐるものだ。

《評点六五点》

33　なつかしき夜の響（ＩＮ）65点

あたりはいつしか夕靄にとざされて居た。となりの室からは静かな寝息が聞えてくる。私はゆつたりとした気持で、故郷の家を見渡した。あたりの物が一つとして、私を引きつけずには居なかつた。私は「こんなゆつたりとした気分で学校へ通はれればいいんだがなあ」と、しみじみ思つた。少しの年月の内に変つた家の中を見て、幼かりし時の楽しき思ひ出を記憶から呼びさまさうとして居た。時にカチーツ、カチーツと、拍子木の音が響いてきた。

私は其の音が遠く次第に分からなくなつてくるまで、じいと耳を傾けて居た。あゝ、あの音も私にとつては忘れられない音である。あのカチーツ、カチーツと言ふ響によつて、村人達はどんなに安らかな夢路をたどつて居ることであらう。

此の寒い夜に拍子木を打つて居るのは少年であらう。さうでなければ青年であらう。いや〳〵それとも老人であらうか。

此の寒い夜を村人達の為に打つ拍子木の音は真心から打つ音のやうに強い〳〵響を持つて居る。

【評】忘れられないなつかしき拍子木の音はよいが、それからその打手など今更らしく想像して居る所は此の文の力を弱める。一途に其の懐かしさをかいた方がもつと引しまつてよくなる。

34　チヤ《ママ》ラメラの音（NM）65点

私はふと目を覚した。物思ひにこの間死んだ、小学校の時のお友達のこと思ひ出して、私は淋しく思つた。此の間までは、二人で元気に楽しく、勉強したり、遊んだりしてあんなに仲のよかつた久ちやん。「どうしてお休み中に久ちやんがお向い《ママ》にいらつしやつて下さつたとき、あたしどうして行かなかつたんだろう。」あのとき遊びに行けば、久ちやんの特徴ある笑顔が、更にはつきりと、永久にのこされるのに何で考へてた時、かすかに流されてくる音をきくと、チヤラメラの音であつた。あの哀れな音は私の心の底まで食ひ入るように感ぜられました。何て可愛さうなんだろう。私はもう夢の国から帰つて来たのに、あの支那そば屋は…………「もう十二時だ。」

久ちやんはもう永久に暗黒の世界に旅行してしまつて、今頃は何をしていらつしやるのでせうか。きつとやすらかな夢路をたどつて居るかもしれないね。

チヤラメラの音はだん〳〵近くなつてきた。あの支那そばやは、あゝして毎年今頃まで、車を引いて歩いて居るのかと思つたら、一層チヤラメラの音は淋しく聞いた。

【評】亡友の思ひ出とチヤラメラの音との間に特別の関係もないやうで感激がうすい。

35　恐しき物音（OI）65点

昼のざはめきは静寂にかへり、時計の音のみが、興奮しきつてゐる私の心の中に、いら〳〵しくひびいてくる。

あたりには、かすかなあまい〳〵ねいきが、淋しく聞える。苦しき空想が続けられた。私の心は益々あせる。だがいつになつて、ねむれるのか、時計はたゆみなく進行を続けてゐる一分二分…………。

私は口の中で一二三を唱へた。

父母います懐しき故郷のことが、それからそれへと連想されて、思はず涙をうるませた。

天井では私の事も知らないで、盛にねずみの運動会が開かれてゐる。廊下には心の迷か、人のすうすうとあるく足音が、おそろしくひびき、私は全身に水を浴びせかけられたかのやうにぞつとした。またも、あたりの静かさを破つて、みしりぎぢ〳〵と戸をこぢあけるやうな音が聞えて、私は恐しさに胸は早鐘の如くなつた。

再び静寂にかへつた。あたりはねいきと、カツチン〳〵といふ時計の音のみがきこゑ《ママ》、外には時を知らす、チヤキ〳〵といふ拍子木の響が、此の寒空にあはれ淋しく消えていつた。

【評】深夜の物音―よくある題材です。表現に今一工夫がほしい。

36　寒き夜の音（ＩＩ）65点

冬の弱き日の光も、一日の活動につかれ、西山に眠る頃、あたりは暗き幕にてとざされ、冬風一層身にしみて寒い。空には月が冷めたい光を投げてゐる。星も寒さうにまたゝいてゐる。自分も一日のつかれで、冷めたき床に入つた。しばらくの間眠りにつかれず、たい《ママ》まなくせつ〳〵と時をきざむ時計の音、天井のねずみの音、終列車のひゞき、いづれも淋しさ寒さを増す、冬の夜に起る音を聞くのである。何とも言はれぬ淋しさに、寒さも一入増して、やがて眠りにつかうとする。夜も更けし頃、我が耳にかすかに不思議な音がする。パリン〳〵、はて何だらう。まさか天狗の仕業でもあるまい。しばしは妙なあやしみの思ひに包まれてゐたが、やつとわかつた。此の寒さに堪へかねて河の水が凍つて張りきるに、あの様な、パリン〳〵、と言ふ音がすると昼間、家の人たちの話が思ひ出された。それを聞いて、又も寒さが増して来た。早く眠つてしまふ。床も暖くなつて来た。いつしか眠りについて、夢の国を廻つてゐる頃、パチン〳〵と言ふ音に破られた。それは、汽船の氷をたゝく冬の朝の音である。此の頃の氷は、例年にない厚いしかも河に張り切れてしまふのだから、さだめし船夫も骨が折れるだらう。気の毒になつてきた。自分は暖き床を離れるにしのびず、其の音を聞いてゐた。

【評】夕暮から夜――それから朝までを三頁にをさめてしまつたのは乱暴だ。少し不自然な記述だ。

《評点六〇点》

37　静かな音（ＫＤ）60点

あゝどうしてこんなに静かなのでせう、あゝそうだつた、考査が始まるのだ。

こうして考査になれば私達は十分間の休時間でさい《ママ》も本をひろげて廊下を歩き、放課後は運動どころではない、唯一《ママ》人大きな声を立てる人もないといふ静かな教室校庭、朝は早く登校してお友達と一緒に勉強し時間もせまって考査教室にはへ《ママ》り波うつ胸をおさい《ママ》て先生のいらつしゃるのをまつております、間もなく先生がいらつしやへ《ママ》まして考査始めの合図のかねが「ジヽヽヽ」と静かな教室に響き渡つた。すぐに考査の紙が一人一人渡された。胸の中は波うつておる、しばらく紙を見つめてやがて二三分もたつたかと思う頃に鉛筆のはしる静かな音がかすかに聞い《ママ》てくる。先生は大きな眼で見はつております。唯《ママ》一人横をむく人もなく鉛筆をつよくはしらしてゐる。時間も刻々とすぎて行く、階上の教室から廊下に出る足音、これも静かな足音である。まあなんと静かなんでせう。

【評】さはがしい生活の中の静かな生活は一つの見つけものです。

38　**おいしさうな音（YS）60点**

遠くには小高い小山の風の音、近くには冬の夕べにふさわしい寒風が庭の木々に当つて、気持悪い音をたてゝゐる。前も後も森の中にかこまれた我が家では、黄色い電灯の下で、お茶わんの音がしてゐる。私達家内の人は何をしてゐるのかと台所にゐるお母様の方へ目をやられる。するとお母様はお茶わんになにか一生懸命よそつていらつしやるので、何をよそつてゐるのかと思つたら、今日はえびすさまだからなにか御馳走があるのだらうとお父様の声、其の中にお母様が持つていらつしやる。なんだらうと私は手を出すことも出来ないで其の方へ目を注いだ。其の時静まつてゐた時急に弟があら「おそば此の頃おそば始めて」などと云ひ始める。お母様はお父様から次々と皆にくばられた。そしてお母様は一番終りに取つてお食べになつた。その時まで戸外の様子もわからないでゐたら庭は風邪がぴゅう〳〵吹いてゐるのだつた。こんなに風が吹いてもしも、火事でも出来たらと祖母様の声。其の内に皆は食べてしまつた。お茶わんにおはしのふれる音、お母様のおよそひになる其の音、庭はたゞごう〳〵とする風の音のみ他には何の音もわからないやうである。

【評】「おいしさうな音」といふ気の利いた題なら、その寒い〳〵夜に「おそば」をすする音をもつとはつきりと表はしたがよいに……何だか物足りないね。

39　**淋しき音（WT）60点（一月一九日作）**

世に生を受る凡でのものは、黒きとばりに包まれて、安らかな夢路に入りました。

たゞ耳に触れる物は、柱時計のきざみ行く音のみ。何の音もしない静寂な夜は、だんだん更けて行く。

何んの音もない室内は、深い眠りの国へと無言のまゝ行進を続けてゐる。

遠くからは微かに夜回りの音が、カチ〳〵と澄きつた空気に触れて、物淋しく響いてゐる。

あゝ、あの淋しき音、淋しき響、あの音は世の人の為に響いてゐる。いやそれから人の心を落着かせる。そして淋しさを感ぜさせる。

あの夜回りのカチ〳〵と言ふ音、カチ〳〵といふ響は誰の心にも落着と淋しさとを感ぜさせる事であらう。

あゝ、淋しきあの夜回りのカチ〳〵と言ふ響を立ててゐる人は少年であらうか、それとも青年であらうか。いやそれでなければ老人であらう。何んと淋しさを感ら《ママ》れる淋しき音ではないか。

あゝ、淋しい夜回りの音はだん〳〵遠ざかつて行く。

時は更に十二時半を告げてゐる。

あゝ、なんと淋しき音であらう。

【評】少々感嘆詞が多すぎる。「あゝ」とか「淋しい」とか言ふ言葉を表面に出さずに、おのづと淋しさに涙ぐませるやうに書くのが上手といふもの。

40　おそろしい音（ＴＮ）60点

自省終り、消灯とあわたゞしい鐘の音と共に、今しがたまで、さほどまでに、ざわめいてゐた室も、今はひつそりと静まつてゐる。

静かな部屋のなかには、鼠の天井を駆け回る音と、安らかな夢路をたどるらしい、微かな夜の寝息の他には何物も聞えない。

私は真暗な床の中で、眠れないままに、頻に寝返りをうつてゐた。

其の時、窓の方でガタン〳〵といふ物音がする。深夜の闇を破る物音。はて何音だらうと私の心は、急におそろしさにおそわれた。

じつと息を殺してゐると、ます〳〵音は、激しくなる。いよ〳〵大変、夜具を頭から被つてしまつた。そして一秒二秒と物凄い時は刻まれていつた。

暫くの後不安な中に頭を少しだ《ママ》れてゐると、さつきの物音はどうやら静まつたらしい。でも、まだ私の胸の鼓動は、やまない。そして部屋の中は又、元通りの静けさにかへつた。

深夜のおそろしい物音、私を脅かした物音は……それは風の音であつた。

【評】最後の所で一寸気の利いた転向を見せてゐるが、全体としては何だかこしらへもののやうな気がしてならない。もつとはつきりと、深く作者が自らが感じるやうに習慣づけるがよからう。

41　夕暮の音（ＮＪ）60点

コツ〳〵、いつもの通り夕暮時、川端に沿ふた野路をいそいだ。後からかさ〳〵と音をたてながら、誰やらついて来るやうな気がする。思はず後をふり返つたが、誰も来る様子もない。たゞ汽車の走る音がかすかに聞えて来る。所々の森かげに薄もやのかゝつたやうに見えるのは夕食の支度の煙であらう。彼方の寺からは夕べをつげる鐘の音が聞える。

門からばた〳〵とかけこんだ。家の中はまるで戦争のやう。はたきをかける音、座敷をはく音、火のパチ〳〵もえる音、雨戸をくる音、いろ〳〵の音のコーラスである。やがて一時間の後には静まりかへり、ただふけ行く夜る《ママ》に、ねずみの歩む音のみがコト〳〵と、さびしく響きわたる。

【評】夕暮時のおとをごたごたに取り並べたといふ趣がある文だ。夕べを告げる鐘が、鳴る頃に「うしろから脅かされるやうな」とは何だかまだこれほどおそくないのにと不自然なやうに思はれる。「鼠の歩む」もどうもしつくりと来ない。

42　こがらし（ＭＲ）60点（一月二二日作）

朝早くからすさまじく音を立てゝ、西風はみをつんざくばかりに吹いて、あらゆる物体にあたり恐しい風に家の者は火の用心に注意して居ります。

夜に入つてもやむけいせきもなく絶えず山おろしに吹いて居ります。空には星が数しれず輝いた光を地上に放つて居ります。其の心持は何といつたらよいか口にはいふことが出来ません。次第に夜は更けてたゞ聞えるものは風の音と土びんのにい《ママ》たつチン〳〵といふ音ばかりです。十時を打つ音に夜回りの回る頃となつて拍子木をたゝく音も風にふきながされてかすかにチヤキ〳〵と聞えるぐらゐのものでした。かすかに聞える拍子木の音を夢うつゝに聞きながら眠りにつきました。

私が朝目を覚まして見ると風に昨日のいきほひはどこい《ママ》やらいつてしまつて、東の空より太陽はにこ〳〵として顔を出して私達のために暖い光を放つて居ります。

私は愉快な心持で妹と二人で学校にといそぎました。

空には飛行機がすさまじき音を立てゝ此の広い〳〵大空を我がものとばかりに飛んでおります。ブーン〳〵と。

【評】「こがらし」の凄さがまだかき足りない。あとの方は無理に書き足したやうな感じがする。

43　恐しい音（ＹＹ）60点

カチ〳〵と時を刻み行く。時計の音が静かな室に、大きく響く。

皆家の者は、楽しい夢路を辿つて居るやうである。かすかな寝息が聞える。私一人はどうしても、眠れない。ぎゆつと目をつむつて見たが、やつぱり駄目……。

かうして居る間も、時は容赦なく、流れて行く。その時一寸、頭に浮んで来たのは、来週の火曜日までの、作文の宿題だつた。寝られぬまゝに起きて、考へ始めた。あれかこれかと、考へて見たが、うまく良い考へが浮んで来ない。それで今度は静に目をつむつて、考へてゐると、戸棚の方でことん〳〵と音がする。始めの内はねずみだもの、恐くないと、思つて居たが、又ごとん〳〵と前よりも、大きな音を立てるので、臆病な私は、もう起てられないで、帳面も筆入も、机の上に置ばなしで床に就いてしまつた。

床についてから、今のあの音は何んの音であるかを、想像しながら居ると、カチ〳〵と言ふ、拍子木の音が、聞え始めた。其の時、時計が勢良く、十一時を知らした。

【評】結びの方に変なこはがらせた音について何も解決していないのは、しりきれ蜻蛉のやうな気がする。まとまつてゐない文だ。

44　除夜の鐘（ＭＴ）60点（二月二七日作）

ふと目をさまし、あたりを見回はすと、弟は大きな鼾をかき、枕に番をさせてゐる。

自分の枕元を見ると、昨夜読まうとして、枕元に置いた雑誌があつたので、読んでゐるとぼうん〳〵と、除夜の鐘の音が聞えてくる。私は読むのをやめて、鐘の音を聞き入つた。其の音が私には非常に、気に入つた。そして何時までも〳〵それを聞きたかつた。けれどもさうすることは出来なかつた。それでも其の音の余韻は、まだ私の耳になつてゐる。

少し立つて、又本を読んだ。頁をかはす度毎に、気持のよい微かな音を立てる。

折しも時計が六時を討《ママ》つた。私の家でも女中が起きて、朝飯の支度をしてゐる。口を開ける音、座敷を掃く音が聞えて来る。

私も女中が働いてゐるのに、寝てゐるのはかはいさうだから、いきなり起き出す。女中が「ずゐぶん早いこと」と私を見る。

今太陽が東の空から、にこ〳〵とお顔を出して、下男を照らしながら、旅をしようとする頃、又しても鐘の音が聞える。

あはれ鐘の音よ、野辺の草々、山の木々、うつしよの音楽を聞きなさい。あの高殿でつきならす、鐘の音を聞きなさい。

あゝ憧憬の鐘の音よ。


【評】（引用者注―この作品に金子の評は記入されていない。「二月二七日作」と書き添えられているので、遅れて提出されたものと推察される。）

45　けたゝましい音（MU）**60点**（**二月二三日作**）

あたり一面には黒いカーテンが下されて、冬にはふさはしい夕暮であつた。其の時ふと私の耳にはけたゝましいサイレンの音が聞えた。私は角へ飛び出した。見ると薄墨色の空にほのかに赤く見えた。私は思はず「火事だ」と叫んだ。

消防小屋の前には消防の者が集まつた。其のうちに武機《ママ》は出された。けれどもあまり大きな火事ではなかつたのでポンプは行かなかつた。だん〳〵サイレンの音も遠く消えて行く。そして火事の方向もわからなくなつた。消防の者もポンプをしまひ退却を始めた。

あたりは全く暗くなつた。家々では夜の食事が始まつたのであらう、方々から食器の音が聞え始めた。


【評】末句にいたつて、ピンとはねかへつてゐる文だ。

《評点五五点》

46　拍子木の音（NU）**55点**

寒い夜だ。私は部屋に、一人ぼつちで編物をしてゐた。あたりはしんとしてゐる。編物する手を、進めてゐた。隣の部屋は、ぐつー《ママ》りねこんで、しまつたやうだ。誰れかの寝いきが、たか〳〵と聞える。

私は眠い目を、ぱち〳〵させて、もう一寸とせいていた時、いつのまにか、手をやめて、頭をゆつたりさげてゐた。はるか彼方にチヤキン、チヤキンと、いふ拍子木の音がした。「あつと」我にかへつた。その音が続く。なほさらさびしくなつてしまつた。今夜は出来あがらないかしら。………手がつめたい。体はぞく〳〵する。こまつたなあ！　もう止めよう。時計は何時だろう。おうおそい。では手を暖めて体み《ママ》にしよう。

チヤキン、チヤキンと近くに聞える。体を暖めようと思つたが、火がない。頭がむーとした。火を少しこしらへて、私はおゝいばりで、あたたまつた。随分暖かい。体を猫のばけたやうにしてしまつた。隣りまで回はつて来たやうだ。耳をすまして聞いてゐた。我が家に来る。

拍子木は、さえた夜冷めたい空気にふれて、さびしさうな音、チヤキン、チヤキン、と足音のさく〳〵する音、かはるがはる聞えて来る。「こんばん」と元気さうに言つた。ないしようは、寒いのであらうなあ。お気の毒だ。こんな夜に回つてくるのも、村が可愛い為め《ママ》でだらう。風がすうとふきこむやうだ。私は寒さとさびしさに、身ぶるへ《ママ》した。手ばやに編物を片付けて床についた。

【評】もう少し整理してかいてほしい。順々にありのままを並べただけではよい文にはならぬ。どこに中心をおき、力をもたせるかの所を予定して。

《評点五〇点》

47　暁《?》の朝《ママ》（ＦＴ）50点

静寂な単調の音が、私のまくらもとよりなあ《ママ》りだした。

昨日のつかれで、ぐつすりと眠つた私を、そう単調な音によりて起してくれた。

目をさましてあたりを見まわすと又だれもかれも、無言の直行を続けて居る。ただねえさんだけが起きて、かしきをしてゐるらしく、勝手も上の方より、せと物にふれる音が盛に新線《ママ》な空気を破つてつたはつて来る。（傍線は、原文のまま。—引用者注）

だんだん朝のけはひがはげしくなつて来てあたりはだんだんにぎやかになつて来た。

やがて岡谷の起床の笛があたりの静づ《ママ》けさを破りつたはつた。

私し《ママ》も岡谷のきてきがなつては起きなくてはならなえ《ママ》と思つて、あのあたたかへ《ママ》床の中を元気よくはね起きた。

【評】目ざめから離床までの間の物音を書いたやうであるが、あまり雑然としてゐてまとまりがない。題も変だ。

48　夜中（ＫＷ）50点

ふと目をさましました。黒いきれでおほはれた電灯のにぶい光が室中にみなぎつて居ります。すー〳〵と言ふ妹の心地よささうな寝息。

突然「がたん。」と言ふ音がした。「はつ」と思つてふとんの中にもぐりこみました。

数分の後そつと首を出しました。時計がかち〳〵と時をきざんで居ります。ふと遠くの方で夜回りのちりん〳〵といふりんの音が淋しく聞えて来た。

妹はと顔をのぞくと相変らずすや〳〵とねむつて居ます。間もなく私も夢路をたどりました。

ちーん〳〵とお茶の間の時計が二時を報ずる様でした。

【評】大したこともない。もつとその目のさめてゐる間の生活を詳しく反省して、中心を強く描くと、よくなる。

49　寒さうな音（ＮＲ）50点（一月二二日作）

雨戸をたたく木枯の風強く吹き渡る。

チリン〳〵〳〵何処からか夜回りの鐘の音が聞えて来る。うつら〳〵になつてゐたが何時のまにか目をさましてしまつた。誰も今頃起きてゐる人はなく、しーんと寝静まつてゐる。ごーごーといふ風にまじつてだん〳〵と音が高くなつて来る。家の前を通り越して東の方へ回つて行く様子である。時計はまだ十一時を少し過ぎたばかり。この吹き荒む風の中を回つてゐる人はどんなに寒いだろとと《ママ》思はずにはゐられなかつた。

チリン〳〵〳〵寒さうな音はだん〳〵聞えなくなづで行き、犬の遠吠かすかに聞えて夜はます〳〵更けて行く。

【評】ありふれた素材をありふれた形でかいたもの。もつと作者独特の感じ方が出来ぬものか。

50　起床のお鐘（ＳＩ）50点

清々しい朝の空気をふるはせながら起床のお鐘が鳴りました。後は淋しい余韻が微かに長い尾を引いて何処かに消え失せます。

私達二百余名の寄宿舎生はこの勇ましい鐘によび起こされます、ちやうど女神がはる〴〵遠い天国より、私達少女に新朝を告げに来て下さる様な微妙な音が致します。やがて町の人も、舎の少女も深い夢路より覚めて一日の活動は開始するでせう。日曜の日には、お鐘を悪《ママ》口言ひます。私達は温いお床を離れるつらさをせつかくの楽しい夢を折られるのです。其んな時には起床のお鐘はどんな気持で天国へ帰つて行く事でせう。其んな時には女神様のメロデーは私達のものう気な心を呼び起すが如く、私達の頭に強く強く鞭打つと聞えます。そして自分の疲れも忘れて何時までも奏して居る様に感じられます。後は私はがんぜない、影も形もないメロデーの曲をうらんだ事を悔います、メロデーはかうして、あの冷静な風、空気をもいとはず毎朝私達の心を呼び起して下さいます。さうして哀れな悲しい余韻の尾を引きながら……。

哀れな短命な其の余韻よ、やがては女神のメロデーも倦み疲れ、私達少女の為に、命は、消えるでせう。私達はこれからは随分起床のお鐘を尊びませう。

【評】思ひつきはよいが、まだ〳〵表現の方に物足りなさがある。

三、金子彦二郎の作文評価と暗示的指導

生徒作文に対する金子彦二郎の評言には、なかなか手厳しいものがある。着眼の良い作品を高く評価する一方で、素材のありふれた作文や、主想の焦点化ができていない作文に対しては、再考することを強く求めている。

また当然のことながら、段落分けの出来ていない生徒の作文に対する評価も低い。ところが、個々の生徒に対する評言の中に、段落分けに言及したものはない。36番・38番の作品のように全く段落分けのされていない作品や、44番・48番の作品のように数行ごとにすぐに改行してしまう作品についても、内容面の整理や充実を要求しているだけである。段落分けについては、個々人に対する指導よりも、全体への指導に重点を置いたのであろう。文章表現の基本であるから、実地授業時（本書第五章一四一頁参照）に総評として取り上げ、全員に自覚を持たせようとしたのである。発想・着想を重視する金子の姿勢は、こういう点にも表れている。

では、個々人への評言には、どのような特徴がうかがえるか。以下、その典型的な事例を取り上げ、記述前に行われた暗示的指導と、記述後の評言との対応について考察しよう。

（1）独自の題材の重視——着眼点に関する評言

金子が最も重視するのは、着眼の善し悪しである。「深夜の物音」「夜回りの拍子木の音」「時計の音」など、誰もが思いつきそうな平凡な材料を取り扱ったものは、評価も低い。それに対して、「機織りの音」「鋏の音」「桑摘みの音」「おりんの音」など、着眼点のよいものは、文章としてのまとまりもよく、高い評価を得ている。

例えば、13番の作品に対しては「これは珍しい題だ。まだく十分練るところはあるが、とにかくまとまって居る点がよい。『チーン』たしかに清さがこもつてゐるやうだ。」と評し、14番の作品に対しては、「これは他の人の

見つけない世界を描いてある。文もかなりに練られてある。さざ波のさらり〳〵の清くしめやかな音にふさはしいよい文。」とほめている。一方、48番や49番の作品に対しては、「大したこともない。もつとその目のさめてゐる間の生活を詳しく反省して、中心を強く描くと、よくなる。」「ありふれた素材をありふれた形でかいたもの。もつと作者独特の感じ方が出来ぬものか。」と手厳しい。

（2）主想の焦点化の重視――選材に関する評言

材料の選択が良くても、あまりに多くの材料を寄せ集めてきたものについては、高い評価を与えていない。印象が散漫になるからである。良い材料を見つけた上で、どこに焦点化するかということが肝心だというのである。

事例としては、8番の作品に対する評「大体ととのつた文であり、主想もはつきり読まれるが、前半にあんまり『音のいろ〳〵』をごた〳〵と出しすぎて居る。」や、25番の作品に対する評「所々に新鮮な描写があるが、全体としてあまりごた〳〵並べすぎてゐるやうに思はれる。」などが挙げられる。

（3）気の利いた題の重視――文題に関する評言

主想と文題との対応も重要である。明確な主想を持った上で、文題にも工夫を凝らし、読み手を引きつけるようにしなければならない。その典型は、公開授業でも紹介された1番「廃れ行く音」や2番「恐ろしい爪音」に見ることができる。

一方、せっかく魅力的な文題を付けておきながら、主想が乱れては意味がない。38番の作品に対しては、「『おいしさうな音』といふ気の利いた題なら、その寒い〳〵夜に『おそば』をすする音をもつとはつきりと表はしたがよいに…何だか物足りないね。」と助言する。

（4）期待を持たせる書き出しと展開――構成に関する評言

意外な書き出しで読み手を引きつけ、次に起こることを期待させる文章展開に対して、金子は高い評価を与えている。「景」よりも「事件」を取り上げた作品にみられる評言である。

2番の作品に対する評「静―小動―大動―静という組立てもよく考えられている。」や、12番の作品に対する評「だん〳〵と事件の頂点へ引つぱつて行く手腕は、なか〳〵にすぐれたものだ。何かしら〳〵と思はせられながら、読者は固唾をのみつつ、読み進ませられて行く。」を例として挙げることができる。

（5）多様な表現形態の勧め――文体・表現技法に関する評言

文体に関しては、できるだけ多様な表現を試みるように奨めている。生徒たちの作文はややもすると記事文や叙事文に偏り、発想も狭くなりがちだから、違う文体を試みた作品（14番bの自由詩）を高く評価し、形式に関する面でも、柔軟な発想をするように求めるのである。

表現技法に関する評価は、圏点を付けた箇所から窺うことができる。その場の様子をうまく伝えている比喩表現や、動きの感じられる表現に対する評価が高い。30番の作品などは、素材は平凡であるが、描写のうまさで七〇点の評点がもらえたのであろう。

また、39番の作品に対して「少々感嘆詞が多すぎる。『あゝ』とか『淋しい』とか言ふ言葉を表面に出さずに、おのづと淋しさに涙ぐませるやうに書くのが上手といふもの。」と述べるなど、描写上の留意点を具体的に指摘していることなども見逃せないところである。

以上の評言に見られるように、金子は、作文処理の段階においても、暗示的指導によって提示した「新しい題材の発見」「題の工夫と主想の焦点化」「表現の工夫」に対応させて、発想・着想・構想に重点をおいて評価していた。その具体的内容は、①「材料（素材）の選択」、②「主想の明確化」（以上、内容面）、③「題の良否」、④「書き出しと文章の展開」、⑤「観察の優れた描写」（以上、記述面）を中心にしたものであった。

第七章　『新進女子作文』における指導内容の変化

金子彦二郎は、一九三九（昭和一四）年に『新進女子作文』全四巻（菊判、光風館）を刊行した。一九三七年に改正された「高等女学校教授要目」(1)に準拠して、『現代女子作文』を全面的に書き換えたものである。基本的な編集方針は変わっていないが、課題設定や生徒作文には大きな変化が見られる。

本章では、時局の変化に伴って、指導内容がいかに変化していったかということに焦点を当てながら、金子の作文教育の進展と停滞について考察する。

一、主な改訂内容

『新進女子作文』の紙数は、巻一は一七一頁、巻二は一六九頁、巻三は一六〇頁、巻四は一七八頁（はしがき、目次、付録を含む）である。目次には、各課ごとの小見出しが付記され、全体像が把握しやすい編集となっている。（章末資料参照）

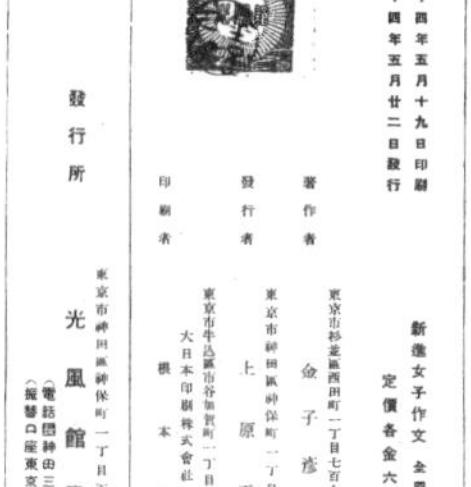
昭和十四年五月十九日印刷
昭和十四年五月廿二日發行

新進女子作文　全四册
定價各金六拾錢

著作者　東京市杉並區西田町一丁目七百七十三番地　金子彦二郎
發行者　東京市神田區神保町一丁目五番地　上原正文
印刷者　東京市牛込區市谷加賀町一丁目十二番地　大日本印刷株式會社　槇本力三

發行所　東京市神田區神保町一丁目五番地　光風館書店
（電話図神田三〇八七番）
（振替口座東京三二七番）

各巻に「はしがき」が載せられているが、どの巻も趣旨は同じである。巻一の「はしがき」を抜き出してみよう。

一、本書は、高等女学校及びこれと同程度な女子中等学校の、第一学年の作文科教科用書として著作したものであります。
一、実用的な価値の高い文章の練習に資する意味で、「お手紙の文」や「日記の附け方」等の課を設けてあります。
一、文学的な趣味の養成を図る趣意の下に、特に「童謡の作り方」には多くの頁を当てて説いてあります。
一、「標語の作り方」は、実用と趣味を兼ねたもので、時代の要求に鑑み、相当に詳しく説明してあります。
一、文例には、主として全国各地の女学校第一学年生徒の作品中から、その優秀なものを選び採り、これに加へた名家の作品も、努めて女性のものを採用いたしました。
一、批評欄には、単に文の出来栄に対する巧拙の批評だけに止まらず、その中にそれぞれの作文の要領をも織込んで置きました。
一、類題は、文話だけの課以外には、毎課必ず之を掲げ、広く練習応用を営むときの便に供して置きました。
一、口絵・挿絵は、美的情操の陶冶に資し、本文の理会を助け、且文章を作る上に於て暗示を与へる為にもと、清新明朗なものを沢山挿入してあります。
一、各種の文の題材に就いては、力めて学校生活と緊密な連絡を保つことに留意し、特に季節に即応せしめる様に排列して置きました。

巻によって異なるのは、右の第二項～第四項において傍線を施した項目である。巻ごとに重点を置き方を変えている。その違いを表にしてみよう。

	実用的な文章	文学的な文章
巻	「日記の附け方」（第六課）	「標語の作り方（文話）」（第八課）

一	二　巻	三　巻	四　巻
「お手紙の文」（第一一課）	「御礼の手紙」（第四課） 「お祝の手紙」（第一二課） 「お見舞の手紙」（第一五課）	「短信―雅信」（第三課） 「手紙の練習」（第一三課）	「電報の文案（文話）」（第一一課） 「諸種の手紙」（第一四課） 「式辞文と挨拶」（第一六課） 「受験作文（文話）」（補一、補二）
「童謡の作り方（文話）」（第一三課）	「俳句の作り方（文話）」（第六課） 「俳句日記」（補）	「歌の作り方」（第六課） 「勅題の詠進（文話）」（第一一課） 「自作の歌謡」（第一二課） 「戯曲の習作」（第一五課） 「和歌日記」（補）	「詩の作り方」（第六課）

『現代女子作文』に比べると、全巻を通して、書翰文等の「実用的文章」の比重が大きくなっている。また、「受験作文」の要領が取り上げられ、巻四の巻末附録には、女子大や女高師、女専などの「入学試験作文問題」及び「受験作文と本書との連繫」を掲載するなど、実利性を強調した編集に変わってきている。（章末資料参照）

「文学的な文章」においては、ジャンルごとに独立させ、その書き方を詳しく解説する傾向が強くなっている。では、「文話」についてはどうか。これも表に整理してみよう。（右表に挙げたものを含む。）

	文話単元名	『現代女子作文』修正再版との異同
一巻	「作文用紙の使ひ方」（第二課）	新規
	「題材の発見」（第五課）	巻一・第一四課を全面改訂
	「標語の作り方」（第八課）	新規
	「句読点」（第九課）	巻一・第一一課を全面改訂
	「年賀状」（第一二課）	巻一・第一七課の一部を改訂
	「童謡の作り方」（第一三課）	巻一・第八課を全面改訂
	「コーヒーの甘さ」（第一四課）	巻一・第一八課とほぼ同じ（若干の字句修正）
	「私の文集」（第一六課）	新規
	「物語の展開」（補二課）	新規
二巻	「着想と構想」（第二課）	新規
	「文題のつけ方」（第五課）	巻二・第五課を一部改訂
	「俳句の作り方」（第六課）	巻四・第六課を全面改訂
	「文の四つの体」（第八課）	巻二・第一五課を一部改訂
	「書き出しと結び」（第一一課）	巻二・第五課を一部改訂
	「知的の文と情的の文」（第一四課）	巻二・第一九課を全面改訂
	「想の主と従」（第二課）	巻三・第二課を全面改訂
	「新鮮な表現」（第五課）	巻三・第九課を全面改訂

三　巻	「写生文の要領」（第八課）	巻三・第一二課を全面改訂
	「単純化の滋味」（第一〇課）	巻三・第一六課を全面改訂
	「勅題の詠進」（第一一課）	新規
	「自然と人情」（第一四課）	巻三・第二〇課を一部改訂
四　巻	「主なる修辞法」（第二課）	巻四・第一三課を一部改訂
	「符号の躍進」（第五課）	巻四・第二課を一部改訂
	「物観る態度」（第八課）	巻五・第二課とほぼ同じ（若干の字句修正）
	「電報の文案」（第一一課）	巻四・第一五課を一部改訂
	「言葉の神秘性」（第一五課）	巻四・第一七課とほぼ同じ（若干の字句修正）
	「受験作文（その一）」（補一課）	新規
	「受験作文（その二）」（補二課）	新規

それぞれの文話は大幅に書き直されているが、『現代女子作文』をベースにしたものが多く、基本的な考え方が変わったわけではない。解説内容は以前よりもすっきりと整理されている。

しかし、分量的には各巻全体の構成が一六課（但し、各巻ともこの他に一～二課の補充単元が組まれている。）と減少したので、文話単元が約四割近くを占めるということになってしまった。しかも、名家の作品が数多く採用されたために、金子の教科書の特徴であった生徒作文例がいっそう少なくなってしまった。全体として観念的になり、清新さが失われた感があるのは否めない。

二、金子彦二郎の文章構想論

さて、上記の文話の中で、新しく付け加えられた「着想と構想」（巻二第二課）を見てみよう。ここでは、「適当な材料」「巧妙な構成」「統一する力」「腹案の構成」「主想と従想」の五項目について解説されている。

《適当な材料》

新しい衣裳をこしらへ様《ママ》と思へば、適当な反物を買求める必要があります。おいしい御馳走を作らうと思ふならば、それを作るに必要なさまざまの材料を仕入れることが第一です。文を作るにしましても、先づ第一に何を書かうかと、書くべき事柄――何と何の事をといふ項目だけでも――を考へ浮かべることが肝要です。

関係した事柄は沢山ありませうが、其の中から極めて重要な、最も適切なものだけを選び抜いて来るといふ仕事、即ち着想の巧拙・優劣は、やがて出来上る文の良否に関係することが大きいものです。だから、着想は作文に於ける基礎として重要なことです。

《巧妙な構成》

新鮮な材料、珍奇な材料を集めたとしても、それの調理法が拙ければ、おいしい御馳走とはなりません。文章でも優れた材料、気の利いた想ひ着きが用意されたとしても、その材料を以て構成する方法が拙ければ、決してよい文とはなりません。

談話の場合ならば、時に或は話す事が前後したり、同じ事を二度繰返したりしても、左程見苦しくも感じませんし、不徹底の箇所は質問に応じて即座に補説することも出来ます。けれども、文章では筋がはつきり通ることが大切であり、味のあることも重要ですから、一篇の文としての構成には、余程心を用ひねばなりません。これには予め項目だけを抜き出して、其の組立をして、然る後に筆を執るがよいでせう。

《統一する力》

座談は上手であつても、演説や纒つたお話の下手な人があるが、これは自分の思想を纒めることが拙いからでせう。一つづつ尋ねるとよく答へる人でありながら、自分一人でそれ等の材料を按排し、統一する修練の欠けてゐる人であります。普通一般の人にあつては、その観察や、思考や、感想等に、さほど甲乙のあるものとは思はれません。たゞ、その思想に統一をつけ、整然と取纏める技倆を有するか否かによつて、その発表に優劣を生じて来るのであります。

「Aを先鋒とし、Bを中堅とし、Cを後衛とし、それぞれ部署を定めて、一定の識見といふ部隊長の下に統一すれば、一寸の隙もない——正々堂々たる文陣を築くことになる。」と言はれるのも、系統立て、秩序立てる効果を述べたものでせう。

《腹案の構成》

文章の記述に着手する前に於て、題材に関係ある材料（之を素材と言つて居ります。）を集めたものを、一々検べて重要性の如何によつて取捨選択し、更にそれを、どんな順序に按配・排列するかに就いて腹案を立てることが大切であります。

腹案と言つても、程度に差がありまして、小学校の低学年で初歩の綴り方をやる時の様に、書く通りを口の中で一通り話して見るのもあれば、要項だけを挙げ、その順序を決める程度のものもありますが、苟も一篇の文章を作るからには、少くも紙片に要項を書留めて、順序を定める程度のことは、必ずやることにすべきものと思ひます。

《主想と従想》

一篇の文の中心となり主眼となるところのものを主想と呼び、それに附随してその意味を明らかにし、之を強調するところのものを従想と名づけます。文を構成するに当つては先づ以てこの主想を決定し、それを明瞭に、力強く表現せんが為に利用すべき従想を按排せねばなりません。

主想がハツキりしてゐないと、文章の腰がフラフラして落着かぬことになり、中心たるべき重要点を定めることによつて従想の取捨選択が行はれることにもなります。

ペンを執ったならば、主想たるべき部分を精細に叙述し、従想たるべきものをば簡略に叙述するのが、普通の行き方であります。

コンポジション理論に基づく作文教育を受けた現代人の目から見れば、取り立てて目新しい内容ではないが、発想・着想の重要性を説いてきた金子彦二郎が、構想及び構成の必要性について強調した文話として注目すべきものである。文章作成過程に沿って、分かりやすく解説している点も評価すべきものであろう。

三、金子彦二郎の意見文・議論文指導

『現代女子作文』においては、議論文が課せられることはあまり多くなかった。巻五第一一課「校風論」や巻五第二〇課「女性の立場から」が数少ない事例であるが、いずれの単元においても、話題を提供するだけで、その書き方に関する言及はなかった。

だが、『新進女子作文』では、巻四第九課「女性の立場で」及び巻四第一三課「論説的の文章」において、手順を踏まえた書き方を解説するなど、議論文の比重が大きくなっている。例えば、後者の単元では、「意見の主張」「趣旨の核心」「資料の蒐集」「理路井然と」「例証の引用」「適切なる譬喩」「該博な思想」「真摯と情勢」の八項目について解説した上で、生徒作品例「我等の大道」と一二の類題（「文化生活の真諦」「文明と文化」「協力と互助」「娯楽と実益」等）を提示している。その解説内容は以下の通りである。

《意見の主張》

物事の道理を説き明かし、自分の所信を述べ、己が意見を主張して、読者に共鳴共感せしめ、成程と是認せしめようとするのが、所謂論説的の文章である。説明文が、単に事物の真相を明らかにすればそれで足れりとするのに対し、論説的の文は更に一歩を進めて、論断し、主張し、宣伝し、人を説得せしめる積極的な力を持つものである。随つてこれは客観的・理智的・説明的の要素を根柢とし、その上に主観的・意志的・感情的の要素に拠つて働きかけるものたるを要する。

《趣旨の核心》

自分が述べようとする根本精神、趣旨の核心を明確に決定してかゝらねば、論説的の文は書けない。この中心思想が、ハツキリ定まつてから、それを主張するのには適切有効な資料を集めることもし、例證を求めることもするものだからである。

《資料の蒐集》

出来得る限り多方面に亙って確かな事実、適切な実例を豊富に求めることに心掛けるがよい。一部分の真を以て全般の真を論断し得ないと同様、狭い範囲の材料だけを根拠とした主張では、公正なる判断、堅実なる意見と言兼ねるからである。

《理路井然《ママ》と》

集めた資料を吟味し、選択した上で、更にその組立に工夫を凝らさねばならぬ。個々の資料は如何に有力なるものであつても、一篇の文としての構成が論理的に井然と排列されてゐなければ、文の迫力は生じて来ない。漸層的に次第々々に力強い材料を後の方に廻すこと等も、重要な注意の一つである。

《例證の引用》

如何に美辞麗句をならべて来ても、その内容が空虚では所謂空理空論たるに過ぎぬことになる。それで具体的の実例を引用して、如何にもと頷かしめ、その例證によつて承服せざるを得ない程の力強い文とも成るであらう。

《適切な譬喩》

適切妥当な譬喩を利用することは、抽象的な概念を具体化し、高遠な思想を卑近な事例で了解せしめ、その理解を早め、印銘を深くする為に最も有力な方法であることを忘れてならぬ。譬喩は有力なものであるが、之を利用するに方つては、必ず至適至当のものを選ぶの心掛が肝要である。

《該博な思想》

論説的の文の根本が客観的に妥当な論拠に依り、理智に訴へて事理を明快に論断すべきことは、前にも一寸述べた通りである。卓越した識見は、該博な知識に培はれるものである。だから常に新聞や、雑誌や、ラヂオ等にも注意し、豊富な学識から生れた優れた思想を養ふこと、これが何と言つても根元である。

《真摯と情熱》

理解せしめるだけに止まらず、共鳴・感動せしめ、進んでは之を行はしめようとさへ考へる論説文の特質を発揮する為には、強い信念から発した真摯な態度と、之を訴へようとする情熱とが必要である。思想内容には理智的な冷静さを要望し、之が表現態度には感情的な熱烈真摯を要望する。

いずれも的を射た説明である。当時の女学校で求められた教育内容を考慮すれば、議論文の指導は好まれなかったはずであるから、議論文の単元を設け、筋道立てて論じる力を養おうとしていたことは特筆に値することである。

四、時局の変化と指導内容への影響

だが、このように文章表現法に関する解説が充実していった反面で、収録される生徒たちの作文から生気が失われていったのも見逃せない事実である。独自の観点から描写する文章も減少し、女生徒らしいユーモラスな文章も影を潜めてしまった。

その大きな原因は、時局の変化にある。一九三七（昭和一二）年三月の「師範学校、中学校、高等女学校教授要目」改正は、「愈々国体ノ本義ヲ明徴ニシ一層国民精神ヲ作興シ兼テ時代ノ進運ニ伴フ教授内容ノ刷新充実ヲ期スル」[1]という趣旨に基づいて行なわれたものであった。高等女学校の「国語」の項目には、「特ニ我ガ国民性ノ特質ト国民文化ノ由来トヲ明ニスルコトニ注意シ国民精神ノ涵養ニ資スルコトヲ要ス」とあり、「特ニ婦徳ノ達成ニ留意スベシ」[2]と記されていた。国家中心思想の鼓吹と婦徳の達成が、高等女学校国語科の重要任務であるとされたのである。また、「作文」については、「作文ハ正確自由ナル表現ニ就キテ指導シ平明達意ニシテ実用ニ適スル各種ノ文ヲ作ラシメ且其ノ添削批評ヲ為スベシ」と定められ、生徒の自己表現よりも、実用性が重んじられた。

こうした時代であるから、金子が、「標語の作り方」（巻一第八課）という単元を設けて、「緊縮強調標語」「健康標語」「発明標語」「国民精神総動員標語」等を課したことや、「戯曲の習作」（巻三第一五課）と称して、出征兵士を送り出す母親の手紙を賛美した「敬老会上演脚本」を紹介したことも、あながち責められないことである。一定の方向でしか文章を書くことが許されなかったのである。

とりわけ、国語教育界の指導的立場に立っていた金子の場合、これまで以上に国家中心思想の鼓吹に努めざるを得なかった。金子は、『教育新体制叢書第七巻・教育と文学』（小学館、一九四二年一月）の序文において、「日本国民、即ち「御民」の名に於て生けるしるしある生を稟けてゐるわれわれの、あらゆる行体の最高目標は「天皇無窮の皇運扶翼」以外にない――とは、私が先年来唱道してゐる哲学である。」と述べている。「祖国滅んでは文学も芸術もない」という危機感がこのような発言を生み出していったのであろう。

金子は、大正末期から昭和初期にかけては、古い作文教育観から脱して、生徒の伸びやかな表現を引き出すべく、創造豊かな実践を展開していただけに、大きな変貌ぶりである。戦渦に巻き込まれながら、人間本来の教育を維持することの難しさを如実に物語る一つの事例であろうか。

この歴史上の出来事は、現代の私たちに対して、「激しく変化していく状況下で、教育本来の目的を見失わぬ広い視野と鋭い洞察力とを持ち続けているか」と厳しく問うているように思われる。作文教育は人格の形成と大きな関わりを持つが故に、国語科教師は、作文指導技術の向上だけで事足れりとするわけにはいかないのである。

【資料1】『新進女子作文』における各課の作文課題と文例の題

《巻一》

一　入学の喜び
小学校での綴り方―感じた事を題材に―有りのまゝに表現―入学の喜びを―文例―題材と文題―類題
【文例】発表の日　忘れられぬ日

二　作文用紙の使ひ方―（附　添削記号の約束）―
身振と談話と文章―作文用紙の使ひ方―添削記号の約束―予備練習
【文例】雲の形（女学生一年の作文）　文鳥

三　遠足・ハイキング
新緑の天地―遠足の文―範囲を狭く―描き出すこと―文例―類題
【文例】遠足の昼食時　ほこりの中を　皇陵巡拝ハイキング

四　話方の練習
話方と作文―話方の題材―話し振り―姿勢・態度など―聴き手となっては―類題
【話例】郵便屋さん　お向ひの家　北さん　弟の綴り方
今日のお話会（文題例）

五　題材の発見
題材の見附け方―眼の着け所―自分の生活に―意味を見出す―平素の心掛
【参考】枠の当て方（津軽照子「手かがみ」）　よく見れば（相馬御風「雑草苑」）

六　日記の附け方
心の記念碑―日記の效益―絶好の作文練習―記し置く事項―記す要領―注意すべき事―特殊の日記―誰もが附けよ―日記帳の選び方―文例―類題
【文例】山荘日記　水泳日記

七　夏休中の事柄
長い夏休―特殊の題材―文例―類題

【文例】外金剛行　掃除

八　標語の作り方

時代の寵児―標語の作り方―三つの態度（禁止式、命令式、禁止と命令と併用式）―倒置法の利用―修辞上の工夫―巧みな譬喩を取れ―対偶法の応用―音律的の快調―徹底的な省略法―参考すべき警句法―鑑賞の資料に―作例―類題

【作例】緊縮強調標語　健康標語　姿勢標語　時の標語　発明標語　国民精神総動員標語

九　句読点　附符号

句読無しの文―句読点の必要―句読点の大要―其の他の符号―注意すべきこと

一〇　動物を題に

手近な動物―外形上の特徴―動作の観察―習性を知れ―文例―類題

【文例】ミー　雛の生活　ミミー

一一　お手紙の文

面談の代りに―手紙の文の特質―対者との関係―はがきの使用―其の他の諸注意―文例―類題

【文例】郷里の先生へ　お祭にお出で　カルタ会に

一二　年賀状

新たな心で―通常の挨拶―書添へる詞―絵や詩歌を―丁寧に認めよ―喪中の際は―実例

一三　童謡の作り方

童心を歌ふ―題材となる物―こんな態度で―利用される修辞法―（譬喩法、擬人法、写声法、擬態法、反復法、押韻法）―記す様式の工夫―類題

一四　コーヒーの甘さ―（文の量と質との関係）―

要を摘まんで―角砂糖の譬―主要な部分を―気の利いた態度―量を約めて―質を高める

一五　我家《うち》の人の横顔

慕はしさ・懐かしさ―特色・特徴を―人物の描写―文例―類題

【文例】私の弟　おぢい様と妹

一六　私の文集

世界に唯一つ―思ひ出の糸巻―若き日の記念―自評・感想など―類題

補一　随時の随意作

随時・随所に―随意作を―文例

【文例】初雪の日

補二　物語の展開

美しい情操―感傷性の満足―物語の一部分展開―想像力を働かせ―統一ある構成―ただ一二の例を

《巻二》

一　春の喜び

楽しい春―進級して―文例―類題

【文例】楽しい春　二年生にもなって

二　著想と構想

適当な材料―巧妙な構成―統一する力―腹案の構成―主想と従想

三　人物の描写

面影を描く―描写の両面―其の着眼点―要するところ―文例―類題

【文例】近所の人気者　お父さん

四　御礼の手紙

感謝の心を表はす―御礼状の要領―注意すべき事―実際と仮設―返信資料―文例―類題

【返信として礼状を認める為の資料】桜桃を贈る　筍を贈る　鈴蘭を贈る　野菜を贈る　この後姿のは

【文例】有難く候（正岡子規）　小豆と大豆の礼状（五十嵐力「水菫」）　袖だたみの儘で（梶原緋佐子）　礼状　鈴蘭の友へ　歓待を感謝する

五　文題のつけ方

題材と文題―題のつけ方―気の利いた題―相応した題―内容に調和させる―本書の文題―之を要するに―参考

【参考】題の附け方（島崎藤村）　新聞の見出し（桜井忠温）

六　俳句の作り方

我が国特有の詩―俳句の特色―僅々十七音の詩―季節を示す語―慣用の句法―表現の態度―特殊性を捉へよ―動かぬ句―一字の相違で―苦なしに句を得る―呼掛けの態度―練習題

七　対話を主にして

現実感を強める―人柄をも示す―対手と心持と―記す時の注意―或一つの断面―参考―文例―類題

【参考】電話（長谷川二葉亭「其面影」）

【文例】身長問題　覚悟してます

八　文の四つの体―（作者の演ずる役割から見て）―

文章の分類―説明体―対話体―対話入の説明体―自叙伝体―各体の利用

九　自然の描写
描写と説明―鋭敏な感覚―自然界の描写―文例―類題
【文例】秋の草木　秋の朝　田舎の朝　秋の花の点描
一〇　運動会スナップ
範囲を狭めて―即興的な場面―生気ある表現―文例―類題
【文例】選手となって　テープを目がけて　惜しいオミット
一一　「書出し」と「結び」
引着ける首句―響を残す結句
一二　お祝の手紙
お目出度う―お祝状の要領―注意すべき事―実地の練習―文例―類題
【返信として礼状を認める為の資料】男児分娩　初めての女児　射撃で三等　精勤章を（以上、「現代青年新書簡文」）
【文例】皆々様の御満悦　玉の様なお男子　御進級の由
一三　郷土の伝説
我が故郷―お国自慢―郷土の伝説―表現の形式―文例―類題
【文例】吾児が淵　団子祭

一四　知的の文と情的の文
性質上の大別―主なる性質―知的の文―情的の文―たらから式―その要領―知的・情的・折衷
一五　お見舞の手紙
心からの慰問―見舞状の要領―要するに真心―仮設の練習―文例―類題
【返信として礼状を認める為の資料】祖父の発病の知らせ（現代青年新書簡文）　母上の病気を知らす（現代青年新書簡文）
【文例】白衣の勇士へ　風害のお見舞　類焼のお見舞
一六　思ひ出
美しい絵巻―記述の要領―注意すべき事―文例―類題
【文例】れんげ草の咲く頃　思ひ出
補　俳句日記
俳句の趣味―一日少くも一句―生活そのまゝ俳句―心の潤ひを―文例
【文例】田園日記（俳句日記）
附録　其の一　お手紙の構成とその用語例
其の二　現代俳句季題表（練習参考）

《巻三》……

一　映る姿を
映れる姿美し―映像を写して―間接的な描写―長閑な暴風―文例―類題
【文例】河畔　春色動く

二　想の主と従
鬼には鉄棒―主想と従想―春雨と小貝―猪と野分

三　短信―雅信
簡にして雅―はがきの文―認め方の注意―絵はがきの利用―文例―類題
【文例】旧都の俤を　日本三景の一　詩集も喜ぶことでせう　江の島にて

四　雨の趣
雨の趣―感覚を通して―例へば音―文例―参考
【文例】夕立　雨上り　雨の四色
【参考】四季の雨　雨の降り振り（雨の用語集）

五　新鮮な表現
新鮮な表現―自己を表現せよ―最適の一語

六　歌の作り方
興湧くまゝに―三十一文字で―文語体と口語体―先づ身辺の事から―切実な感動を―調子を整へて―新しい題材を―文例―類題
【文例】園芸の歌（十首）　七夕祭（五首）　阿蘇山（九首）　日光の旅（八首）　和歌の会（批評会）

七　時間上の個性
夏の独特性―朝の特殊の色―日中の特有の姿―夕暮の雰囲気―夏休中の題材―文例―類題
【文例】炎天下の点描　朝草刈り

八　写生文の要領
輪郭の限定―絵画的に描け―写生文の「山」―静物も動的に―現在法・断叙法

九　スポーツの快味
運動競技の快味―文例―類題
【文例】最後の一点　走高跳

一〇　単純化の滋味
量よりも質―日本人の生活―圧縮単純化―単純素朴な能―有機的な融合

一一　勅題の詠進
聖聴に達す―敷島の道―個性味豊かに―全級詠進―詠進の方法―類例
【類例】朝陽映島　神苑朝　山紅葉　菅公祭献詠　静寛院

和宮献詠　創立二五周年祝歌　針供養の歌　敬老会の歌

一二　自作の歌謡

感激の波動―自作の歌詩―既習曲に当てて―歌ひながら―やがて創作―模作の糸口―文例―類題

【文例】千人針　野菜畠　少女の腕　かぶ坊主　お芋

一三　手紙の練習

実用的な文章―贈物に添へる―知らせの手紙―お願ひの手紙―問合の手紙―文例―類題

【文例】叔母に写真を送る　安らかな臨終　添削を願ふ　忘れ物を問合はせる

一四　自然と人情

動と静の交織―自然と人生―季と行事―配合の巧さ

一五　戯曲の習作

文章の戯曲化―戯曲の作り方―要件と要領―文例―類題

【文例】おばあさん万歳（敬老会上演脚本）　美はしき姿（針供養上演用）

一六　筆のまにまに

随想・随筆―近頃の随筆―随想の表現―平素の心掛―文例―類題

【文例】風　空　軍国の女性

補　和歌日記

床しい心―短歌日記―其の書き方―文例

【文例】短歌日記夏休四十日

附録　漢字字体整理案（国語審議会、昭和十三年七月発表）

《巻四》

一　四月の感懐

春光麗かに―回顧と反省―青春を讃へよ―憧憬豊かに―澄める叡知―明るい諧謔―境遇に即して

【文例】最上級生となって　思ひ出の春

二　主なる修辞法

力強く美しく―直喩法―隠喩法―諷喩法―活喩法―誇張法―省略法―挙隅法―反語法―詠歎法―設疑法―擬態法―対句法―対照法―現写法―引用法―倒置法―段階法―反覆法―警句法

三　十行二百字文

光彩ある断片―効果的な筆法―十行二百字文

【文例】空と土　弓道　窓の開閉　短章四つ（字。努力。無言。宇宙。）

四　旅の印象

楽しい旅―旅行記―記述の要領―印度の深い一節
【文例】旅行の印象を拾ふ　旅ところどころ　憧れの東京第
一日

五　符号の躍進
文学以上の力―発想の記号―符号の利用

六　詩の作り方
詩の本質―詩のリズム―外形律と内在律―内在律に拠る自由詩―表現の要領―ニュアンス（nuance）―文語体と口語体―表記の様式―模倣から創作へ―磨き上げる
【文例】かへらぬ年　桜貝　雷　墨を磨る

七　感想と評論
自然と人生と―具体的な事実―一般的な事柄―多方的な着眼―文例―類題
【文例】花と紐　小さな悟り　音

八　物観る態度
魂で物を観る―立脚点の設定―最適の観点―名誉なる審判―醜悪の美化―愛と感謝で

九　女性の立場で
女性の職場―教養の問題―温故と知新―滋養ある文学―理想的の性情―女性の立場―文例―類題
【文例】現代女性の使命　模倣から脱却せよ

一〇　読後の感想
良書に親しめ―読書の態度―読後の感想―梗概と寸評―作者や主人公―文例
【文例】野上弥生子の「大石良雄」に就いて　「一粒の麦」を読みて

一一　電報の文案
電報の利用―電文の特質―簡単に―明瞭に―正確に―儀礼の電報―文字と記号―厳正な点検―実際の作例

一二　四季の情趣
一般的の叙述―通有性を掴め―具体から帰納―場所の限定―四季を通じて―文例―類題
【文例】自然によせて

一三　論説的の文章
意見の主張―趣旨の核心―資料の蒐集―理路井然と―例証の引用―適切なる譬喩―該博な思想―真摯と情勢―文例―類題
【文例】我等の大道

一四　諸種の手紙
懐かしい手紙―手紙の分類―友愛的情誼の手紙―社交的儀礼の手紙―事務的実用の手紙―文例―類題
【文例】御転任になられる恩師へ　受験の敗残者に寄する

慰めの手紙

一五　言葉の神秘性

同語で異義―様々の表情―言葉の神秘性―内容は万化

一六　式辞文と挨拶

代表して述べる―起草の要領―着想並びに構想―其の他の注意―文例―類題

【文例】祝辞（卒業式に）　答辞（卒業式に）　創立記念式

補一　受験作文（その一）

試験の作文―一般的な題と特殊的な題―題意の掴み方―筆を執るまでの注意―書き始めてからの注意―提出するまでの注意―答案の作成

補二　受験作文（その二）

綴文の要領―推敲の着眼

附録　其の一　入学試験作文問題　受験作文と本書との連繋（表）

其の二　証明書下附願　履歴書

【資料2】「入学試験作文問題」及び「受験作文と本書との連繋」（巻四附録）

一　国家・社会等に関する論説的の文題

国家（東京女子大）、非常時に於ける女子の覚悟（共立女専）、国（東京女子大）、時局と女学生（東京女高師）、事変に対する感想（帝国女医薬）、国護る人よ（広島女専）、極東に立つ（広島女専）、新東亜建設を担う婦人の覚悟（東京女医専）

二　道徳・修養等に関する文題

女子の任務（共立女専）、現代女性の長所と短所（大阪女専）、女性と教養（大阪女専）、反省（帝国女医薬）、日本の女子（奈良女高師）、信（東京女子大）、己を省みて（津田英学塾）、現代夫人の覚悟（帝国女医薬）、婦人と職業（東京女医薬）、昭和女性の覚悟（広島女専国）、謙譲（東女高師附専）、責任（東京女高師）

三　生活・環境等に関する文題

我が趣味（東京女高師）、十年後の私（大阪女専）、郷土風俗（東京女医専）、今年のお正月（日本女子大）、我が家庭（東京女子大）、私の誕生日（共立女薬専）、我が家（大阪女専、長野女専、帝国女医薬）、

卒業式（共立女薬専）、私の足蹟（広島女専文）、
試験の前日（共立女専）、本校に入学志望せし理由（大阪女専）、
我が交友（福岡女専）、私の故郷（長野女専）、
医学に志した動機（東京女医専）、私の生立（帝国女医薬）、
或日の集会（宮城女専）、何故に医学に志したか（帝国女医薬）、
私の希望（共立女専）、最近の日記（津田英学塾）、
ある日の旅（津田英学塾）

四　趣味・人生等に関する感想・評論的の文題

音楽（東女高附専）、運動（東京女高師）、鏡（津田英学塾）、
感恩記（宮城女専）、こゝろ（京都女専）、力（京都女専）、
母（帝国女薬専、共立女専）、伝統（東京女子大）、
婦人の将来（大阪女専）、祖先（宮城女専家）、
旅を憶ふ（長野女専）、朋友（東女高附専）、
同窓（宮城女専文）、衣（東女高附専）、海（宮城女専）、
私の信条（広島女専）、幸福（宮城女専）、号外（広島女専予）、
希望（第六臨教養）、旅行の楽しみ（共立女子薬）、
遠き日に（広島女専国）、笑（東京女高師）、
書斎の窓から（広島女専国）、読書（東京女高師）、
ことば（奈良女高師）、家庭（第六臨教養）、家（奈良女高師）、
受験の感想（東京女医専）、まことの平和（東京女医専）

五　人物に関する文題

忘れ得ぬ人（津田英学塾）、私の母（共立女薬専）、
わが尊敬する人（宮城女専）、我が友（津田英学塾）

六　思ひ出（追懐）に関する文題

私の写真（長野女専）、追憶（奈良女高師）、
忘れ得ぬ書籍（奈良女高師）

七　季節・自然等に関する文題

土（奈良女高師）、朝日（東京女高師）、冬（共立女薬専）、
大地（広島女専）、春（同　保育）、
早春（広島女専、広島女専予）、石（東女高附専）、
曙（東京女高師）、山（長野女専）、大空（東女高附専）、
芽（同　保育）、春の鶯（東京音楽師）、水（広島女専）、
海（津田英学塾）

八　お手紙（書簡文）の文題

試験場より（奈良女高師）

受験作文と本書との連繋

性質的分類	巻一	巻二	巻三	巻四
一　国家・社会等に関する文題				一三　論説的の文章
二　道徳・修養等に関する文題				一三　論説的の文章
三　生活・環境等に関する文題	(一　入学の喜び) (三　遠足・ハイキング) (七　夏休み中の事柄)	(一〇　運動会)	(九　スポーツの快味)	(補)　受験作文
四　趣味・人生等に関する感想・評論的文題		一四　自然と人事	一七　随想	七　感想と評論
五　人物に関する文題	一六　我家の人の横顔	三　人物の描写		
六　思ひ出に関する文題		一七　思ひ出		
七　季節・自然等に関する文題		一　春の頃 九　描写	一　映る姿に 四　雨の趣 八　写生文の要領	
八　お手紙に関する文題	一二　お手紙の文	五　お礼の手紙 一二　お祝いの手紙 一五　お見舞の手紙	三　短信—雅信 一三　書信	一四　諸種の手紙

注

(1) 一九三七年の「高等女学校教授要目」改正によって、高等女学校における作文の時間数は、第一、第二学年は毎週一時、第三、第四、第五学年は隔週一時と定められた。

(2) 増淵恒吉編『国語教育史資料　第五巻　教育課程史』東京法令出版、一九八一年、一四〇頁

(3) 注2に同じ。一五二頁

第八章　『明るい中学作文』における再生と新生

戦争が終わり、民主主義に基づく戦後新教育が発足するとともに、金子は、自己表現を重視する作文教科書『明るい中学作文』(1)の編集に取り組んだ。同書は、これまでの教科書史研究において、その存在さえほとんど知られることのなかったものである。この教科書の内容を検討することは、中等作文教育の戦前戦後の継続性と変化とを具体的に捉えることにつながるものと思われる。

なお、現段階で所在が確認されているのは、鳴門教育大学野地潤家文庫所蔵の『第一学年用秋冬の巻』一冊と、金子俊也氏所蔵の『第一学年用秋冬の巻』『第二学年用秋冬の巻』『第三学年用秋冬の巻』各一冊の計四冊のみである。各学年用『春夏の巻』(2)については、『秋冬の巻』に挟み込まれたリーフレット「明るい中学作文著作の趣意」（以下「趣意書」と略す）の目次によって概観することしかできない。

したがって、以下の考察は、『秋冬の巻』を中心に行うこととする。

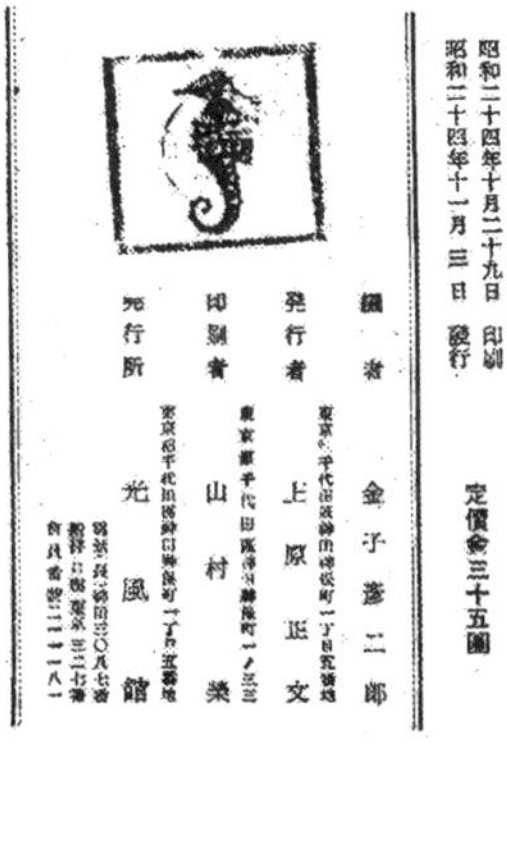
昭和二十四年十月二十九日　印刷
昭和二十四年十一月三日　發行
定價金三十五圓
編者　金子彦二郎
發行者　上原正文
印刷者　山村榮
發行所　光風館

一、『明るい中学作文』（一九四九年）の概要

『明るい中学作文』（A５判、光風館）は、各巻七〇頁程度の冊子状テキストである。第一学年用及び第二学年用『秋冬の巻』は一九四九年一一月に、第三学年用『秋冬の巻』は一九五〇年一月に刊行されている。

構成は、「はしがき」（二頁）、「巻頭詩」（中扉一頁）、「目次」（三頁）、「本文編」（四八～六〇頁）、及び附録「ペン字の手紙」（六頁）となっており、巻末附録には、「練習用原稿用紙」（二頁で七八〇字。各学年四～八頁）や「電報頼信紙」（第三学年のみ四頁）が添えられている。全六冊の目次は、次のとおりである。

第一学年　春夏の巻	第二学年　春夏の巻	第三学年　春夏の巻
一　新しい本	一　二年生になつて	一　建設
二　（文話）	二　「春暁」の詩を学んで	二　顔
三　私（自画像）	三　（文話）	三　（文話）
四　遠足の記	四　思ひ出を語る	四　身辺雑事
五　動物さまざま	五　好きな草や木	五　窓と道
六　海の生活	六　職業人の描写	六　祈りの心
七　夏休中の手紙	七　山上生活	七　ある日曜日
八　祭	附録　ペン字の手紙	附録　ペン字の手紙
附録　ペン字の手紙		
第一学年　秋冬の巻	第二学年　秋冬の巻	第三学年　秋冬の巻

一　球技時代	一　初秋のおとずれ	一　平和
二　コーヒーの甘さ（文話）	二　収穫のよろこび	二　働くことの喜び
三　わが家の人たち	三　運動会で	三　電報文について（文話）
四　冬近し	四　ひかり	四　音楽
五　歳末から新春へ	五　作品の批評について（文話）	五　思いのまゝに
六　学校への往き返り	六　批評と読後感	六　短い話の引伸し
七　一年生生活を顧みて	七　絵から文を	七　浅春
附録　ペン字の手紙	八　卒業生を送る	八　卒業を前にして
当用漢字の略字表	附録　ペン字の手紙	附録　ペン字の手紙

二、『明るい中学作文』著作の趣意

本教科書編集の趣意は何か。教師向けに書かれた「趣意書」には、次の一二項目が挙げられている。

一　本書は、特に「明るい」の三字を冠してある通り、平和国家・文化国家の建設途上にある日本の中学生たちが、その文化的な建設的な平和思想をば、いとも自由に、力強く、又、明朗闊達に表現する能力の推進機として役立とうと言う目的で著作したものであります。（施線引用者。以下同じ）

一　著者は、既往三十年間に、専門的研究の傍、作文科に関しても、「現代女子作文」・「同改訂版」及び「新進女子作文」の三種の教科書を著作して、幸にも、江湖から多大の眷顧と声援とを忝うした者であります。今、それらの貴重なる経験を生かして平和国家・文化国家としての新生日本建設中――と言う国情下において、最もその前途が嘱望されている青少年学生たちの思惟形式や発表能力の明暗こそは、建設能率の遅速をも左右する重大課題かと思われるので、三学年間の指導細目はもとより、一文例・一文話のうちにも、「明るさ」の理念を侵《ママ》透徹底せしめて、本書を著作いたしました。

一　文例は、同学年生徒の優秀作品や、着想や文体の新奇なものをえらんで、これを掲載いたしました。同一年齢者の作であるこれらの明朗で自由な思想や感情の精華は、正読本に見受ける一種の堅苦しさや、余りにも大人的な嗜好の偏倚性に対して、多大の潤いを与えてやり、心から共鳴共感に浸らせる好箇の趣味的副読本としても、また十分に役立つものと思います。

一　指導細目は三学年間を通じて、季節や年中行事に即せしめてあることは勿論、易より難へ、内より外へと系統的・組織的に工夫排列してあります。一例をあげれば、「人間描写」において、一年春夏の巻に、「私（自画像）」、同秋冬の巻に、「わが家の人々」、二年春夏の巻に「職業人の描写」と外延的に推し進めていることなどがそれであります。

一　各題目について、適切有効と認められる著者のいわゆる暗示的指導が示してあり、かつ、欄外に「題の見立て方参考」を掲げて、素材の把握や、題目の選定上の動火《ママ》線たらしめてあります。

一　多種多様な新経験材料がいくつも取入れてあります。絵画面に表われた情景の文章化や、短文の敷衍法、その他数々の試みがそれであります。

一　鑑賞批評の態度や着眼点を会得させ、又活用させるために、各文例ごとに、鑑賞・批評その他、種種の面からの研究探索課題を設定して、話し合いや共同討議の議題を提供しておきました。

一　手紙文は、実生活に最も関係の深いものを選んで、これをペン字として附録に載せ補欠授業又は自習時間の練習用手本に充当させるようにしてあります。

一　口絵や、組版や、挿図なども、若き男性女性たちの生活に対して、うるおいを与えるに足るべき、「明るい」色彩や構図のものを、多数に挿入しておきました。

一　現代かなづかいや常用漢字・略字などの用例は、大体、文部省発行の「国語」などの用例に準拠いたしました。

一　正読本との連絡などにも、かなり考慮を払ってあります。
一　原稿用紙や頼信紙などの実習用材料も、取添えておきました。
（傍線引用者）

また、各巻の「はしがき」（全学年同内容）には、次の六項目が挙げられている。

一　この本は、全国の男女の中学生の皆さんが、作文科の学習をする場合に、どうしてもなくてはならない机上の友となるように――と思って、書き著わしたものであります。
一　文例は、大体、皆さんと同じ学年の人たちの作品ですから、趣味の副読本のつもりで、親しみ深い気持をもって、しみじみと読み味ってから、それ以上の佳作や名文を生みだす見本として頂きたい。
一　文例の上のらん外に書きそえた短評や、あとに書き加えた研究問題なども、あれだけですましておかずに、もっといろいろの方面から、多くの問題を案じ出して、先生方の指導のもとに、かっぱつに話し合いをしてもらいたいのです。
一　題のはじめにかゝげた素材のとらえ方や、新しい着想への工夫の仕方を、先ず、幾度も読み直した上、さて、上のらん外にかゝげた「題の見立て方参考」の「文題」などにも、注意ぶかく目を通して下さるときっと、気のきいたよい題と、思わずほおえまれるような着想とが、もりもりと思い浮かんでくるはずです。
一　附録の原稿用紙は、作文を清書して先生のところへさし出すときに、又「ペン字の手紙」その他は、自習の時間などに、練習の手本用として、せいぜい有効に使って頂きたい。
一　右のように利用して、この本を生かして下さると、皆さんの作文力は、一題を経験実習すればするごとに、目ざましい進歩の跡を見せていくにちがいありません。

この「趣意書」や「はしがき」の基調をなしているのは、平和国家・文化国家建設への強い希求である。金子は、未来を担う中学生たちに「自由に、力強く、又、明朗濶達に表現する能力」を育成したいと願い、「明るさ」の理念を中心に据え、これまでの経験を生かして、新たな教科書作りに取りかかったのである。

三、第一学年の教材構成

本教科書の各単元は、基本的には、「文話」、「題の見立て方参考」、「生徒作文例」、「研究問題」の四つで構成されている。「文話」において、テーマ（課題）のどういう点に着眼して書けばよいのかを解説した上で、頭注欄の「文題例」によって話題の焦点化や主題の明確化を促し、さらに、「生徒作文例」と「研究問題」によって解説内容を具体化したのである。この編集方法は、基本的には戦前の作文教科書スタイルを受け継いだものである。その中で注目されるのは、「研究課題」である。生徒の作品について、教師の評を添えるだけでなく、分析の観点を示して、主体的に考えるように仕向けている。

まず、第一学年の教材例を挙げてみよう。

1　単元「球技時代」の「文話」と「文題例」

『第一学年秋冬の巻』第一単元「球技時代」では、「素材のとらえ方や、新しい着想の工夫の仕方」に重点を置いている。

> 平和日本・文化日本では、まことに、それにふさわしい現象であるが、スポーツ――とりわけ野球がはやる。都市といわず、農山漁村といわず、学校の運動場はもとより、広場や空地があれば、そこに、きっと見かけるものは、野球の試合や、球《たま》なげをする人の姿である。それも、少年や青年ばかりでなく、堂々たる壮年も、仲間にまじっている。

そんなわけで、新聞やラジオニュースにも重要な記事になり、速報材料として取りあげられている有様である。ニュースの時間に、調子のよいラジオの聞える店さきの人だかり、それは、きまって、野球の試合の結果に胸おどらせている人たちなのである。

人々は一つの球を目守《も》りつつ／声のみてある深き静けさ

この歌が、どんな場面の、どんな一瞬間をよんだものであるかは、誰にも、すぐと、うなずかれることであろう。こうした息づまるばかりの、はげしい試合の前後を、見たまま感じたまま、キビキビと書きあらわして見るもよかろうが、そのほかにも、次に書きしるしたような方面に、よい材料が、有りすぎて困るほどあるであろう。

a　チームのメンバーとして出場したことのある人は、その試合の時の感想や思い出。

b　あまり、球投げや試合見物に夢中になっていたために、引きおこしたさまざまな失敗（成績がさがった――入学考査につまずいた――大事なお使を忘れた等々）の告白と反省。

c　主として見物する方のがわからは、

∴　試合のはじまる前や、熱戦の有様や熱戦中における見物席におけるうわさ話や、熱狂ぶりなど。

∴　勝敗がきまってから行われた優勝旗授与式のもよう。

∴　試合がすんで、家に帰るみちみち、友だちとの間にかわされた評判。

d　ほしいほしいと望んでいた野球用具などを、手に入れた時のよろこび。

e　女生《ママ》たちとしては、籠《ろう》球・排球・庭球などのことについてでもよし、又、野球好きの兄弟たちや、知人のことなどを思いめぐらして書くもよかろう。

それから、こうした試合のような、火花を散らす壮快な場面を書き表わすときには、あのアナウンサーが、野球や角力の放送をするときの言葉の上に、しぜんとあらわれて来るあのような調子や呼吸を取入れて、

（一）短い、きれぎれな文をたゝみかけて用いること（＊頭注「これを断叙法という。」）と、

（二）それぞれの動作が、今、現に眼の前に行われているものとして記述するやり方（＊頭注「これを現写法（現在法）と

いう。」）とを、あわせて用いると、文がいきいきとして来て、読みながらも、手に汗をにぎらせるような思《ママ》をさせるものである。

次の文の一節を、上のらん外にかゝげた文（＊頭注欄の文「すばらしいスピードで先頭を抜いてからみるみるうちに、次走者を二米三米と引きはなしたが、刻々に決勝線がせまったので、六人は死にものぐるいで走りつづけた。…」）と読み比べて味って見よ。

すばらしいスピードで先頭を抜く。みるみるうちに、次走者を二米・三米と引きはなす……。刻々に決勝線がせまる。六人は、死にものぐるいで走りつづける。スタンドの人山は、われ知らず、そう立ちになって、かたずをのんで見守る。

こうした「文話」の補足として提示されているのが、頭注欄の「題の見立て方参考」である。この単元では、次の十題が挙げられている。――「すごいホームラン」、「野球きちがいといわれて」、「おろかな僕」、「僕がまちがっていた」、「わめく小父さん」、「僕もあんな選手に」、「夢に見ていたミツト」、「待望のグローブを手にして」、「兄さんたち」、「夕飯も忘れて」

中学生の生活や心理に即した文題例である。表現形式においても、体言止めや連用中止法などを多用し、変化を持たせている。

2　生徒作品例「野球の応援」

この単元には、生徒作品例二編「野球の応援」「ラジオを聞いて」と、各作品に即した研究問題が提示されている。そのうち「野球の応援」を見てみよう。

武蔵《むさし》工大の校庭へ野球を見に行った。電気部と機械部との試合である、どうやら機械部の方が優勢のようだ。両軍の応援団は、のぼりのような大きい旗をおし立てて、さかんに応援している。

機械部の方は、黄いろいはち巻をして、「フレーフレー、機械！」と声をかぎりに応援している。旗をふって応援している人もあれば、扇を手にして、おどりながら応援している人もある。石油かんを、ぺちゃんこにつぶれるほど、竹のぼうでガンガンたゝいている人もある。ひょうきんな人が、ぞうりでもって、自分の頭や、ひざをぶったりして、調子をとりながらおどっている。（＊頭注欄短評「このへんに文の山がある。」）そのかっこうがとても面白いので、見てゐた人たちが、一度に笑い出してしまった。

電気部の方はと見ると、みんなむらさきのはち巻をして、機械部の声が疲れるまで、じっと待ちかまえている。やがて、さすがの機械部もだんだん疲れてきた。むらさきのはち巻隊の一団は、「それ、今だ」とばかり、むちゃくちゃに応援し出した。しまいには、両軍とも、すっかり声がシャガれてきたが、そんなことにはかまわず、顔を真赤にして、もうれつに応援している。

けれども、はじめから優勢に見えた機械部の方が、応援団の調子もよかったためか、やはり最後の勝利をしめた。

【研究問題】

一　これは風がわりな野球関係の文である。はじめからおわりまで、応援団の動作だけを書いたのであるが、こういう方面からも材料はいくらも見出せる――と言うことのよい見本となるであろう。

二　文は、すこしごたごたしているが、いろいろな応援の仕方を書いたあたりが生きていると思う。

三　作者の年齢や、その人柄などを想定して見よ。どこでそれがわかるか。

四　文の組立について考察し、又、大そう、上手に書いてあると思う箇所について、話し合って見よ。

このように着眼点に新味のある「作文例」を挙げた上で、「研究問題」においては、①取材（文材・着眼点）、②表現（叙述・描写）、③作者（人物像・視点人物）、④結構（構成・書き出し・結び）などについて、具体的な検討課題を示して話し合うように求めている。「学習指導要領（試案）」（一九四七）では、「取材」「構想」「記述」「批正」の四段階について「学習指導上の注意」を提示しているが、これらが具体化された課題設定になっている。

3　その他の単元の課題設定

では、第二単元以下（文話単元を除く）では、どのような課題が示されているのであろうか。テーマと文体を中心に概観しておこう。

単元	テーマ	概要
第三	わが家の人たち	人物描写。家族の中の誰か一人の特徴について詳しく書く。
第四	冬近し	風景描写や季節の随想。季節の移りゆきを観察したり深く考えたりした結果を綴る。
第五	歳末から新春へ	季節の随想。変化と複雑さに富む生活行事の描写や、新年に対する期待など。日記、記事文、感想文、詩・童謡など自由な文体で。
第六	学校への往き返り	登下校時に見聞した事件や人々の姿、またその出来事に対する感想を綴る。
第七	一年生生活を顧みて	一年間を振り返っていろいろな思い出を綴り、まとまりをつける。

このように、第一学年では、日常生活の出来事や季節の推移に素材を求め、その有様を詳しく描写したり、自分の所感をまとめたりすることに重点を置いている。当時の「学習指導要領（試案）」[1]に対応した課題である。

四、第二学年の教材構成

『第二学年秋冬の巻』第一単元「初秋のおとずれ」では、季節の変化に着目させている。

1　単元「初秋のおとずれ」の「文話」と「文題例」

秋来ぬと目にはさやかに見えねども／風の音にぞおどろかれぬる

これは古今集の歌です。今日から秋だ――と言うはっきりした自覚はなくとも、朝、起きぬけに、戸外にでも出ると、襟もとから吹きこむ風が、何となくこれまでとは違って、ひやりと身にしみるので、「おッ、さすがにもう秋だなぁ。」と気がつくことは、実際ありそうなことです。

木の間よりもりくる月の影見れば／心づくしの秋は来にけり

さえ渡る月影は秋の特有物とされている。だが、古人の口まねをした月光のたゝえごとや、「天高く馬肥ゆ。」といった形容詞では、秋の気分を表わすものとして、もうカビくさい気がしないでしょうか。

秋立つと早や二つ三つほおずきの／下葉がくれに赤らみにけり

こんな下葉がくれにも、秋はそうっとしのび寄って来ているのです。

秋に特有な動物・植物・年中行事、または衣食住のきりかえなどの方面から、側面からも初秋の情景や気分が、よく書き出せるはずです。例えば、用が無くなって、片づけられるために、物干にさらされている蚊帳や、氷屋の棚に売れ残ったラムネのビンが、ほこりを浴びてころがっているのや、時節おくれの売れ残り西瓜が、誰にも顧みられずに、八百屋の店のすみなどに持て余されているあたりにも、目のつけどころはあろう。(2)

この単元の「文題例」は次のとおり。――「白い雲が飛ぶ」、「高い澄んだ空」、「きびの穂」、「高原の秋」、「秋だ、秋だ」、「車窓の秋」、「虫の声」、「赤とんぼ」、「大根まき」、「小川のさゝやき」、「いなご捕り」
気象の変化、植物や小動物の生態、季節の行事などに目を向けさせる文題例が多い。

2　生徒作品例「蚊帳よ」

この単元には、生徒作品例三編「秋の朝」「秋の詩三つ（栗拾い／月は招く／渚に遊ぶ）」「蚊帳よ」と、各作品の研究問題が提示されている。そのうち、意外な素材を取り上げた「蚊帳よ」(3)を見てみよう。

庭のすみや、床下や、台所のすみあたりから、コロコロコロ――と、こおろぎのやさしい音色が流れてくる。庭の秋海棠《しゅうかいどう》は、桜色のうつ向き加減の顔をそろえた。裏の葡萄《ぶどう》も濃い紫色に染まって、学校帰りのわれわれ兄弟を喜ばせてくれる。月の色も、すっかりさやかに澄んで来た。そして、聖者の愛のひとみのようなかゞやきをもって、下界の夜を眺めている。もう秋だ！　寂しい落着いた秋になったのである。季節は争われぬもの、この数日来、めっきり涼しくなった。と、さしもの蚊の群も、急に姿を見せなくなってしまった。そんなわけで、ちょうほうがられていた蚊帳ともいよいよ別れる時が来た。

蚊帳よ、長いことお世話になったね。お前は、あの六月からこの頃まで、約四ケ月にわたって、うるさい蚊軍の襲撃から、よくもわれわれを守ってくれましたね。（＊頭注欄短評「擬人法でかいてある。」）

また、はげしい雷雨の時など、夜勤が本務のお前に、昼日なかから不時の出動をたのんで、任務についてもらったこともあった。雷ぎらいな僕は、ほんとにお前のおかげで助かったよ。

それから又、僕が発熱して病臥した時なども、夜昼ぶっ通しで、それはそれはほんとに忠実に、はえと蚊のうるさい攻撃からまぬかれさせてくれたっけね。どうも有りがとう。

お前の任務は、今は、もうすんだよ。どうぞ、天気の好い日に、心ゆくばかり日光浴をとり、初秋の涼風で青い長い裾《すそ》のほこりも払って、疲れ直しをした上で、土蔵なり、押入なりの安息所で、ゆっくり休養してくれたまえ。（＊頭注欄短評「気のきいた表現だ。」）

その間は、今度は僕が責任をもって、お前の体を、ねずみや雨漏りの危難（＊頭注欄短評「蚊帳の保存上の大敵をうまく言いあてたもの。」）から守ってやるであろう、お前が、われわれのためにつくしてくれたと同様な忠実さで。だから安心して、思いきり休養してくれ給え。では、来年の夏まで、さようなら。

おや！　かぼそい、あわれな羽音《はおと》をたてて、弱々しい生き残りの蚊が一匹、通り過ぎたよ。

【研究問題】

一　この文の構想は、大きく別《ママ》けると、いくつの部分から出来ていますか。その部分と部分との関係や、つながり方については、どう思うか。

二　この文の作者の人柄について、思うところを話し合って見よ、それは、どのあたりの記述から気がついたか。

三　初秋の到来を、どのような季節の物や事柄（素材）で、感じさせようと書きならべてあるか。それが適切か、否か―については、どう思うか。

四　擬人法のおもしろさや効果などについて、思うところを述べよ。

五　蚊帳の用がなくなったことで、季節を色濃くく示した行き方などを、学ぶがよかろう。

六　この一文の口語常体を、口語崇敬体、即ち「いる」を「います」、「そろえた」を「そろえました」、「なった」を「なりました」というような体裁の方に、全部書きかえて見るがよい。

ここでは、一年生の課題よりもいっそう強く、新しい「題材」を発見するように求めている。さらに、「研究問題」においては、「構想」、「作者像」、「素材」及び「修辞技法（擬人法）」に着目させるなど、表現分析の教材として生かそうとするねらいが強く打ち出されている。作品批評における「題材」「構想」「表現」という三つの観点をいっそう明確にしたのである。

3 その他の単元（文話単元を除く）の課題設定

単元	テーマ	概要
第二	収穫のよろこび	秋の収穫の喜びの実況や実感を綴る。あるいは、賞味するときの楽しさや、収穫物を食物にするまでの中間的作業を写生風に書く。
第三	運動会で	運動会のプログラムのいずれかに絞って、その有様を描写する。あるいは、開始前や閉会後の気持ち、見物人の会話や批評を綴る。
第四	ひかり	「光」について感嘆することを綴る。あるいは、「光」の象徴的な意味について考えをまとめる。
第六	批評と読後感	「蝋燭の光」と題する生徒作文の原作と添削文の比較研究。また、読後の感想を書く。
第七	絵から文を	口絵（大久保作次郎「濱」）または各自の好きな絵を題材として、写生文を書く。
第八	卒業生を送る	卒業生の前途を祝福する文章、あるいは先輩との思い出を語る文章を書く。

このように第二学年では、具体的事物の写生・描写にとどまらず、精神的・象徴的な意味を捉えるように導いたり、文章批評に発展させたりしている点が特徴的である。

「学習指導要領（試案）」に示された「調査結果の発表」や「時事問題の感想」は扱われていないが、単元「絵から文を」のように、想像力を働かせて「文学的作品」を書くことに重点を置いている点に特徴がある。

五、第三学年の教材構成

『第三学年秋冬の巻』第一単元「平和」では、抽象的概念をいかに具体化するかという着眼点を示している。

1　単元「平和」の「文話」と「文題例」

日本は平和国家であり、文化国家である。それで、平和とは何か、平和のよろこび、平和はどうしたら得られるか、平和日本における君たち、あなた方の心構え――などという方面からめいめいの思うところを述べて見るもよかろう。

また、見てうれしい平和な有りさまや、景色などについて、思いめぐらし、自然界である空や、山中や、川辺や、海上や、野原や、庭前やで見かけたこと、例えば、

　春の海ひねもすのたりのたりかな

という俳句でよみ出された有様などについての観察や、思い出を書くもよかろう。

あるいは、人間界の親子や、隣人同志や、友人仲間や、幼児のたわむれなどの生活場面から見つけ出した、楽しい、ほおえましい平和な人情美についての観察や、思い出話をつづって見るもよいであろう。


　春の夜の花の息ともやはらかに／身をそゝるかな子の寝たる気息《いき》

の歌や、

　添へ乳《ぢ》はなして寝顔を見れば／誰とあそぶかにこにこと

などという俚謡《りよう》の趣は、いずれも幼児を主題としたものであるが、こうした方面にもよい題材が見つかるであろう。

あるいは、「心の平和」というような精神的な方面から、自分々の反省や、それを保ちつづけるための苦心などを告

白して見ることからも、変った、力強い表現がなされるであろう。

この単元では、「文題例」は次の一一題が挙げられている。――「平和の楽園」、「平和な家庭」、「平和な眠」、「平和な顔」、「平和な夕暮」、「暮れゆく海」、「湖の面の平和」、「とり戻したい心の平和」、「級の平和」、「平和を求めて」、「平和な鐘」

2　生徒作品例「ひな鶏《どり》の行い」

この単元では、「ひな鶏の行い」「平和な姿（散文詩）」「愛犬ピース」の三編が紹介されている。「愛犬ピース」は、課題から愛犬の命名の由来を連想して綴った作品である。こういう作品を紹介するところに金子の発想・着想を重視する姿勢が如実に表れている。

ここでは穏当な発想であり、文章構成も確かな「ひな鶏の行い」を取り上げることにしよう。

（頭注「書き出し」） 小学生時代を、ほとんど戦争のうちに過してきた私たちは、平和に対するあこがれが、人一倍強いのではないかと思う。ほんのちょっとした出来事においても、すぐそれを感じる。

（頭注「養鶏の体験」） この頃は、どこの家でも気分的に余裕ができたのか、盛んに鶏をかい出した。私の家でも、弟の友達から、生後三月の白色レグホンを三羽分けてもらって、かっている。日当たりのよい庭のすみに、石炭箱の二倍ぐらいの箱に、金網を張って、その中に入れておくのである。

（頭注「籠から放たれるまで」） 朝のうちは家の陰になって、日光が当たらないので、かわいそうだから、庭に出してやる。縁側の戸をがらがらとあけると、すぐピヨピヨと鳴き出す。下りて行って、箱の小さいドアに手をかけると、中で、もうばたばたと出るかっこうをし、あけたとたんに我先にと飛び出す、まるで鉄砲だまのように。

〈頭注「籠から放たれた喜び」〉さて娑婆《しゃば》に出た喜びといったら、かれらにとっては最上無類のもののようだ。全身に日光を浴びて、大いに羽を伸ばして、庭中を所せましとばかりに飛びまわってから、いつも二羽が揃って、首を上下にふったり、方々を見物でもしているような様子をしたりして、庭を横ぎる。

〈頭注「仲よし友恋し」〉土をつゝいて夢中でえさをあさっていたために、いつの間にか、二羽が互にはぐれてでもしまうと、ちょっと首を前の方に伸ばして相手を探すあんばいだが、まだ、他の一羽が見えない時には、首をかしげて、片方の目で青い空を眺めたりする。それこれしているうちに、他の一羽がどこからともなく出てくると、急に尾をピンとあげ、胸をはって、すました足取りで、スッスッと近づいていく。お互に探し合っていた末にようようめぐり会った時などは、両方からぱぁぱぁと羽ばたきしながら、走りよって飛びつくのである。

〈頭注「むすび　作者の感想」〉すがすがしい朝日の光を、その純白な羽毛一ぱいに浴びながら、追いつ追われつ、無心につれだち遊ぶひな鶏の、こうした生活を見かけるごとに、私は、いつも、心の奥に、おさえきれないほおえましさ、うらやましさを感じて、ぼんやり時を過してしまうことが多い。

【研究問題】

一　はじめに、「平和」へのあこがれを、あとには、ひな鶏の解放された自由の生活、楽しそうな生活を描写することだけで、題の「平和」を読み味わせようとしたところが、きわめて巧者だと思う。

二　ひな鶏の活動が、いかにも真にせまっているところはどのあたりか、それを指摘して見よ。

三　「おさえきれぬほおえましさ、うらやましさを感じて」とは、その情景をどう見立てた感想なのか。

四　この文を通して、作者の人柄や、平和に対する心持を観察せよ。

第三学年では、右の作品例のように、各段落ごとの「小見出し」を頭注に挙げている。これまでは、着眼の面白さや、描写の巧みさに重点を置いてきたが、学年進行とともに、文章構造にも注目させようというねらいが看て取れる。研究問題の一も、着想の面白さと構成の巧みさに関する評言であり、ねらいに対応したものとなっている。

3　その他の単元（文話単元を除く）の課題設定

単元	テーマ	概要
第二	働くことの喜び	勤労の喜びを実感した事例を主題として、印象強く、その場面を描き出す。
第四	音楽	好きな音楽のいわれや、名曲・名演奏を聴いたときの感激を説述する。あるいは、音楽の美的効果について意見を述べる。風や波の音、鳥や虫の声を音楽と見立ててもよい。
第五	思いのまゝに	自由題。自分の考えていること、社会の出来事などについて自由に述べる。文体は、散文でも、小説でも、戯曲でも詩でもよい。
第六	短い話の引伸し	短い原文を長い物語に引き伸ばす。『武将感状記』の一節「薩摩の下僕」を新たな物語に書き換える。
第七	浅春	早春の風物や景情を書きあらわす。散文でも詩でもよい。
第八	卒業を前にして	卒業を迎えた心境、両親や旧師への感恩の念、将来への希望や決意を述べる。

このように第三学年では、社会生活や芸術分野に視野を広げさせるとともに、「作文は自己の表現」であることを、これまで以上に強調している。また、「創作の価値と楽しみを体験」（「学習指導要領」試案）しやすくするために、物語の「書き換え」（リライト作文）を取り入れている点に、金子の課題設定の工夫が見出せる。

六、「研究問題」の検討

金子が設定した「研究問題」は、六つの観点に大別することができる。

(1) 鑑賞

作品全体から受け取る感じや、心ひかれる箇所を指摘させる問題である。しかも、漠然と印象を答えるのではなく、そのような「感じ」を与える要素や、「心ひかれる理由」を述べるように求めている。

(2) 作者

作者の性別や人柄や環境や心持などを読みとらせる問題である。ここでも常に「どこからわかるか」と根拠を求めている。また、作者の心持について、読者としての考えを明確にするように求めている。

(3) 取材・題材

文の題材のとらえ方について考えさせる問題である。例えば、「庭や庭木に対する目のつけ方を、記述の順序にしたがって考察してみよ」と分析することを求めるのである。また、取り上げられた材料が主題にふさわしいかどうかを検討するように求める場合もある。

(4) 表現

うまい表現だと思われる箇所を挙げさせたり、修辞法を検討するように求めたりする問題である。例えば、「心持が細かによく書けていると思う箇所を指摘してみよ」とか、「他人の方の事や、周囲のことを書いて、自ずと自分の状態を察知させる筆法（間接的な描写）を探究して指摘せよ」と具体例を挙げるように求めている。

巻・課 No.	文例の題名	研究問題 鑑賞	作者	取材	表現	結構	改作	巻・課 No.	文例の題名	研究問題 鑑賞	作者	取材	表現	結構	改作
1-1-1	野球の応援		○	○	○	○		2-4-2	小さな星	○	○		○		
1-1-2	ラジオを聞いて			○	○	○		2-4-3	燃える小蝋燭(著者)	○					
1-3-1	泣き虫の弟		○		○		○	2-6-1	蝋燭の光(原作と添削文の比較)						○
1-3-2	私の妹	○	○	○	○			2-7-1	猿ぐつわの御難 ⑤	○		○			
1-3-3	つんぼの長吉 ①	○	○				○	2-7-2	森の絵(寺田寅彦)				○	○	
1-4-1	爪切り	○	○		○	○		3-1-1	ひな鶏の行い	○	○	○	○		
1-4-2	冬枯の庭	○		○	○			3-1-2	平和な姿	○			○		
1-5-1	ゆず湯	○	○	○	○		○	3-1-3	愛犬ピース		○	○		○	
1-5-2	希望日本の歌(詩)			○				3-2-1	勤労の喜び			○	○	○	
1-5-3	トランプ	○			○	○	○	3-2-2	土手の手入れ	○	○				
1-6-1	霜の朝の出来ごと		○			○		3-2-3	赤木山麓の村にて(詩・著者)	○					
1-6-2	遅刻	○	○		○			3-4-1	音楽を愛する者				○	○	
1-6-3	学校での一日		○	○				3-4-2	教室交響楽			○	○		
1-6-4	かえり道(詩)			○	○			3-4-3	セロをひく人(詩・茅野蕭々)	○					
2-1-1	秋の朝	○	○	○	○			3-5-1	石けんの泡から(詩)	○		○	○		
2-1-2	秋の詩三つ	○		○			○	3-5-2	となり町の大火				○	○	
2-1-3	蚊帳よ		○	○	○	○	○	3-5-3	失われた笑顔			○	○		
2-2-1	いも掘り	○	○			○		3-6-1	茶をひとつくれい(吉川英治)	○					
2-2-2	みのり		○	○	○			3-6-2	薩摩の下僕(武将感状記)						○
2-2-3	あま酸っぱい甘露が		○	○	○	○		3-7-1	浅春		○	○	○		
2-3-1	もう、ぷつっとテープが	○			○		○	3-7-2	「春」の足音(詩)			○	○		
2-3-2	腕が鳴り、肉がおどる ②	○	○					3-7-3	北国の春さき(森口多里)	○					
2-3-3	勇ましき勝利の歌 ③				○	○		3-8-1	巣立つ者の声 ⑥		○		○		
2-4-1	くさぐさの光(範文) ④	○						3-8-2	迷わせる「卒業」の二字	○				○	
								(全作品数48)	問題出現数	25	21	22	29	15	9

*①人権上不適切な用語であるが、原文のまま挙げる。金子彦二郎は、研究課題の項で、(他人の不幸な身の上について)「かりにも、ひやかしの材料や、笑いぐさなどにしてはならない。その意味からは、たとえ、それが事実であるにもせよ、好んで、こうした材料を取上げることは、つつしむべきことである。」と注意を促している。

*②この作品は、『現代女子作文』(修正再版)巻二「腕鳴り、肉をどる」を再掲したものである。

*③この作品は、『現代女子作文』(初版)巻二「勇しき勝利の歌」を再掲したものである。小説家による作品(出典不詳)。

*④「子供は日の光」(欧米小学読本)、「太陽の光線が」(土岐善麿『春帰る』)、「細めたランプの光」(阿部次郎『三太郎日記』)、「一本のマッチの火」(芥川龍之介『湖南の扇』)の四編を鑑賞材料として提示している。

*⑤この作品は、『現代女子作文』(初版)巻二「名案々々」を再掲したものである。

*⑥この作品は、『現代女子作文』(修正再版)巻四「巣立つ者の声」を再掲したものである。

（5）構想・結構

文章の組み立て（段落の立て方、展開）、書き出しや結びについて、研究することを求める問題である。例えば、「書き出しが、終りの方では、どのように具体的に、つながりがつけてあるかを、よく吟味した上で発表せよ」といった類である。

また、「文の山は、どの辺においてあるか。探し求めて発表せよ」とか、作文例の四つの節に「いかにもふさわしいと思う小題目を工夫して付けて見よ」という問題が示されている場合もある。

（6）添削・改作

文章表現としてまずいところや直したいところを指摘させ、添削案を作らせる問題である。

さらに、「原文の味を逃さずに半分か三分の一ぐらいに縮約」することを求めたり、文末表現を常体から敬体に書き換えるように求めたりしている。

こうした問題は、各巻において、前頁の表のように出現する。

この問題出現数から見ても明らかなように、取材や表現に比重を置きつつ、全体的にはきわめてバランスよく配置されていると言ってよいであろう。マンネリ化しないように留意しながら、繰り返し検討させることによって、文章を見る目を養おうとしたのである。

七、作品批評の観点

このように具体的な研究問題を示した背後には、『現代女子作文』を編集した時期よりもいっそう明確になってきた金子の作文教育理論がある。

それを端的にまとめたのが、「第二学年用秋冬の巻」の第五単元「作品の批評について（文話）」（三三一〜三六頁）である。ここでは、「批評の観点」として、次の一五項目が挙げられている。批評の根本的規準は「真・善・美」にあるとしたうえで、特に「美（巧拙）」を判断する規準として挙げたものである。

一　題材の上からは、

a　与えられた文題又は自分が掲げた文題に対して、まことに、ぴったりと当てはまった、そして重要な材料が選んである。

b　それは、誰もの痛切な生活経験として、よく味っている事柄であり、考えてもいた事柄であるか、まだ誰からも、まとめて発表できなかった事柄である。

c　今まで、誰にも、全く、又はほとんど気のつかなかった新奇な事柄や感想である。

二　構想・段取の上からは、

a　一篇がよくまとまっている。

b　書き出しから結びまでの、生活や時刻や風物の排列・順序と移り行き、すなわち段取が、きわめて自然に運んでいる。

c　文の山（最高潮――急所）のおき場所が、きわめて適切である。

d　題材にふさわしい人物や自然（風景）が取入れられている。

e　書き出しと結び――すなわち首尾が、よく照応していて、文に一貫性がある。

三　表現の上からは、

a　題材の説述や記載に対して、一篇の長さや分量が適切である。

b　一つ一つの文段において、長文・短文が巧みに織りまぜてある。

c　用語は、全文にわたって、口語と文語、常体と崇敬体などの書きまぜがなく、よく統一がとられている。

d　主想・副想に応じて、精叙と粗描との変化が、適切にはからわれてある。

e　人物の風采や性格などの特徴がよくえがき出されている。

f　新味のある形容や、人を引きつける言葉づかいに富んでいる。
g　書き出しや、末句のあたりにも、工夫がこらされている。

この規準の特徴は、「題材」については、文題と材料との対応や、着想の新しさを重視した点にある。「構想」においても、単に首尾一貫性を問うだけでなく、「段取の自然な運び」や「題材にふさわしい人物や自然」を重視したものとなっている。

さらに、「表現」においても、文の長短、文末表現の統一、精叙と粗描とのバランス、適切な言葉づかいなど、基本的留意事項を簡潔にまとめたものとなっている。

八、『明るい中学作文』における再生と新生

金子彦二郎は、『明るい中学作文』を編集するにあたって、①生徒作文を数多く掲載すること、②指導細目を季節や学校行事に即して系統的・組織的に配列すること、③記述前の「暗示的指導」を重視すること、④絵の文章化などの「リライト作文」を取り入れること、⑤実生活に必要な手紙文の課題を重視することなどの工夫を行った。それらは、大正期の『現代女子作文』（初版）から引き継がれたものであった。また、「題の見立て方参考」として「文題例」を頭注欄に示した点も、昭和前期の『現代女子作文』（修正再版）や『新進女子作文』から引き継がれたものであった。時局の変化とともに失われていた伸びやかな自己表現活動が再生したのである。

一方、新たな試みとして注目されるのは、①鑑賞と表現の観点を明確にした研究問題を添えたこと、②話し合い活動に導いていること、の二点である。

総じて言えば、『明るい中学作文』は、「書く内容」の発見を重視しながら、「書き方」の習得にも配慮したバランスの取れた教科書であったと評価することができる。とりわけ、各生徒作文例に対して教師が短評を加えるだけでなく、文章の味わいや書き方に関する具体的研究問題を提示し、話しあいを通じて文章批評力を高めようとした点に、戦後の作文教科書としての新生面を見出すことができる。金子は、研究問題を加えていくことで、「学習指導要領（試案）」（一九四七）における作文指導のねらいと合致させようとしたのである。

注

（1）厳密に言えば、サブテキスト（副教材）である。国語科が「講読」「作文」「習字」に分科されていた戦前においても、作文教科書（師範学校、中学校、高等女学校、実業学校用）は、「教科用図書検定」の対象とはされていなかった（「教科用図書検定規則」一九三三年五月一〇日告示二一二号）が、戦後は、作文が国語科の一領域として位置づけられたために、作文教科書は発行されなくなってしまった。ここでは、それに代わるものとして出版されたサブテキストを「作文教科書」と呼ぶこととする。

（2）「故金子先生著作物目録」（追悼文集『故文学博士金子彦二郎先生』私家版、一九五八年）には、「明るい中学作文（全三巻）」とあることから推察すれば、「春夏の巻」については、計画されたものの、発行が見送られたのではないかと思われる。

（3）「学習指導要領（試案）」（一九四七年）の第三節「作文」第十項「各学年の学習指導」（一）「第一学年の学習指導」には、１「日常生活中、関心を持ったことがらを平明に書く」とある。

（4）ここに例示された秋を感じさせる風物は、『現代女子作文』（初版）から活用されていたものである。本書第二章六〇頁参照。

（5）この作品は、『現代女子作文』（修正再版）巻一「蚊帳と別れる言葉」を一部改めて再掲したものである。いかにも女学生らしい文体であったものを、男子生徒が書いたように書き改めたものと推察される。

第九章　『女子現代文學新鈔』と『教授参考』の内容と特質

一、読本と作文の関連指導

第一章から第八章まで、金子彦二郎の作文教科書の進展を軸に考察してきたが、ここで再び戦前に戻って、金子の読本に注目してみよう。金子は、作文教科書のみならず、『女子現代文學新鈔』（一九二七年）、『昭和女子国文』（一九三三年）などの国語読本も数多く編集し、それらを用いた授業記録(1)も残してきた。いずれも、大正期から昭和初期にかけて、高等女学校でいかなる国語科教育が展開されてきたかを知る貴重な資料である。また、読解・鑑賞と作文とを関連付けた指導事例としても注目に値するものである。

しかも、読本『女子現代文學新鈔』（全五巻、光風館、一九二七年一〇月発行。一九二八年三月文部省検定済）については、その指導書『女子現代文學新鈔教授参考』（全五巻、光風館、非売品。第四巻は未見。巻一は一九二八年刊。巻二～巻五は一九二九年刊）もその所在(2)

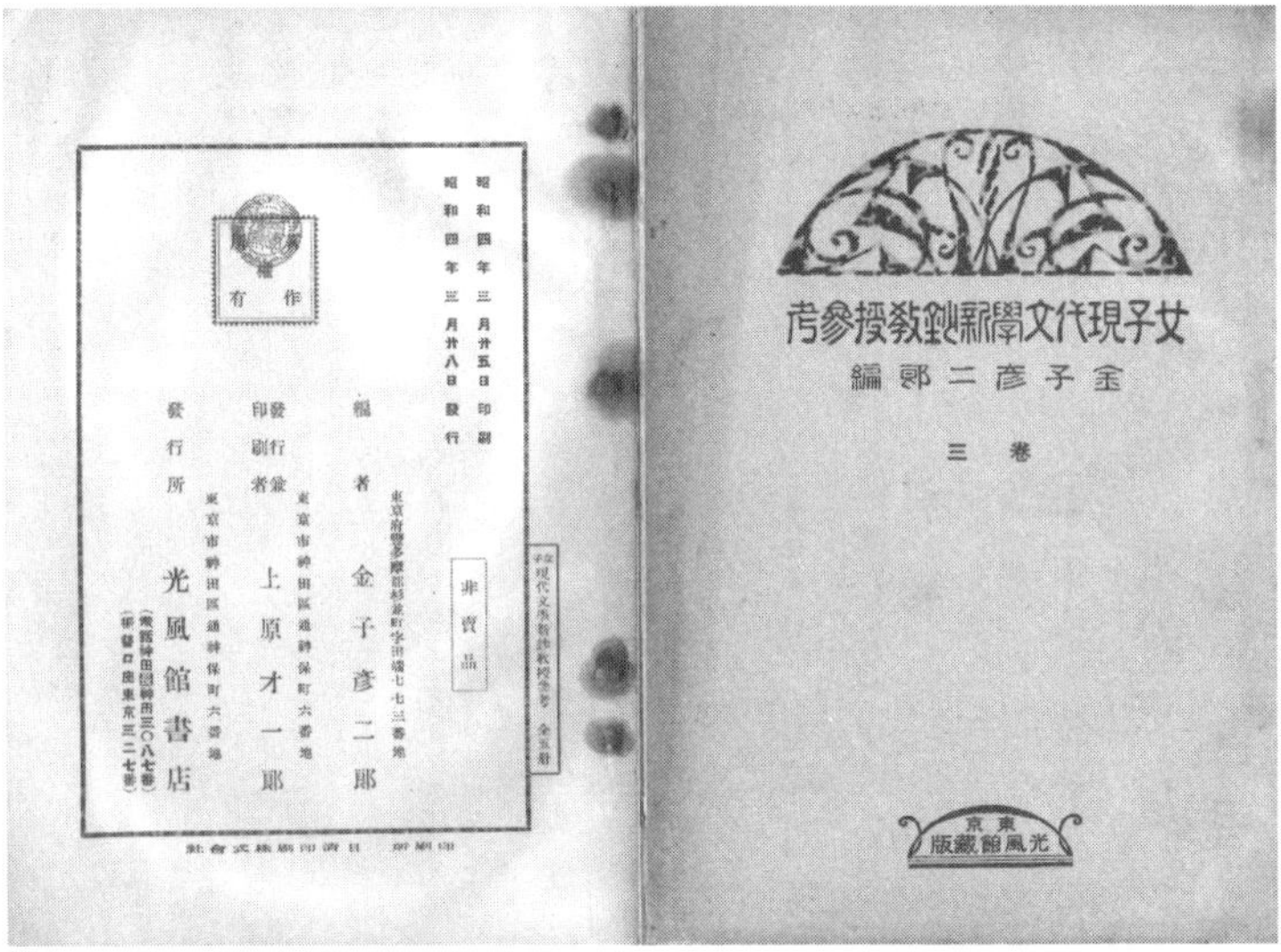

を確認することができた。本章では、『現代女子作文』(初版)との関連性に着目しながら、『女子現代文學新鈔』及び教授用資料『女子現代文學新鈔教授参考』の内容と特質について考察を加えたい。

二、『女子現代文學新鈔』(一九二七年)の内容

『女子現代文學新鈔』は、各巻約二〇〇頁、一八～二二単元で構成されている。各巻の内容は、次の通りである。

【巻一】

一	桃	吉田絃二郎	随筆
二	文字の詩二つ　(一)風景 (二)灯のまはりの羽虫	山村暮鳥 北原白秋	詩 詩
三	箒で何を掃く	五十嵐力	随筆
四	水の御馳走	島崎藤村	随筆
五	花咲爺	武者小路実篤	戯曲
六	梅雨あけ(口語歌)(七首)	西村陽吉	短歌
七	泣き笑ひ	国木田独歩	小説
八	カメラに映った「朝」(十景)	東京朝日新聞	記事
九	野天の風呂	吉田絃二郎	随筆
一〇	海の風景(詩)	堀口大学	詩
一一	小人国	山本有三	随筆
一二	水時計	山田珠樹	随筆
一三	母親と死神	独逸小学読本	小説
一四	漫画の朝鮮(一一編)	岡本一平	記事
一五	童謡四つ　(一)小さな芽／(二)鰹船／ (三)琴柱／(四)石地蔵	葛原しげる	童謡
一六	五郎三郎の娘	吉田絃二郎	小説
一七	師子雄よ	長谷川栄作	随筆
一八	初蛙・九官鳥と鶯	土岐哀果	随筆
一九	さくら貝(詩)	加藤まさを	詩
二〇	草の光	吉田絃二郎	随筆
二一	揺籃の唄の思出	宇野浩二	小説

【巻二】

一　春(詩)　千家元麿　詩
二　此の猫鼠を捕りますか　夏目漱石　小説
三　新緑の庭・詩集　芥川龍之介　随筆
四　柘榴の実　中村星湖　小説
五　達磨　武者小路実篤　戯曲
六　ブルタアニュの伝説より　岸田国士　随筆
七　(一)蓮(詩)　白鳥省吾　詩
　　(二)西瓜(詩)　尾崎喜八　詩
八　夏の真昼　有島生馬　小説
九　生ひ立ちの記　島崎藤村　小説
一〇　(一)笑話博士／(二)細骨夫人　鶴見祐輔　随筆
一一　歌の着眼点　金子薫園　解説
一二　笛吹草(女流短歌選、各五首)　短歌
　　(一)今井邦子／(二)茅野雅／(三)若山喜志子／(四)与謝野晶子／(五)九条武子／(六)四賀光子／(七)杉浦翠子
一三　桃太郎　芥川龍之介　小説
一四　夕の祈祷(詩)　富田砕花　詩
一五　梨　薄田泣菫　随筆
一六　名作物語二つ　東京朝日新聞　記事
　　(一)三円が百五十円に／(二)赤貧の中から
一七　先帝を悼み奉る歌　東京朝日新聞　短歌
一八　砂の悪戯　芥川龍之介　小説
一九　セロをひく人(詩)　茅野蕭々　詩
二〇　真似　菊池　寛　戯曲
二一　支那服　浜田青陵　随筆

【巻三】

一　桜月夜の即興詩　金子彦二郎　小説
二　(一)鏡の謀反／(二)書物(詩)　西條八十　詩
三　京洛二題　菊池　寛　小説
　　(一)ありし日の京の春／(二)美しい疎水の水
四　蔓草　吉江喬松　随筆
五　美しき雀(短歌、各五首)　短歌
　　(一)石榑《いしくれ》千亦／(二)橋田東声／(三)尾上柴舟／(四)若山牧水／(五)金子薫園
六　外国婦人の贈物　中村星湖　小説
七　朝日は輝く浮世は忙しい　国木田独歩　随筆
八　台風(詩)　与謝野晶子　詩
九　川の思出　千葉亀雄　随筆

一〇　笑　菊池　寛　小説
一一　夕ぐれの時はよい時(詩)　堀口大学　詩
一二　尼提《にだい》　芥川龍之介　小説
一三　見知らぬ海景　中河与一　随筆
一四　新俚謡選(俚謡、二四首)　俚謡
一五　絵にならぬ顔　夏目漱石　小説
一六　青い根芹　前田夕暮　随筆
一七　月光微韻(詩)　北原白秋　詩
一八　敵打以上　菊池　寛　戯曲

【巻四】

一　柄の先ではたく掃除　森　鴎外　小説
二　池畔(詩)　百田宗治　詩
三　西伯と呂尚　武者小路実篤　戯曲
四　藤若葉(短歌、各五首)　短歌
(一)太田水穂／(二)吉植庄亮／(三)中村憲吉／
(四)松村英一／(五)斎藤茂吉
五　亜浪俳話　臼田亜浪　解説
六　夕かげり(俳句、各五句)　俳句
(一)長谷川零余子／(二)荻原井泉水／
(三)渡辺水巴／(四)河東碧梧桐／(五)高浜虚子
七　蚊帳二題／(一)青蚊帳　阿部次郎　随筆
(二)白い蚊帳(詩)　坂本哲郎　詩
八　朗かな光を　武者小路実篤　小説
九　言葉・言葉・言葉　岸田国士　随筆
一〇　(一)秋を感ず(詩)　三木露風　詩
(二)銀杏(詩)　西條八十　詩
一一　供養の日　楠山正雄　小説
一二　松の木の日本　野口米次郎　随筆
一三　風流な土左衛門　夏目漱石　小説
一四　癒されぬ笑癖　吉村冬彦　随筆
一五　太陽と月外二篇(詩)　武者小路実篤　詩
(一)太陽と月／(二)与へるものは／
(三)よろこび
一六　啄木の墓に詣づ　土岐善麿　随筆
一七　窓の少女　矢代幸雄　随筆
一八　憂鬱な石　室生犀星　随筆
一九　この子　樋口一葉　随筆
二〇　自己の生長の意識　武者小路実篤　随筆
二一　(一)古時計(詩)　川路柳虹　詩
(二)月(詩)　千家元麿　詩

二二	シーザー	坪内逍遥	戯曲
【巻五】			
一	嵐	島崎藤村	小説
二	詩歌の城(詩)	室生犀星	詩
三	魔眠時より黎明まで	豊島與志雄	随筆
四	神秘の日本	野口米次郎	随筆
五	滑稽の大きな力	島崎藤村	随筆
	(一)流行と不易／(二)滑稽の大きな力／(三)浅瀬を奔り流るる水のごとく／(四)言葉		
六	岳の日没(詩)	富田砕花	詩
七	水が生きてゐる	中里介山	小説
八	鶺鴒走る(俳句、各五句)		俳句
	(一)中塚一碧楼／(二)村上鬼城／(三)臼田亜浪／(四)松根東洋城／(五)青木月斗		
九	丈草庵の秋	吉田絃二郎	戯曲
一〇	山庵雑記	北村透谷	随筆
一一	鴉(詩)	加藤介春	詩
一二	「夜」の眠り	矢代幸雄	随筆
一三	芭蕉	島崎藤村	随筆
一四	(一)夕映(詩)	千家元麿	詩
	(二)早春の大地(詩)	白鳥省吾	詩
一五	牛肉と馬鈴薯	国木田独歩	小説
一六	千曲川のほとりにて(詩)	島崎藤村	詩
一七	生の寂しみ	相馬御風	随筆
一八	高僧の一喝	幸田露伴	随筆

以上、合計一〇〇単元を、文種別に整理すると、次頁の表のように整理される。最も多いのは随筆教材。続いて小説教材、詩教材の順となっている。戯曲も毎学年取り上げられており、多くの頁数が当てられている。短歌・俳句については、単元数こそ少ないが、一単元に五名五首ずつ収められており、作品数で考えると詩と同様に重視されていると見ることができる。

一方、説明的文章については、エッセイ風の新聞記事（巻二第一六課「名作物語」など）や俳句の解説文（巻四

【文種別単元数一覧】

巻	随筆	小説	詩	戯曲	記事	短歌	俳句	俚謡	単元数
一	9	4	3	1	2	1	0	1	21
二	5	6	4	2	2	2	0	0	21
三	5.5	5.5	4	1	0	1	0	1	18
四	8.5	4	4.5	2	1	1	1	0	22
五	8	3	5	1	0	0	1	0	18
計	36	22.5	20.5	7	5	5	2	2	100

第五課「亜浪俳話」など）が主となっている。評論については、随筆風の芸術論（巻五第四課「神秘の日本」、巻五第一三課「芭蕉」など）にとどまっており、旧制中学読本に見られるような本格的な評論は採録されていない。

さらに作家別（次頁表参照）に見ると、島崎藤村、武者小路実篤、菊池寛、芥川龍之介など、当時の代表的作家の作品が数多く取り上げられている。理想主義や自然主義の作家がやや多いと言えよう。中野伝一「中学読本の現代文を概す」(1)から窺える当時の「中学読本」の教材群と比較してみると、社会性や思想性の強いものが排除され、情愛や美的感覚を重んじた清新な筆致の新文学が数多く集められているとも言える。高等女学校では、いわゆる「良妻賢母」を育成することが求められたからだと推察される。

三、『女子現代文學新鈔』の特質

これらの教材選択の特徴は、四点に整理できる。

第一は、「上品な明るいユーモア」と「涙のにじむやうな人間愛」と「我といふものゝ沈思内省を促がさせる自然や人生の寂しみ」(2)の三点を教材選択の基準としたという点である。金子は、これらが、少女たちの生命の培いに最も必要なものでありながら、当時の女子用国語読本には欠如しているものだと考えていた。

第二は、文学史的な作品評価よりも、学習者の理解能力や感性を重視した教材選択を行ったという点である。金子は、日頃から収集していた作品を「教室で朗読し又は謄写刷にして、精読鑑賞の資に供し、（中略）最も彼女達の感激に値した諸作品を精選した」（「緒言」章末資料1参照）のである。

第三に、同時代の作品や新鮮味の感じられる作品を優先したという点である。「出来るだけ既刊の類書に掲出してない最新の力作を精選網羅すること」に努めるとともに、「印象の散漫から救ひ、より深く作品に親しませたい」という趣意から、特色のある作家を学年ごとに配置した。巻一では吉田絃二郎、巻二では芥川龍之介、巻三では菊池寛、巻四では武者小路実篤、巻五では島崎藤村の作品が、三〜四篇ずつ採録されている。

【作家別単元数一覧】（二単元以上採録された作家のみ挙げる。戯＝戯曲。随＝随筆。小＝小説。）

作家名	採録数	採録文種	作風等
島崎藤村	六	随筆・小説	自然主義
武者小路実篤	六	戯・小・詩	白樺派
吉田絃二郎	五	随・小・戯	新理想主義
菊池　寛	五	随・小・戯	新現実主義
芥川龍之介	四	随筆・小説	新現実主義
夏目漱石	三	小説	余裕派
国木田独歩	三	随筆・小説	自然主義
中村星湖	二	小説	自然主義
岸田国士	二	随筆	人道的理想主義
野口米次郎	二	随筆	翻訳的詩風
矢代幸雄	二	随筆	美術史家
土岐善麿	二	随筆	生活派歌人
室生犀星	二	随筆・詩	新現実主義
千家元麿	三	詩	白樺派詩人
西条八十	二	詩	象徴詩人
白鳥省吾	二	詩	民衆派詩人
富田砕花	二	詩	民衆派詩人
北原白秋	二	詩	耽美派詩人
堀口大学	二	詩	詩人、翻訳家
与謝野晶子	二・五	詩・短歌	浪漫主義、明星
金子薫園	二	短歌・解説	歌人、反明星
臼田亜浪	二・五	俳句・解説	俳人、新理想主義

第四に、「口語の短歌や、新俚謡などの雅馴なもの」をも収めたという点である。平易で親しみやすい作品を数多く収録することで、文学に馴染ませるとともに、生徒自身を創作活動に誘おうとした。

こうした特徴は、金子が、国語科における「読むこと」の学習を、単なる「読み方の習得」や「語句の訓釈」に止めるのではなく、「文章創作の心理にまで透入して、人性の真を会得味識する」(3) ことにまで深化させていくべきだと考えていたことの表れである。

このことは、『女子現代文學新鈔教授参考』(章末資料2参照) において、いっそう顕著に示されている。同書は、単元ごとに、「作者の意図（主題）」、「作者の個人的特徴」、「作者の小伝」、「解釈」、「鑑賞批評」の五項目で構成されているが、金子はその中でも「鑑賞批評」の執筆に最も力を注いでいた。「形式方面で、修辞上・布置結構上から記号的表現などの諸点に到るまで、苟も文としての妙趣の存するところは悉く之を剔抉闡明《てっけつせんめい》すると共に、更に深く作品の内面に立入つて、個性や、心理や、性格や、気分や及びそれらの展開・変化・破綻等の種々相に亘つて、創作家の心理やそれぞれの作家の特異な手法と照合しつゝ、文芸鑑賞の定石的手引を試みた」(4) のである。

しかも同書には、当時の実地授業の「教授略案」(5) や、作文学習に展開する際の「課題案」も提示されている。後掲する「課題案」や「生徒解答例」からも窺えるように、生徒各々の主観的な読みを大事にすると共に、作者の創作心理にまで立ち入ってとらえ、生徒の表現力向上につなげようとしたのである。

四、特徴的な教材例

教材選択の基準となった「ユーモア」「人間愛」「内省を促す自然や人生」の中から、「ユーモア」を重視した教材例を挙げておこう。

例えば、巻二第一三課「桃太郎」（芥川龍之介）は、昔からある桃太郎の童話に、芥川が独自の解釈を施したものである。ここでは桃太郎は「自己を拡張するためには思い切ったエゴイズムを発揮する天才」として描かれ、また、鬼の視点から見た人間界の奇異なさまがユーモラスに描かれている。金子は、これを「天才の征服意志と、人間の自由を欲求する本然性との永遠の相剋」(6)をテーマとした作品だと捉え、教材化した。

巻二第一〇課「笑話博士・細骨夫人」（鶴見祐輔）は、作者が米人の家に寄寓中の出来事を記述したものである。諧謔味を中心とした現代文の一体を知らしめるとともに、米国人気質に触れさせるのが目的である。金子は、文章に親しませることを第一の目的として、このように発想・着想の奇抜なものを数多く採録していた。

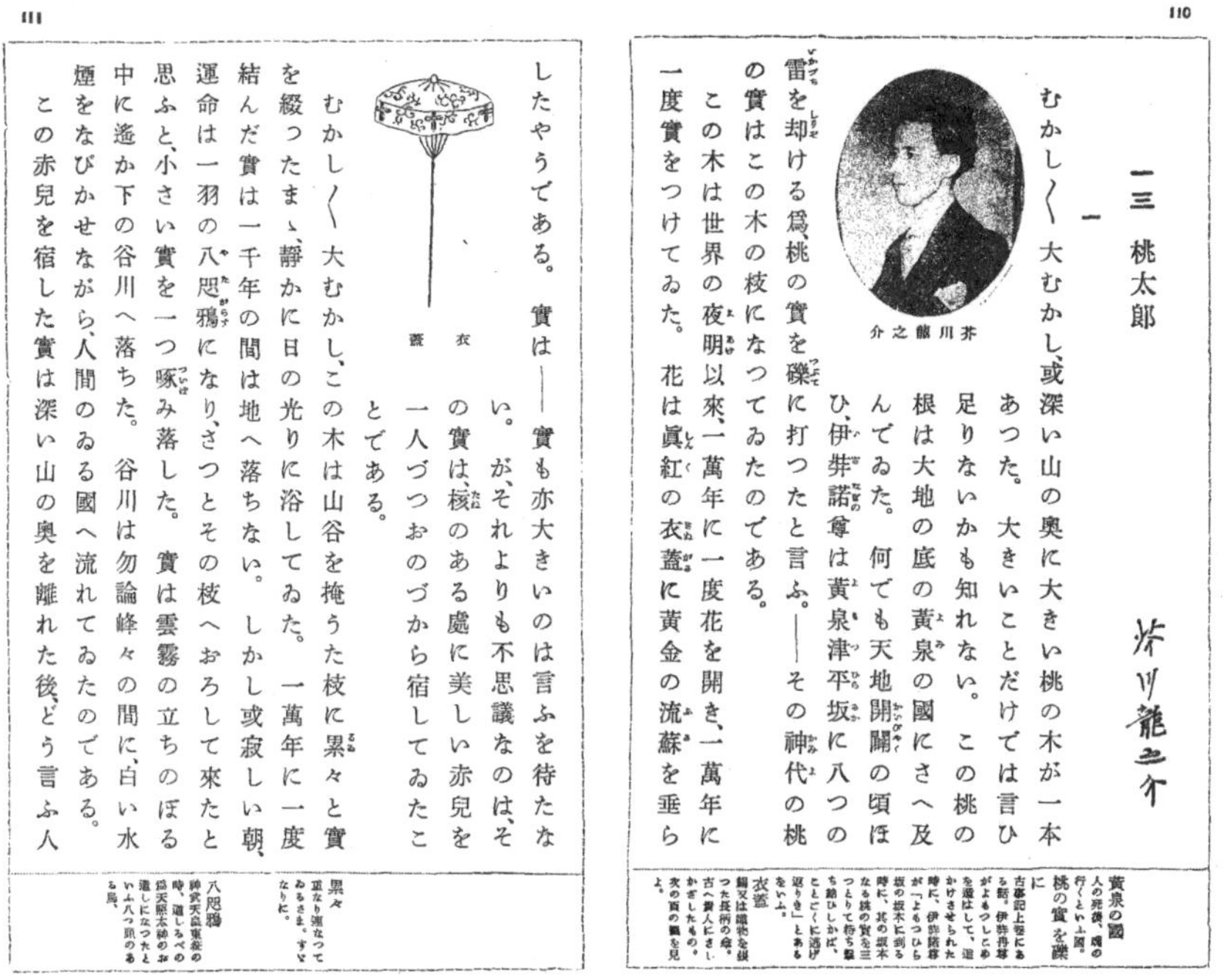
110

一三　桃太郎

芥川龍之介

一

むかし／＼大むかし、或深い山の奥に大きい桃の木が一本あつた。大きいことだけでは言ひ足りないかも知れない。この桃の根は大地の底の黄泉《よみ》の國にさへ及んでゐた。何でも天地開闢《かいびやく》の頃ほひ、伊弉諾尊《いざなぎのみこと》は黄泉津平坂《よもつひらさか》に八つの雷《いかづち》を却《しりぞ》ける爲、桃の實を礫《つぶて》に打つたと言ふ。――その神代《かみよ》の桃の實はこの木の枝になつてゐたのである。

芥川龍之介

この木は世界の夜明《よあけ》以來、一萬年に一度花を開き、一萬年に一度實をつけてゐた。花は眞紅《しんく》の衣蓋《きぬがさ》に黄金の流蘇《ふさ》を垂らしたやうである。實は――實も亦大きいのは言ふを待たない。が、それよりも不思議なのは、その實は、核《たね》のある處に美しい赤兒を一人づつおのづから宿してゐたことである。

衣蓋

むかし／＼大むかし、この木は山谷を掩うた枝に累々《るゐるゐ》と實を綴つたまゝ、靜かに日の光りに浴してゐた。一萬年に一度結んだ實は一千年の間は地へ落ちない。しかし或寂しい朝、運命は一羽の八咫鴉《やたがらす》になり、さつとその枝へおろして來たと思ふと、小さい實を一つ啄《ついば》み落した。實は雲霧の立ちのぼる中に遙か下の谷川へ落ちた。谷川は勿論峰々の間に、白い水煙をなびかせながら、人間のゐる國へ流れてゐたのである。

この赤兒を宿した實は深い山の奥を離れた後、どう言ふ人

黄泉の國　人の死後、魂の行くといふ國。

桃の實を礫に　古事記上巻にある話。伊弉冉尊がよもつしこめを遣はして、追かけさせられた時に、伊弉諾尊が「よもつひら坂の坂本に到る時に、其の坂本なる桃の實を三つとりて待ち撃ち給ひしかば、ことごとく逃げ返りき」とあるをいふ。

衣蓋　絹又は織物を張つた長柄の傘。古へ貴人にさしかざしたもの。次の頁の圖を見よ。

累々　重なり連なつてゐるさま。すゞなりに。

八咫鴉　神武天皇東征の時、道しるべの爲天照大神のお遣しになつたといふ八つ頭のある鳥。

111

五、作文との関連

『教授参考』巻一では、六つの単元において作文課題が例示されている。その特徴は次の四点にまとめられる。

第一は、「書き換え」や「続き物語」である。

例えば、巻一第二一課「揺籃の唄の思出」（宇野浩二）の「鑑賞批評」には、次のように記されている。

一、この物語はすべて、お千代の家族――言ひかへれば内地人の側からばかり描写されてゐることを先づ注意したい。だから鑑賞に当つては、時に位置をかへて蛮人側からの想像的物語を試みさせてもよい。それから、作文科などにも、この物語の観察点を変更した例へば、「お千代をさらつて来た蛮人の其の夜の思ひ」「蛮人の部落に於ける或日のお千代」「素性を聞かされた時のお千代の心」などといふ題を与へて創作を促して見ても面白からう。（中略）

五、作者は其の後の親子が相抱擁して嬉し泣きに泣き合ふところまで書かずに「後は読者の想像に任す」といふ賢明な結び方をしてあるが、一年生あたりの生徒などには或は其の後日物譚などを想像させて見るのもよからう。

このような「観察点」の変更による「書き換え」や、「続き物語」による創作は、他の巻にも散見される。例えば、巻三第二課「鏡の謀反（詩）」（西條八十）では、原作の最後の句の後に書き添える詩的表現を創作口述させたりしている。

第二は、国語読本と作文教科書の緊密な連携である。

例えば、本読本の巻一第五課「花咲爺」（武者小路実篤）を学習した後の生徒感想文三編（内一編は詩の体裁を採っている）を、『現代女子作文』（初版）巻一第八課「正兵衛と欲兵衛」に採録し、本教材を作文科の教材としても活用するように促している。

また、本書第二章及び第三章で見てきたように、『現代女子作文』（初版）では、挿絵から想像を膨らませて文章化させていく課題（巻一第九課「絵から文を」）を設定する際に、その範文例として、本読本の巻一第七課「泣き笑ひ」（国木田独歩）の一節を提示している。

このように、読本で関心を持った作品を手がかりにして、各自の文章表現意欲を活発化させるべく、両教科書を有機的に関連づけた編集を試みたのである。

第三は、写真や絵画と文章表現との関連づけである。

例えば、巻一第八課「カメラに映った「朝」」は、東京朝日新聞に掲載された写

『女子現代文学新鈔』巻一　第八課「カメラに映った「朝」」

三　睡蓮の開くのを待つ人

朝の一番電車が日比谷の交叉點《かうさてん》に止ると、魚河岸《うをがし》行の威勢のいゝのが十人ほどどや〳〵降りて行く。その後から白のガウンにハンティングの青年が、繪具箱を肩にカンヴァスを手に降りて來た。公園の門がキーと音をたてゝ開かれるのを待つて、青年は吸込まれるやうに花壇の方へ小走りゆく。

睡蓮

花壇入口の小さな池水には、睡蓮の蕾が五つ六つそつと頭をもたげて靜かに眠つて居る。——青年はその近くに畫架を立てた。そしてじつと池の面を物待つやうに眺めてゐる。やがて睡蓮の一輪二輪がカンヴァスの中に浮びだした頃、小さな蕾は時計の針が分秒を刻むやうに、桃色の唇をそろりそろりと開き始めた。朝の散歩の人達が時々カンヴァスの前に立止つては過ぎて行く。——

睡蓮　「これんげ」「ひつじぐさ」ともいふ。
日比谷　東京市の中央日比谷公園前の電車停留場。
魚河岸　魚市場のある河岸。東京のは京橋區築地四丁目に在る。
ガウン　Gown　こゝでは長上着のこと又法衣や大學服などにもいふ。
ハンティング　Hunting cap　ハンティング・キャップの略で、鳥打帽子のこと。
カンヴァス　Canvas　畫布、油繪をかく布。
畫架　繪をかく時其の畫面を支へ載せる三脚架。前頁の寫眞を見よ。

真とそれに添えられた簡潔な文を教材化したものであるが、これによって「写真の美を味はわせると共に文の着想や構想や、中心点の決め方などの骨《こつ》をも悟らせ」ようとするのである。加えて、作品鑑賞の応用発展課題として、「「朝の一とき」といふ作文を課してみるのもよい」と勧めている。

また、巻一第一四課「漫画の朝鮮」は、漫画家岡本一平の紀行文を教材化したものであるが、漫画の添えられていない一文については、筆者の失敗談を「絵画化させて見るもよからう」と勧めている。

このように、作文における「観察点」(視点)と「中心点」(テーマ)の重要性を、絵図との類似性において理解させようとしたのである。

第四は、意表を突いた文章展開法への着目である。例えば、巻一第一八課「九官鳥と鴬」(土岐哀果)では、「実は友人の家であった出来事なのに、それを断らずに書いているので、後で一杯喰わされたという気分になる」ことに注目させ、当たり前の順に書いてある例と比べてみるように求めている。

このように、金子は教材採録に当たって、「気のきいた書きぶり」をしている作品を数多く集めている。これは、単に生徒たちの関心を引くためだけでなく、読本の教材を、作文の発想・着想に活用させようという意図があったと見なされる。

六、試験問題と生徒解答例

最後に試験問題と解答例を取り上げよう。

この『教授参考』巻三には、金子が実際に生徒に課した問題例とその答案例が紹介されていて、興味深い。

例えば、巻三第三課「ありし日の京の春」(菊池寛)では、「一文の『美』を醸し出してゐる作者の用意につい

て述べよ」という問題を与え、美の構成要素の分析をするように求めている。（章末資料3の1）

また、巻三第五課の短歌単元では、「夕電車」（石榑《いしくれ》千亦）の歌（「夕電車こみあへる中に親しもよ労働者がもてる男のにほひ」）や、「今年竹《ことしだけ》」（橋田東声）の歌（「今年竹の姿やうやく整ひて浅夜の風にそよぎてゐるも」）について、その鑑賞文を書くように求めている。（章末資料3の2）

さらに、巻三第一〇課「笑」（菊池寛）では、「この作を透して見た新庄光之丞の人となりについて思ふところを述べよ」と人物批評をさせている。（章末資料3の3）

こうした課題例は、巻三にしか見られないので、他学年でいかなる試験問題が出題されていたかを知ることはできない。しかし、機会を見つけては作文するように求めていた金子ならば、他の巻でも、作品を深く読む力と、自分の考えを豊かに叙述する力とを重視した試験問題を作成し、生徒もそれに十分応えていたと推察される。

以上、各教材の内容と特質、及び作文との関連について、資料を紹介するとともに、その特徴を整理した。端的にまとめるならば、金子は、文学に親しむことを目標として、生徒の興味・関心に即した教材選びを行っていた、と言える。現代の水準から見れば、教材としての価値の乏しいものも無いわけではないが、「ユーモア」「人間愛」「内省を促す自然や人生」を基準として、生徒たちの心に訴えていく作品を数多く採録したのである。

しかも、その教授にあたっては、表現方法の分析に力を入れ、生徒自身の作文活動に生かすことを常に考慮していた。とりわけ、「書き換え」や「写真・絵図」の活用など、現代の作文指導にも大いなる示唆を与える斬新な方法を積極的に取り入れていたのである。

【資料1】『女子現代文學新鈔』「緒言」……………………………………

一　本書は、高等女学校本科・実科及びこれと同程度の諸学校に於ける国語科の補充読本として編纂したものであります。

一　本書は、編者が各種の国語読本の実際教授に当つて見て、少女達の生命の培ひの上に最も欠如してゐると認めた諸方面の補ひとして断えず浜の真砂と数多い各種の新刊行物から丹念に拾ひ集めておいた真玉・白珠で、時に応じてこれを教室で朗読し又は謄写刷にして、精読鑑賞の資に供したりして、其の明るいユーモラスさと、其の深い人間愛と其の人生や自然の寂しみなどいふ諸点で、最も彼女達の感激に値した諸作品を精選したものであります。

一　上述の通り、本書の内容は、これを約言すれば、現在世に行はれてゐる各種の女子用国語読本に於て甚だ物足りなさを感じさせられる上品な明るいユーモラスな分子と、涙のにじむやうな人間愛の好記録と、我といふものゝ沈思内省を促がさせる自然や人生の寂しみとの三つを経緯として編纂したものであります。

一　本書では、広く現代諸作家の各種の作物中、出来るだけ既刊の類書に掲出してない最新の力作を精選網羅することに努めると同時に、印象の散漫から救ひ、より深く作品に親しませたいといふ趣意から、或作家については、其の作品中それぞれの特色のあるもの四五篇づつを選んでこれを同一巻中に採録しました。

即ち

巻一に於ける吉田絃二郎氏の作品四篇
巻二に於ける芥川龍之介氏の作品三篇
巻三に於ける菊池寛氏の作品三篇
巻四に於ける武者小路実篤氏の作品四篇
巻五に於ける島崎藤村氏の作品四篇

といふのがそれであります。

一　本書では、右の外新しい試みの一つとして、口語の短歌や、新俚謡などの雅馴なものを収めると共に、各作家の肖像並に其の筆蹟をも掲載して、より多く作家達に親炙するの思あらしめたいと図りました。

一　本書では編者の実際経験に基く「補充読本では鑑賞に主力をこめたい」といふ持論から、力めて脚註の豊富詳密を期し、かつ語句や情景の理解を明瞭的確ならしめんが為に、出来るだけ多くの絵画や挿図を取入れました。

一　本書では、少女達の豊かな趣味性涵養の一助にもと、本の型をはじめ、装幀や口絵や挿図などの上にも、注意深い工夫を凝らしてある積りであります。随所にある挿図や写真をはじめ、童謡・短歌・俳句・俚謡・詩などの頁を飾ったカツトには、それら諸作品の趣致を更に映発せしめるやうに特に意を用ひた積りでありますから、十分御活用あらんことを切望致します。

一　本書は拙著「現代女子作文」と題する作文教科書と、本書独自の存在意義を侵さない程度に於て可なり緊密な連絡をつけてあります。若し幸に両者を併せ用ひて下さつたならば、頗る便益する所が多からうと信じます。

一　終りに、本書に其の貴重な作品を掲載させて戴きました各作家諸賢に対して、衷心より多大の敬意を払つては居りますものゝ、教科書としての性質上、僭越ながらまゝ省略改竄を加へた箇所もあります。此の点どうぞ御諒恕を仰ぎます。

昭和二年秋武蔵野の聴蛙荘にて　　金子彦二郎識

【資料2】『女子現代文學新鈔教授参考』巻一「著者より教授者諸賢へ」……………………

一、本書は拙著「女子現代文學新鈔」を教授せられる方々の為に著述したものであります。

一、本書は、さきに献本に添へた「女子現代文學新鈔編纂趣意書」でお断りしてある通り、著者の国語国文教授上の意見たる「三元的な取扱」（三元的国語教授へ―東京明治圖書株式會社発行）に立脚して、つとめて適切にしてお為になる教授参考たらしめようと企てゝあります。いろいろと類書には見られない特色がある積りですが、其の主なるものを御披露申しますれば、ざつと左記のやうであります。

イ、本書の体制は、作者の意図、作者の個人的特徴、作者の小伝、解釈、鑑賞批評といふ項目に従つてあります。

ロ、申すまでもなく、作者の作品上に於ける特徴や風格を知らず、又教材となつてゐる作品に対する作者自身の意図（即ち主題《テーマ》）を確把せずに、それが解釈・鑑賞批評の試みられるものではありません。生徒達は作品の筋は読み取りますが、作者が其の作品で取扱つてゐる主題《テーマ》―中心興味―（例へば本巻第二一課「揺籃の唄の思出」では、純一無雑な母性愛がそれ）は容易に発見し得ません。所がこの主題をつかみ得ない学習は、始ど無意味であり、徒労であつて、言はゞ屍体に就いて生命の本源を探るやうなものであります。

ハ、又作者の個人的特徴を知らなくて、其の作品に対つたところで、真の理解や同情や鑑賞や、正しい批評の出来ないことも分りきつたことであります。それで、本書では出来るだけ此の方面をも精説すると共に、教材として掲載した該作品に対する作者自身の言葉を載せたいと企てました。幸に本巻に於ては第一五課「童謡四つ」の所で、作者葛原氏手記の尊い「童謡自釈」十数頁を掲載することを得ましたことは、独り著者の光栄たるばかりでなく、亦教授者諸賢延いては幾万の女学生諸子の欣幸とする所であらうと思ひます。

ニ、解釈では、副読本として是非触れておかねばならぬと思ふ語・句・文について、辞書的精確を期することは勿論、更に、其の作品の、其の場所に於ける用例として、最も、妥当であり適切であると信ずる解釈を試みました、これが即ち「言葉を生かす」所以であると思ひますので。尚ほ、脚註にも往々難解なものがありますので、これが読方や解説も施しておきました。

ホ、鑑賞批評には、著者の副読本観から最も力を傾注しました。形式方面で、修辞上・布置結構上から記号的表現などの諸点に到るまで、苟も文としての妙趣の存するところは悉く之を剔抉闡明すると共に、更に深く作品の内面に立入つて、個性や、心理や、性格や、気分や及びそれらの展開・変化・破綻等の種々相に亘つて、創作家の心理やそれぞれの作家の特異な手法と照合しつゝ、文芸鑑賞の定石的手引を試みた積りであります。

ヘ、なほ従来殆ど閑却されてゐた写真や挿絵やカツト等に就ても、本文との関係交渉や鑑賞の着眼点などに関する要領を得た解説を加へておきました。

一、第二巻以後には、著者の体験した実際教授其のまゝの記録をも掲載する積りでありますが、教案例の御参考の一つとして、左に昨冬埼玉県の中等学校長並に国語科教員諸氏の要請により実地授業を試みました際の教授略案一篇を附記しておきます。

副読本教授略案

一、日　時　十一月二十四日（木）第四時（一一―一二）
二、学年級　本科第二学年甲組（第三教室）
三、教　材　女子現代文學新鈔巻二第一〇課の一「笑話博士」
四、目　的　鶴見祐輔氏が米人の家に寄寓中の一生活記録を読ませて、現代文の一体を知らしめると共に作者の快活潤達な性格及び、明るい快活な杜交的なさうしてユーモアに富むビアード氏の米国人気質に触れさせるのが主である。
五、教材観（教授詳案ではこゝに、此の教授参考中に掲げてある作者の意図や個人的特徴や解釈鑑賞批評等に関する重要事項を詳記しておく）。
六、順　序
（一）通読と大意の把捉発表。
（二）文の組立の吟味。
（三）分節通読。形式を省みつゝ、作者の中心的興味及びクライマックスの探求鑑賞。
（四）各自黙読によりて文意に親炙。
（五）作中人物の性格について、本文を辿らせつゝ探求総括。
（六）読後の感想発表（各自の主観と作者の創作心理とを）
（七）範読（又は生徒の美読）
七、備　考
（一）一時間で済ます予定。
（二）適当な機会に挿絵の漫画「マツトとジエフ」の可笑味と本文の記述との交渉について鑑賞。

以上

【資料3】試験問題例と答案例の実際

1　巻三第三課「京洛二題　ありし日の京の春」

《本文》　「ありし日の京の春」（菊池寛）

元禄といふ年号が、何時の間にか十余りを重ねたある年の二月の末である。都では、春の匂が凡ての物を包んでゐた。つい此の間までは、頂上の処だけは斑《まだら》に消え残つてゐた叡山の雪が、春の柔い光の下に解けてしまつて、跡には薄紫を帯びた黄色な山肌がくつきりと大空に浮んでゐる。その空の色までが、冬の間の腐つたやうな灰色を洗ひ流して、日一日緑に冴えて行つた。

鴨の河原には丸柳が芽ぐんでゐた。その礫の間には、自然咲きの董や紫雲英《れんげ》が、めいめい小さい春を領してゐた。河水は日増に水量を加へて、軽い藍色の水が、ところどころの川瀬にせかれて、淙々の響を揚げた。黒木《くろき》を売る大原女の暢びやかな声までが、春らしい心を唆つた。江戸へ上る西国大名の行列が、毎日のやうに都の街々を過ぎた。彼等は三條の旅宿に二三日の逗留をして、都の春を十分に楽しむと、又大鳥毛の槍を物々しげに振り立てゝ、三條大橋の橋板を踏みとどろかしながら、遙かな東路へと下るのであつた。

東国から、九州・四国から、また越後の端からも、本山参りの善男・善女の群が、ぞろぞろと都をさして続いた。そして彼等も春の都の渦巻の中に其の幾日かを過すのであつた。

《指導書》

「『ありし日の京の春』の一文『美』を醸し出してゐる作者の用意について述べよ」といふ試験問題の答案二つを御参考までに。

（人）大原女「その暢びやかな声が春らしい心をそゝる。」春のしっとりとした空気。
西国の大名行列、「大名の行列が続く」といふので、如何にものんびりした気持を現はす。

殊に西国だから、外様大名であらうし、その広い領地をもつてゐる大名で、何となくどつしりした気持をあらはしてゐる。そしてそのやうな人まで浮れ出すといふ事は、春のおさへられない軽い浮き立つ心をあらはしてゐる。

(物)叡山と空「斑に残つてゐた頂上の雪も解けて、紫を帯びた山肌」紫を帯びたといふことで、春霞のたなびいてゐる事――「灰色をすつかり洗ひ流して冴える」深い空を現はす。

河原の菫、紫雲英「此のやうな小さいものまで春を我が物顔にしてゐる」で、「どんな隅々へも、どんな小さな物にも春が来てゐる」ことをあらはす。

鴨河の流　その豊かな水量と音とが、とゞこほりない春の気分を示す。（ＭＫ子）

×

(人)大原女、西国大名、善男善女、西国大名の行列の人々。

(物)比叡山。河原の丸柳。礫。河の流。黒木。大鳥毛の槍。本山。消え残つた雪。自然生えの菫、紫雲英。

右の二つを織りまぜて
Ａ　鴨の河原に芽ぐんだ丸柳。河原の礫。
Ｂ　黒木を売る大原女の声。
Ｃ　京に逗留して春を楽しむ西国大名。
Ｄ　大鳥毛の槍を物々しげにふり立てゝ東路さして下る西国大名行列、及び其の供廻り。
Ｅ　本山参りの善男善女の群。
Ｆ　消え残つた叡山の雪。
Ｇ　日毎に水量を増す鴨の河水――川瀬にせかれて淙々の響を揚げる水。

2　巻三第五課の短歌単元

◇「夕電車」（石榑千亦《いしくれ》）の歌（「夕電車こみあへる中に親しもよ労働者がもてる男のにほひ」）について

《指導書》この歌を教授した後で試験問題として、其の鑑賞を命じた時に得た答案二つを左に。

夕方電車に乗つた。役所や会社から疲れて帰つて来る勤人や学生等で一杯にこみ合つて居る電車の中で、自分と体をくつつき合せて押されて居る労働者――日にやけた、汗ばんだ顔、よごれてぐしやぐしやになつた労働服――それらから発する脂くさい匂、それらが自分に取つては何と親しいものに思はれるだらうと作者は感歎してゐる。而して此の感動の語がいかにも好い。この中には感謝の念――一種の尊敬に似た気持、或は文字通りの実際に親しい気持がするとの意もあらう。

これらを「親しもよ」とあつさりと片づけたのは、実際に作者の気持が読む人に取つてよく味はれる。それから「労働者の持てる男の匂」を夕電車の中に置いたのが好い。生活の為に一生懸命働いて働いて働きつかれた体をこんだ電車の中で押されて帰る、そして、その感じが此の「男の匂」でぐつと出てゐる。繁華な都会の蔭で、力強く生きて行かうとする労働者といふものを、そこに私は完全に感じる。（附属高女三年生Ｍ女）

×

一日の労働を終へた人に対して、感謝の念と愛の眸とを投げてゐる此の顔、非常に気持の良い歌である。汗のいやな匂が、人混みの中にすれば、普通の人は「臭いなあ」等と顔をしかめる所を「親しもよ」としてあるので、作者が如何に愛と感謝の念を以て労働者に対してゐるかが切実に感じられる。即ち「親しもよ」の五字の所に此の歌の値打があり、又高潮の所ぢやないでせうか。なほ和歌の規則にしばられないで、自由に力強くうたつたところが好きである。変にひねくらない所が内容の平民的な所と合致してゐて、大変うれしく思はれる。

◇「今年竹《ことしだけ》」（橋田東声）の歌（「今年竹の姿やうやく整ひて浅夜の風にそよぎてゐるも」）について

《指導書》この歌も試験問題として課して見た。その答案中で、面白いと思つた収穫の一二を左に。

此の歌で今年竹の若々しさ、夕方の紫色の室気、それらのものをとり合せて、すがすがしさ、若々しさを表はさうとしてゐる。今年竹の若緑の姿が、宵の口の涼しい風にさらさらと耳ざはりよい音をたててなびいてゐる。日本画に見る美しさである。／此の歌が全体として和やかさを漾《ただよ》はせて居るのは、濁音の少い為もある。濁音は「すがた」の「が」、「そよぎて」の「ぎ」の二つしかない。よみ始から何のこだはりもなくすらすらと詠みくだしてゐる。平易な、そして味深い歌である。（K子）

×

此の歌は初夏の若々しい緑色をした（今年出たばかりの竹であるから）竹が、夕ぐれの風にさわやかな音を立て、居ていかにも涼しいと言ふ所をうたつてゐる。そして其の「今年竹が風にそよいでゐる」といふのが、去年の古竹といふよりも、目のさめるやうに若々しく新鮮であるから、なほさら涼しげに思はれる。

私は、これを声たてゝよむと、緑側で湯上りの人がうちはをつかひながら、うち水のしてある庭隅の方に一むらのこのやうな竹林があつて、それがさやさやとそよいでゐるのをながめてでもゐるらしい様子が目の前にうかんで来る。（H子）

3　巻三第一〇課「笑」（菊池寛）

《指導書》

本課教授の後「この作を透して見た新庄光之丞の人となりについて思ふところを述べよ。」といふ試問を課して得た高女三年生の答案を一つ左に掲げて御参考としよう。

光之丞は僅かに十五歳の少年である、その上母親が今日の出仕を思ひはかつて、昨夜早くから床につかされたり、その上気付薬まで呑まされてゐるから少しも眠くない。むしろ諸大名達と列席して居るので何となく興奮して、眼が冴えて行く位である。それだのに、他の諸大名がそろひもそろつて居睡りをしてるので可笑しくて堪らなかつた。余りに可笑しさに、隣りに座つて居る仲善しの、天野左吉郎と、二人で居睡りしてる者を見つけ出しては笑つた。笑つた事はこの重大な御通夜の席の事であるから悪い事には違ひないが、こゝまで来るまでに光之丞を笑はせた諸大名の方がどれ程悪いか分らない。無邪気である少年にとつてそれを見て笑はずにはゐられなかつたらう。しかしたうとう最後の松倉甲斐守に見つけられてしまつた。そしてたうとう御遺骸が送られてから間もなく二人はしらべられる事になつた。

愈々しらべられる時にあたつて役人から「その方は失笑いたしたと申すものがあるがしかと左様か」との御訊ねに光之丞ははつきりとありのまゝを返答した。しかし左吉郎は「毛頭覚えござりませぬ」と、嘘をついてしまつた。が役人は強ひて追求しようとはしなかつた。そして光之丞に「その方はしかと覚えがあるのぢやあな」と聞き返へした。役人（本多豊前守）は非常に物のよく分つた人であつた。だから光之丞の笑つた事もよく理解してゐたのであつた。そしてもし光之丞が「毛頭覚えござりません」と言つてしまつたなら、別にとがめもせずに許してやらうと思つた。が、光之丞はをかしいから笑つた、笑つた以上は嘘などつく必要はないと思つたから「相違ござりませぬ」と返答した（正しい所を嬉しく思ひます）

光之丞はまだ純で無邪気な少年であつた。正しいそして立派な心の持主であつた、だから、ありのまゝを申し上げた。もう一度役人が「何故笑つたのか」と聞かれたら「かうかう」と申し上げたかもしれないが、光之丞自身で「かう言ふ理由で笑ひました」と言つてしまへばよかつたのに……実に可哀想な事をした。

光之丞は、弱年にして殺されてしまつた。この事件の源である諸大名……自分の悪い事は棚に上げて光之丞を非難した人々が憎らしい。

十五歳の幼き少年の頃からこの様な心の持主であつた程だから、もつと生きてゐたならばかならず偉い人になつたであらう。実に実に惜しい事である。

注

（1）金子の近代詩の授業記録については、野地潤家の論考「大正期における近代詩教授」（『野地潤家著作選集　第五巻』明治図書、一九九八年）がある。

（2）『女子現代文学新鈔教授参考』は、金子彦二郎のご遺族から提供された資料である。

（3）中野伝一「中学読本の現代文を概す」『国語教育』一九二五年三月号、第一〇巻第三号、育英書院

（4）金子彦二郎「緒言」『女子現代文学新鈔』光風館、一九二七年

（5）金子彦二郎『三元的国語教授へ』明治図書、一九二七年、Ⅱ頁。金子は、同書において、それまでの訓詁注釈式の国語教育を「二元的（平面的）なもの」であると批判し、「文章創作の心理にまで透入」した「三元的（立体的）な取扱い」をすべきだと主張した。

（6）金子彦二郎「著者より教授者諸賢へ」『女子現代文学新鈔教授参考』巻一、光風館、一九二八年、一～六頁

（7）同教授用資料には、巻二第一九課「セロをひく人（詩）」（茅野蕭々）について、東京女子高等師範学校教生による教授詳案（昭和三年三月実施）が掲載されている。又、巻三第一七課「月光微韻（詩）」（北原白秋）を扱った金子による教授細案も掲載されている。後者は、『修訂三元的国語教授へ』（一九二九年、明治図書）に掲載され、野地潤家（注1）が考察の対象としたものである。

（8）『女子現代文学新鈔教授参考』巻二、一二六頁

終章　金子彦二郎の作文教育の現代的意義

一、作文教育におけるインベンション指導の必要性

作文の授業を活性化させるには、まず何よりも、「書きたい」という気持ちを引き出さなければならない。この「書きたい」という意欲を喚起することさえできれば、あとはすべて枝葉の問題にすぎないと言ってもよい。だが、この問題に対する解決策がなかなか見えてこない。とりわけ一斉授業では、一人一人に対応した手立てが見つけにくい。

中等作文教育において、この問題が自覚され始めたのは、一九六〇年代後半である。森岡健二らによってコンポジション理論が導入され、主題文や構想表を作成した上で書くという指導が盛んに行われるようになった。ところが、多くの教室では、構想表を作成し終えた段階で疲れ果て、文章そのものにはあまり生気が感じられないという事態を招いてしまった。「書きたい」という意欲がベースにないままに、コンポジションの方法だけが押しつけられたために、生きた指導にならなかったのである。(1)

これに対して、「何を書くか」という問題発見（インベンション）の段階における指導こそが重要だと考えられるようになった。そのきっかけになったのが、輿水実『表現学序説—作文教育の改造—』（明治図書、一九六九年）や波多野完治『現代レトリック』（大日本図書、一九七三年）によって紹介されたアメリカのニュー・レトリック運動であり、コミュニケーションを重視する倉澤栄吉によって提起された「想の展開」に即した作文指導であった。(2)さら

に、一九九〇年代に入ると、大西道雄『意見文指導の研究』（溪水社、一九九〇年）、同『作文教育における創構指導の研究』（溪水社、一九九七年）、拙著『発見を導く表現指導』（右文書院、一九九八年）等によって、理論と実践の両面からインベンション指導研究が本格的に進められるようになってきた。

にもかかわらず、こうした考え方や指導法は、まだまだ一般化していない。相変わらず、「生徒の主体性を重んじる」という美辞を隠れ蓑にして、支援すべきことを十分に行っていない教室が少なくない。あるいは、「話すように書く」「思ったままを書く」などという素朴な指導言に頼って、着眼の仕方や展開の仕方について教えていない教室が少なくない。そのために、いつまでたっても、書けない生徒は書けないままで放置されることになってしまう。ここに「作文嫌い」を産む要因が潜んでいる。

では、生徒が「書きたい」という気持ちになるのはどういうときか。これまでの研究や実践を通して、生徒の姿を思い浮かべてみると、次の三つの場合を想定することができる。

一つは、「書くに値する内容」が見つかったときである。例えば、他の人とは異なる体験をしたとき。新情報を手に入れたとき。新発見をしてわくわくしているとき。あるいは、押さえきれない憤りを感じているとき。こうしたとき、私たちは人に伝えたくてしようがなくなる。

二つは、「書き方」がわかったときである。適切な言葉が見つかったとき。多彩な書き出し方を知ったとき。文章の組み立て方が理解できて、文章の流れが見通せるようになったとき。こうしたときに、「書こう」という勇気が湧いてくる。

三つは、書くことの「必要性」が実感できたときである。何のために書くのか（目的）、誰に伝えるのか（相手）が納得できれば、自分の立場も定まり、書きたいことも明確になってくる。このように「場」の条件が明確なときは、よし書いてやろうという気になる。

とすれば、指導者としては、作文教育に取り組む際に、こうした条件を一つ一つクリアしていけばよいということになる。「いつ」「どこで」「だれに」「何のために」「どのような立場から」「どのような方法で」「何を」書くのかという条件を整理して、「作文の場」を設定していけばよいのである。

もっともこのことは、一〇〇年前から指摘されてきたことである。例えば、五十嵐力《ちから》は、『新文章講話』（早稲田大学出版部、一九〇九年）において「六何説」を提唱していた。

特に文章を作る者の、毎《つね》に必ず注意すべき事が六つある。之れを「六何」といふ。六何《ろくか》とは何故に？何事を？何人が？何処にて？何時？何如に？の都合六つ、その各々に何の字が付く所から、仮に之を名づけて「六何」といふのである。
改めて言ふまでもないが、文章を書くには必ず何故に書くかといふ目的がある、而して其の目的の異なるに従つて書き様も自然違つて来ねばならぬ。（中略）／第二には何事を書くかといふこと。（中略）／第三には何人が何人に対して書くかといふこと。（中略）／第四は何処にて書くかといふこと。（中略）／第五は何時書くかといふこと。（中略）／最後の要件は如何様に書くかといふこと。（中略）／約めていへば何故に、何人が、誰に対し、何時、何処にて、如何なる事を如何様に言ふか又言ふべきかといふこと、是れ文章を作る者の、何人も最初に考へ定むべき事柄である。（三二一〜三二二頁）

今、なすべきことは、「作文の場」の設定に工夫を凝らし、生徒たち自身が、「書くこと（観点・内容）」を発見できるように導くことである。「想」の発見を導き、「想」の展開が見通せるようになる「インベンション指導」の在り方を解明していくことが、いっそう強く求められているのである。

二、金子彦二郎の「暗示的指導」の特質

こうした問題意識をもって、金子彦二郎の作文教育をふりかえってみたとき、金子は常に生徒に「書く内容」を持たせるように力を注いでいたということが納得されるであろう。その典型が、金子のいう「暗示的指導」である。金子は、「『何も書くことが無い』といふ生徒も、実は書くべき材料を持合してないのではなくて、如何なる方面に着眼すべきかに思ひ当らない者である」(『現代女子作文』の「緒言」)と、生徒の心を見抜き、課題を与える際には、同時に「着想や、取材方面や、表現形式等に関する暗示的指導」を行ったのであった。

本書では、その「暗示的指導」の具体的な内容について、各教科書に沿って解き明かしてきたが、それらを今一度整理して、まとめとすることにしよう。

金子彦二郎の「暗示的指導」は、「取材の仕方」「書き手の立場の確立」「相手と目的の明確化」「表現形式の工夫」の四観点から整理することができる。

第一は、「取材の仕方」に関する問題である。金子は、事あるごとに、「通俗的な捉え方を廃し、創意を加える」ように求めていた。ありきたりのことを漫然と説明するのではなく、通常ならば見過ごされてしまいそうな新素材を発見するように努め、その「一事・一物」に「焦点化」して、「精写・細叙」すべきだと指導したのである。例えば、「遠足」や「運動会」について書く場合でも、時間的順序や型にはめて書くのではなく、最もよいと思った部分に焦点に絞って書くわけである。(本書第一章二三頁、第二章五七頁)

この「素材探し」と「焦点化」を促すために金子が用いた方法は、「文話」や「暗示の鍵」や「題目案」や「生

徒作文例」であった。「文話」においては、課題の意図や着眼の仕方を解説することによって、素材に関連する話題や体験を数多く想起させ、生徒の心の中に「書きたいこと」が湧きあがってくるように導いた。「暗示の鍵」や「題目案」においては、キーワードや短章を示すことによって、目のつけどころの多彩さを実感させ、そこから連想されるものを活用するように導いた。さらに、「生徒作文例」にあっては、同年代の生徒による優秀作を示すことによって到達目標を具体化し、独創的な文章を書きたいという意欲を喚起したのであった。

第二は、「書き手の立場の確立」に関する問題である。とりわけ、記事文・叙事文の場合は、「視点を一定させること」の重要性を説くとともに、時には、観察者の位置を変えて書くような新たな試みに挑戦するように勧めていた。例えば、遠足の行列を「田圃に立っている農夫」や「お日様」や「持参した洋傘や握り飯」の立場になって描いてみるといった「暗示」の与え方である。このように視点を転じることにより、自己を対象化して捉えることが可能になり、独創的な文章が生まれやすくなると考えたのである。

この「視点の転換」は、リライト作文としても盛んに用いられた。原作の視点人物とは別の角度から、その場面を描き直してみるのである。「古文の書き換え」などはその典型的な事例である。（本書第二章五四〜五六頁）

第三は、「相手と目的」に関する問題である。書翰文の学習の場合に最も顕著に現れることであるが、手紙の形式を習得させることだけを目的とするのではなく、実際に書く必要のある「場」を設定して、実感のこもった手紙を書くように導いた。季節にふさわしい便り、旅先からの便り、転校した旧友への便りなど、相手と用件を明確にして書くように求めたのである。

第四は、「表現形式の工夫」に関する問題である。金子は、表現形式においても、既成概念にとらわれず、常に新しい試みをするように求めていた。すなわち、修辞学における伝統的な文体区分（記事文、叙事文、物語文、議論文）ではなく、「作者の演ずる役割」を基準とした分類法（純客観的描写、独語体・自叙体、会話体・対話体、折衷体）を紹介して、材料の種類に応じた記述の仕方を選ぶように指導したのである。

また、「文体の書き換え」によるリライト作文も積極的に取り入れていた。「絵や写真を散文に書き換える」課題や、「詩・短歌・俳句・俚謡を散文に書き換える」課題に取り組ませることによって、素材を焦点化して捉える負担を軽減してやるのである。生徒たちは、原典の背後にあるものを想像豊かに読み取り、新たな作品として作りかえていった。（本書第二章五三〜五四頁）

さらに、縮約法や敷衍法や追補法を作文学習に取り込み、筋書きを書かせたり、物語の中略部を補わせたり、物語のつづきを書かせたり、古典や新聞記事を引き伸ばして新たな物語に作りかえさせたりした。こうして、取材の負担を軽減し、発想力や構想力や描写力の錬磨に力を注げるように仕向けたのである。（本書第三章九一〜九九頁）

このように、金子の作文教育は、材料や着眼点の新鮮さだけを求めたのではなく、文体の上でも、常に新しい試みを行うように勧めていた点に特徴がある。形式を変えてみることで、新しい発想が生まれてくるということも金子は直観していたのである。まさに「想」と「形」とが一体になって進められていく作文教育であった。

総じて言えば、金子の指導は、「知的な遊びの精神に溢れた課題の設定」に工夫を凝らし、常に新鮮な気持ちで文章表現に取り組めるようにしていた「想形一如」の作文教育であったとまとめることができる。

注

（1）森岡健二自身が、後年には次のように述懐している。「どんなにコンポジションの方法を生徒に吹き込んでも、それがうまくいくとは思えない。文章というものは人によってそれぞれ違うし、さらには同じ人でも一つ一つみな違う。主題のとらえ方、材料の選択、構成のしかたなど、コンポジションの一般的な方法を、教条的に持ち出して内容の理解と表現に役立てようとしても、およそ無理である。」（「国語教育とは何か」『言語生活』一九七六年二月号、筑摩書房、三〇頁）

（2）文化庁（倉澤栄吉）『国語シリーズ66　作文教育における評価』第一法規、一九七〇年六月

あとがき

金子彦二郎との最初の出会いは、二〇〇四年八月二七日、軽井沢の古書店である。その頃私は、早稲田大学大学院教育学研究科浜本純逸研究室に訪問学者という資格でメンバーに加えていただき、博士論文の方向性を探っていた。その一つとして我が国最初の国語教育月刊誌『国語教育』を手がかりに、大正期から昭和前期の中等作文教育史を調べていたが、夏の合宿を迎えても、論文の方向性がなかなか定まらなかった。個人的にはそのような状況下で開催された浜本ゼミの軽井沢合宿が終わり、新幹線の待ち時間にぶらりと駅前の古書店「りんどう」（当時の店内は迷路のようであった。今は小諸に移転してしまったと聞く。）に立ち寄ったのである。

その店の埃だらけの箱の中から『現代女子作文』（初版本・巻二）が現れた。B6判、二〇〇頁余の小さな本である。桜色と薄緑色のすっきりとしたデザインの表紙で、裏表紙には「二甲・大池みち子」とある。開くと、中扉に続いて、幼児のうたた寝姿を描いたカラー口絵（「甘き眠り」）が載せられている。大正期に既にカラー版の教科書があったことに驚きながら頁を繰っていくと、本の間から押し花が出てきた。女生徒が挟んでおいたものであろう。可憐な小花は、八〇年経って再び日の目を見ることになった。

それ以来、不思議なほど金子関係の情報が入ってくるようになった。浜本先生からも『現代女子作文』（修正再版、巻三）

甘き眠り

を拝借した。野地潤家先生からも、「金子彦二郎先生追悼文集」を始め貴重な蔵書を七冊も郵送していただいた。さらにインターネットによって、各大学・研究所の蔵書を検索し、国会図書館、お茶の水女子大学、国立教育政策研究所、東書文庫、教科書センター、三康図書館等の図書を閲覧させていただいた。こうして金子の作文教科書と国語教育関係図書のほぼすべてが手に入り、全貌がつかめるようになってきた。野地先生から、「探究する心を持ち続けていれば、資料は向こうからやってくる。」と教えられてはいたが、それを実感する日々であった。

縁は続くものである。金子彦二郎のご遺族とお目にかかれたのも、不思議な巡り合わせであった。

二〇〇五年三月、国内研修期間も終わりが近づいたころ、滋賀から友人が訪ねてきた。久闊を叙しながら、『現代女子作文』の魅力を語っていると、「在京中に金子氏のご遺族を訪ねてみたらどうか」と勧めてくれるのである。無理なことだと一笑に付したが、確かにこの機会を逃せば二度とかなわぬ願いとなる。半ば諦めつつ、追悼文集を手がかりに、問い合せてみることにした。

「著作権台帳」で、著作権継承者名（金子シバ）と住所・電話番号はわかったが、その電話が今も使われているかどうか不明であり、追悼文集の発行人の名前（金子令三）や住所とも異なっている。これではどうにもならない。断念するしかないと思いつつ、「著作権台帳」掲載の住所に手紙を出した。ところが、何日経っても返事がない。届いたのかどうかさえ分からない。電話は、機械的応答の留守番電話につながるだけ。引っ越し予定日が刻々と迫っていた。

三月一七日、直接訪ねてみることにした。まず杉並区役所へ行ったが、住民票の閲覧は拒否され、世帯主の名前も教えてもらえない。かろうじて教えてもらえたのは、追悼文集の住所と著作権台帳の住所とが同一のものだということであった。住居表示が変更されていたのである。

地図を頼りに家の前まで行ってみる。区役所から徒歩一五分。静かな住宅街の一軒の家にたどり着いた。表札には「金子」とある。期待がふくらむ。だが、時刻は既に夕方五時近く、手土産も用意していなかったので、呼び鈴を押すのもためらわれる。家の前を何度もうろうろした後、おずおずと呼び鈴を押す。すると、一人の男性が現れた。突然の訪問をわびつつ、名を告げると、手紙ならば届いているとのこと。内に招き入れてくださる。座敷には、金子彦二郎氏の遺影が飾られている。間違いなくこの家であった。そして、さきほど応対してくださった方が、孫にあたる金子俊也氏（次男日出夫氏の子）なのであった。

ところが、何となく気ぜわしい空気が漂っている。聞けば、午後六時から金子令三氏（金子彦二郎氏の長男）の通夜だという。何という日にお伺いしてしまったのであろうか。知らぬこととはいえ、とんでもない失礼なことをしてしまった。だが俊也氏は、私の非礼を責めることもなく、次のように言ってくださった。

「手紙は届いていたが、取り込んでいて返事も出せなかった。伯父の令三は手紙を読んで、大変喜んでいた。通夜の日に来てくださったのも何かの縁だから、わが家に残っている資料は、何でも提供しましょう。大半は空襲で焼けてしまったが、女学校の生徒が書いた作文に祖父が評を書き加えた原稿が四〇編くらいあったように思う。葬儀等が終ったら整理しておくから、また来てほしい。」ありがたい言葉であった。

四月二三日、金子氏宅を再度訪問。こうして出会えたのが、本書第六章の「生徒作文」、第八章の「明るい中学作文」、第九章の「教授用資料」であった。

この二〇〇四年度という年をふり返ってみると、本との出会いにしても、ご遺族との出会いにしても、一つひとつの出来事が不思議な縁《えにし》でつながっていたのだと思わずにはいられない。何か大きな力の存在が、私を金子彦二郎と引き合わせてくれたようである。

以来三年半、金子彦二郎の業績を中等作文教育史に明確に位置づけるとともに、その指導方法を整理することによって、現代の作文教育を活性化したいと願って、研究を進めてきた。本書に加えて、来年度には、学位論文『中等作文教育におけるインベンション指導の研究』を刊行する予定である。いずれも言葉足らずで、伝えきれていないところも多々あろうかと懸念されるが、あわせてお読みいただけたら幸いである。

《初出一覧》

各章の元になっている論考は、以下のとおりである。本書に収めるにあたっては、一書としての整合性を持たせるために、大幅な加筆修正を行っていることをご了承いただきたい。

・「中等作文教育におけるインベンション指導―大正・昭和初期の金子彦二郎の場合―」『月刊国語教育研究』三九二号、日本国語教育学会、二〇〇四年一二月

・「金子彦二郎との出会い」ノートルダム清心女子大学HP日本語日本文学科リレーエッセイ、二〇〇五年四月

・「昭和初期・高等女学校における作文処理と評価の実際―金子彦二郎の発想・着想・構想指導―」『清心語文』第七号、ノートルダム清心女子大学日本語日本文学会、二〇〇五年七月

・「中等作文教科書における作文課題の考察―佐々政一『日本作文法』（一九〇三）及び『中学作文講話』（一九一七）の場合―」『国語科教育』第五九集、全国大学国語教育学会、二〇〇六年三月

・「縁は異なもの―金子彦二郎との出会い（2）」ノートルダム清心女子大学HP日本語日本文学科リレーエッセイ、二〇〇六年四月

・「大正・昭和初期の高等女学校用作文教科書に見られるインベンション指導―金子彦二郎『現代女子作文』（一九二五年）を中心に―」『国語科教育』第六〇集、全国大学国語教育学会、二〇〇六年九月

・「金子彦二郎『明るい中学作文』（一九四九）の内容と特質」『国語教育史研究』第八号、国語教育史学会、二〇〇七年三月

・「大正期高等女学校における金子彦二郎の作文教育の特質―『女子作文の考へ方作り方及び文例』と『我が作文教授』―」『ノ

ートルダム清心女子大学紀要』日本語・日本文学編第三一巻、二〇〇七年三月

・「金子彦二郎『女子現代文学新鈔』（一九二七）の内容と特質―読本と作文の関連を中心に―」全国大学国語教育学会第一一二回宇都宮大会発表資料、二〇〇七年五月二七日

・「金子彦二郎のインベンション指導」『中等作文教育におけるインベンション指導の研究（博士論文）』早稲田大学大学院教育学研究科、二〇〇七年六月二六日学位取得

《主要参考文献・引用文献》

金子彦二郎の著書は、本書序章八〜九頁を参照。

・A.S.HILL *"THE PRINCIPLES OF RETHORIC"* Harper & Brothers Publishers 一八七八年
・上田萬年『作文教授法』冨山房、一八九五年
・J.F.GENUNG *"THE WORKING PRINCIPLES OF RHETORIC"* Boston:Ginn & Company 一九〇〇年
・佐々政一『修辞法』大日本図書、一九〇一年
・佐々木吉三郎『国語教授撮要』育成会、一九〇二年
・佐々政一『日本作文法』金港堂書籍、一九〇三年
・大槻文彦編『言海』吉川弘文館、一九〇四年
・五十嵐力『新文章講話』早稲田大学出版部、一九〇九年
・芦田恵之助『綴り方教授』育英書院、一九一三年
・五十嵐力『高等女子新作文』大日本図書、一九一六年
・栢野ヒサ「金子彦二郎著『女子作文の考へ方作り方及び文例』を読む」『新教育』第三巻第一号、成蹊学園、一九一七年
・佐々政一『修辞法講話』明治書院、一九一七年
・佐々政一『中学作文講話』明治書院、一九一七年
・五十嵐力『訂正中等新作文』(全五巻) 至文堂、一九二〇年
・吉澤義則『現代作文』星野書店、一九二七年
・「各中学校に於ける作文教授の実際」『國學院雜誌』「作文教育の研究」特集号、國學院大學、一九三三年一一月
・八波則吉『現代女子新作文』英進社、一九三五年
・西尾実『書くことの教育』習文社、一九五二年
・堀七蔵編『故文学博士金子彦二郎先生』私家版、一九五八年

・森岡健二『文章構成法』至文堂、一九六三年
・藤原与一『国語教育の技術と精神』新光閣書店、一九六五年
・林四郎『文章表現法講説』学燈社、一九六九年
・輿水実『表現学序説―作文教育の改造―』明治図書、一九六九年
・文化庁（倉澤栄吉）『国語シリーズ66 作文教育における評価』第一法規、一九七〇年
・中内敏夫『生活綴方成立史研究』明治図書、一九七〇年
・野地潤家編『作文・綴り方教育史資料（上・下巻）』桜楓社、一九七一年
・波多野完治『現代レトリック』大日本図書、一九七三年
・井上敏夫他編『近代国語教育論大系3 明治期Ⅲ』光村図書、一九七五年
・森岡健二「国語教育とは何か」『言語生活』筑摩書房、一九七六年二月号
・滑川道夫『日本作文綴方教育史1〈明治編〉』国土社、一九七七年
・滑川道夫『日本作文綴方教育史2〈大正編〉』国土社、一九七八年
・内田糺・森隆夫編『学校の歴史 第三巻 中学校・高等学校の歴史』第一法規出版、一九七九年
・石井庄司「表現の人・金子彦二郎先生」押尾虎三二教授御退官記念事業会編『国語表現論叢』明治図書、一九七九年
・大西道雄『短作文指導の方法―作文の基礎力の完成』明治図書、一九八〇年
・増淵恒吉編『国語教育史資料第五巻 教育課程史』東京法令出版、一九八一年
・滑川道夫『日本作文綴方教育史3〈昭和編Ⅰ〉』国土社、一九八三年
・大村はま『大村はま国語教室第五巻 書くことの計画と指導の方法』筑摩書房、一九八三年
・大村はま『大村はま国語教室第六巻 作文学習指導の展開』筑摩書房、一九八三年
・大内善一『戦後作文教育史研究』教育出版センター、一九八四年
・教科書センター編『旧制中等学校教科内容の変遷』ぎょうせい、一九八四年

・柳沢浩哉「佐々修辞理論研究」『人文科教育研究』第一二号、人文科教育学会、一九八五年
・青木幹勇『第三の書く』国土社、一九八六年
・速水博司『近代日本修辞学史』有朋堂、一九八八年
・大西道雄『意見文指導の研究』溪水社、一九九〇年
・高等女学校研究会編『高等女学校資料集成別巻　高等女学校の研究―制度的沿革と設立過程―』大空社、一九九〇年
・滑川道夫『解説国語教育史研究―国語教育史の残響―』東洋館出版社、一九九三年
・首藤久義『書くことの学習指導』編集室なるにあ、一九九四年
・原子朗『修辞学の史的研究』早稲田大学出版部、一九九四年
・兵庫県高等学校教育研究会国語部会編『自己をひらく表現指導』右文書院、一九九五年
・大西道雄『作文教育における創構指導の研究』溪水社、一九九七年
・野地潤家『野地潤家著作選集第五巻　国語教育史の探究』明治図書、一九九八年
・野地潤家『野地潤家著作選集第八巻　中等作文教育史研究Ⅰ』明治図書、一九九八年
・野地潤家『野地潤家著作選集第九巻　中等作文教育史研究Ⅱ』明治図書、一九九八年
・田中宏幸『発見を導く表現指導』右文書院、一九九八年
・井上一郎『国語力の基礎・基本を創る』明治図書、二〇〇四年
・府川源一郎・高木まさき他編『認識力を育てる「書き換え」学習―小学校編』東洋館出版社、二〇〇四年
・府川源一郎・高木まさき他編『認識力を育てる「書き換え」学習―中学校・高校編』東洋館出版社、二〇〇四年
・渡辺恒美他『郷土の碩学』新潟日報事業社、二〇〇四年
・野地潤家「文章教育の史的展開」『中等国語教育の展開―明治期・大正期・昭和期―』溪水社、二〇〇四年